国家出版基金项目
国家重大出版工程项目
"十二五"国家重点图书

中国古建筑丛书

新疆古建筑

◎ 范霄鹏 编著

中国建筑工业出版社

审图号：GS（2015）2780号

图书在版编目（CIP）数据

新疆古建筑/范霄鹏编著.—北京：中国建筑工业出版社，2015.12

（中国古建筑丛书）

ISBN 978-7-112-18833-8

Ⅰ.①新… Ⅱ.①范… Ⅲ.①古建筑-介绍-新疆 Ⅳ.①K928.71

中国版本图书馆CIP数据核字（2015）第297693号

责任编辑：唐　旭　李东禧　杨　晓　吴　绫
书籍设计：康　羽
责任校对：李欣慰　刘　钰

中国古建筑丛书
新疆古建筑
范霄鹏　编著

*

中国建筑工业出版社出版、发行（北京西郊百万庄）
各地新华书店、建筑书店经销
北京锋尚制版有限公司制版
北京顺诚彩色印刷有限公司印刷

*

开本：880×1230毫米　1/16　印张：13¼　字数：350千字
2015年12月第一版　2015年12月第一次印刷
定价：268.00元

ISBN 978 - 7 - 112 - 18833-8
（25834）

版权所有　翻印必究

如有印装质量问题，可寄本社退换

（邮政编码100037）

《中国古建筑丛书》总编委会

总顾问委员会：

罗哲文　张锦秋　傅熹年　单霁翔　郑时龄

总编辑委员会：

主　　任：吴良镛　周干峙
副 主 任：沈元勤　陆元鼎
总 主 编：陆　琦　戴志坚
委　　员（按姓氏笔画排序）：

丁　垚　王　军　王　南　王金平　王海松　左满常　朱永春
刘　甦　李　群　李东禧　李晓峰　李乾朗　杨大禹　杨新平
吴　昊　张玉坤　张兴国　张鹏举　陆　琦　陈　琦　陈　颖
陈　蔚　陈伯超　陈顺祥　范霄鹏　罗德启　柳　肃　胡永旭
姚　赯　徐　强　徐宗威　翁　萌　高宜生　唐　旭　黄　浩
谢小英　雍振华　蔡　晴　谭刚毅　燕宁娜　戴志坚

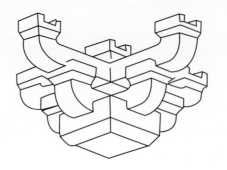

《新疆古建筑》

范霄鹏　编著
编委会顾问： 单德启　陈震东　汤羽扬
编委会成员： 王振南　杨慧媛　薛鸿博　石　琳　孙　瑞
　　　　　　　刘　阳　邓啸骢　董　硕　李　尚　祝晨琪
　　　　　　　郭亚男　仲金玲　王天时　杨泽群　侯凌超
　　　　　　　李鑫玉　范居正
审　稿　人： 汤羽扬

总 序

中国历史悠久，地大物博，人口众多，是一个多民族的国家，文化遗产极为丰富。中国古建筑是世界建筑史上的四大体系之一，五千年来，光辉灿烂，独特发展，一脉相传，自成体系。在建筑历史发展过程中，从来都没有中断过，因而，积累了大量的极为丰富的优秀建筑文化遗产。中国古代建筑的实践经验、创作理论、工艺技术和艺术精华值得总结、传承和发扬。

中国古代建筑具有强大的生命力，首先是独特的地理环境。中国位于亚洲东方，北部有长白山、乌苏里江高山河流阻挡，西有天山、喀喇昆仑山脉和沙漠横贯，西南有喜马拉雅山脉，东南则沿海，形成封闭与外界隔绝的地域，加上地处热带、温带和寒带，宽阔的地理和悬殊的气候，促进建筑与环境的巧妙和谐结合。

其次，独特的民族性格。中国是以汉族为主的多民族所组成。以中原文化为主的汉族人民团结、凝聚着居住和生活在各地的少数民族。由于各民族的历史、文化、宗教信仰、生活习俗与审美爱好的不同，以及他们所处地区的自然条件和地理环境的差异，长期的劳动实践，形成了各民族独特的性格和绚丽灿烂的建筑风貌。

其三，文化的独特体系。中国文化是以黄河流域中原文化为中心，周围有燕赵文化、晋文化、齐鲁文化、吴越文化、楚文化、秦文化和巴蜀文化所烘托，具有历史渊源长久、人类智慧集中、思想资源丰富的特点。中国传统文化思想的集中表现是以儒学、道学为代表，其后，佛教的传入与中国传统文化的结合，形成以儒学为主的儒、道、释三者合一的中国传统文化思想。归纳起来，就是天人合一的宇宙观念，以人为本、和为贵的人文思想，整体直觉的思维方式，真善美相结合的美学观念。

封闭而独特的地理环境，团结凝聚而又富于创造的民族性格，以儒学为主的文化独特体系，创造了中华民族的雄伟壮丽的建筑工程。长期的经验积累，独树一帜，虽经战争的炮火，民族之间的斗争与融合，外来文化之传入及本土化，但中华民族建筑始终一脉相传，傲然生存下来，顽强发展，独树一帜而不倒，在世界建筑史发展中是罕见的、独有的。

中国古代建筑发展经历了原始社会、奴隶社会和封建社会三个历史阶段。

旧石器时代，原始人群利用天然崖洞作为居住场所。南方湿热多雨，虫害兽多，出现巢居。1973年，在浙江余姚河姆渡村发现大约建于6000~7000多年前的、长约23米、进深约8米的木构架建筑遗址，推测是一座长方形、体量相当大的干阑式建筑，这是我国最早采用榫卯技术构筑房屋的一个实例。

原始社会晚期，黄河流域有广阔而丰厚的黄土层，土质均匀，含有石灰质。黄河中游的氏族部落，在利用黄土层作为壁体的土穴上，用木架和草泥建造简单的穴居，逐步发展到浅穴居，再到地面上的房屋，形成聚落。

奴隶社会，夯土技术逐步成熟，宫室建于高大的夯土台上，木构建筑逐步成为中国古代建筑的主要结构方式。等级制度出现。工程管理有了专职的"司空"，以后各朝代沿袭发展成为中国特有的工官制度。

封建社会初期，高台建筑盛行，修建了长城、驰道和水利工程。东汉时代，建筑中已大量使用成组的斗栱，木构楼阁增多，城市和建筑类型扩充，中国古代独特的木构建筑体系基本形成。

两晋南北朝是我国历史上充满着民族斗争和民族融合的时期，佛教的传入，宗教建筑大量兴建，高大的寺庙、壮丽的塔幢，石窟中精美的雕塑和壁画，这是我国古建筑吸收外来文化使之本土化的创造时期。

隋、唐统一全国，开凿贯通南北的大运河，促进了我国南北物资和文化的交流和发展。唐代的长安、洛阳成为世界上最大的城市。木构建筑的宫殿、楼阁和石窟、塔、桥，无论布局或造型都具有较高艺术和技术水平，唐代建筑已发展到成熟的阶段。

宋、辽、金时期，南方在经济和文化方面居于先进地位。由于手工业分工更加细致，国内商业和国际贸易活跃，城市逐渐开放，改变了汉以来历代都城采用的封闭式里坊制度，形成沿街设店的方式。建筑的设计和施工达到一定程度的规格化、制度化，公元12世纪初在总结经验的基础上编写了《营造法式》这一部重要文献。

元代大都建立，喇嘛教和伊斯兰教建筑影响到各地。明、清时期官式建筑已经达到完全程式化、定型化阶段。明代后期出现资本主义萌芽，清代在城市规划上、建筑群体布局和建筑艺术形象上有所发展，例如北京城、故宫、天坛等。民居、园林和民族建筑遍布各地，呈现一片繁荣景象。

中国古建筑有明显的特征。在城市规划上，严谨规整、对称宏伟，表现出庄重威武的中华民族性格。单体建筑中，雄伟的飞檐屋宇、大红的排列柱廊、高大的汉白玉台基，呈现出崇高壮丽又稳定的形象。黄河流域盛产的木材资源，形成了中国古建筑木构架体系的特色。室外装饰的富丽堂皇、金碧辉煌，室内陈设装修的华丽多样、细腻雕饰，体现了中国古建筑绚丽多彩的民族风格。

聚居建筑方面，包含民居、祠堂、家庙、书院等遍布全国各地，它们与人民生活息息相关。各地各族人民根据自己的生活习俗、生产需要、经济能力、民族爱好和审美观念，结合本地的自然条件和材料，因地制宜、因材致用地进行设计与营造。他们既是设计者，又是营建者、使用者，可以说设计、施工、使用三位一体，因而，这种建造方式所形成的民宅民间建筑，既实用简朴，又经久美观，并富有民族风格和地方特色。

中国古园林的特征。以自然山水即中国山水画为蓝本，并以景区、景物和建筑、山水、花木为构件，由景生情，产生意境联想，达到艺术感受。皇家园林因其规模大、范围广，其园林布局自秦、汉时期的一池三岛，到唐、宋以山水画为蓝本，明、清仍沿袭池中置岛古制，但采用人工造山置水的方法。

明、清私家园林因属民间，士大夫文人常在宅后设园休闲宴客，吟诗享乐，其特点是以最小的场所造成无限的景色为目的。因其规模小，常以叠石或池水为主，峰峦洞壑、峭壁危径或曲径通幽取胜。在情景中则采用巧于因借、精在体宜的手法。

我国是一个人口众多的多民族国家。相传秦汉以前，中华大地上主要生存着华夏、东夷、苗蛮三大文化集团，经过连年不断的战争，最终华夏集团取得了胜利，上古三大文化集团基本融为一体，历史上称为华夏族。春秋、战国时期，东南地区古老的部族称为"越"，逐渐为华夏族所兼并而融入华夏族之中。秦统一各国后，到汉代都用汉人、汉民这个称呼，直到隋、唐，汉族这个名称才固定下来。

由于各民族的历史文化、宗教信仰、生活生产、习俗性格的不同，又由于各族人民所处地区的自然条件和环境的不同，导致他们各自产生了富有特色的建筑和民宅，如宏伟壮丽的藏族布达拉宫，遍布各族聚居地的寺院庙宇、寨堡围村、楼阁宅居，反映了绮丽多彩的民族风貌。

中国传统文化渗透了中国古建筑，中国古建筑深刻地体现了中国文化。

新中国成立后，作为全国性有领导有组织地编写中国古代建筑史，第一次是1959年，由原建筑科学研究院组织"编写三史"开始。当时集中了全国高等院校、科研部门分工编写，1962年由中国工业出版社出版《中国建筑简史》第一册（古代部分）。随后，又组织有关院校、文化、历史、考古等单位对古代建筑史有研究的人员，经多次修改，由刘敦桢教授执笔主编的《中国古代建筑史》，于1966年完成。由于"文化大革命"，未能出版，1980年才由中国建筑工业出版社正式出版。作为高等院校的中国建筑史教材则由全国高校教师编写，参考了上述专著，由中国建筑工业出版社1982年出版。

作为系统的、全面的、编写中国古建筑丛书是从1984年开始，当时作为《中国美术全集》中的一个门类——建筑艺术，称为《中国美术全集·建筑艺术编》，共6辑，包含宫殿、坛庙、陵墓、宗教建筑、民居、园林，1988年完成出版。

第二次编写从1992年开始，编写的原因是《中国美术全集·建筑艺术编》6辑出版后，各界反映良好，但感到篇幅不够，它与我国极为丰富的建筑文化遗产大国不相适应。于是，再次组织编写《中国建筑艺术全集》丛书30辑，其中古建筑24辑，近现代建筑6辑。古建筑部分仍按类型编写。该丛书中的24辑于1999年5月出版。

由于这两次丛书都是全国性编写，按类型写，又着重在艺术，因此，一些地方特色和民族特色的、中型的优秀古建筑就难于入选。为了弘扬和传承优秀传统建筑文化体系，总结经验和规律，保护我国优秀传统建筑文化遗产，因此，全面地、系统地、按省（区）来编写古建筑丛书是非常必要的、合时宜的。

本丛书编写的主要特点是：其一，强调本省（区）古建筑的民族特色和地方特色；其二，编写不限于建筑艺术，而是对本省（区）古建筑的全面叙述，着重在成就、价值、特色、技术和经验、规律等各个方面，这是我国民族和地区的资料比较全面和丰富的传统建筑文化丛书。

陆元鼎

2015年1月10日

前 言

新疆维吾尔自治区地域跨度广博，在地形地貌上有高原雪山、沙漠戈壁、森林草场、绿洲湿地等丰富的类型，拥有多样化的自然环境；新疆又地处欧亚东西方文明板块的交会之所在，历史的积淀、文化的碰撞与民族的繁荣造就了独特的人文环境。在丰富且独特的自然和人文环境的共同作用下，新疆的古建筑在类型上呈现出浓郁的地域、文化和民族特色，并构成与之紧密关联的建筑造型、装饰样貌和建造技艺等，其灿烂和瑰丽成就了中国古建筑文化遗产的独特部分。

新疆在历史上的营造遗存类型多、分布广且数量大。不仅有物质生活与精神生活功能的建筑物，也有作为防御设施和生产设施的构筑物；在建造年代上既有石器时期人类建筑的遗址，也有近代因边贸兴起而建的商行。在地理空间上有伫立于沙漠戈壁之中的故城戍堡，也有掩隐于绿洲林荫之中的城镇村庄；有在高山崖壁上开凿出的佛教石窟，也有在高原林地旁架设的木屋毡房。新疆数量众多的古建筑在环境尺度、建筑尺度、装饰形态和民族文化上，分别展现出"古拙与雄浑"、"纯净与规整"、"秀丽与精美"和"多姿与交融"的特征。

"古拙与雄浑"的氛围特征体现在新疆古建筑与所处自然环境的融合上，如西域三十六国的高昌故城、交河故城等，以及丝绸之路沿线的戍堡、烽火台等。在建造之时就利用了当地最为丰富的土石材料，其形态仿佛生长于大地之上，而成为新疆地区宏大尺度自然环境的一个组成部分。"古拙与雄浑"的氛围特征还体现在以龟兹高昌为中心的地区，如克孜尔尕哈石窟和库木吐拉千佛洞等。其佛教石窟刀劈斧凿地建造于山体崖壁之上，将宗教信仰世界的古意盎然形象与自然地貌的大尺度形态紧密结合，呈现出苍凉壮阔之中静谧孤寂的状态。

"纯净与规整"的造型特征体现在新疆古建筑群体以及单体尺度的形态上，如吐鲁番的苏公塔建筑群、喀什的艾提尕尔清真寺建筑群等。简洁的几何造型组合和单纯的建筑色彩，加之建筑入口形态完整的几何轮廓所产生的虚实对比，将纵向高耸与横向舒展的建筑形态组合得规整有序。"纯净与规整"的造型特征也体现在麻扎这一新疆地区独特的建筑类型之上，如喀什的阿巴克霍加麻扎等。半球形的穹隆顶覆盖着建筑内部主体功能空间，也统领着整个建筑群的外部空间形象，其呈现出来的内外空间对应组合关系连贯且清晰。

"秀丽与精美"的装饰特征体现在新疆不同民族和不同地区的建造之中，如清真寺建筑外部的邦克楼与内部空间的界面装饰，以及建筑的敞廊空间与檐柱等部位的装饰等。在建筑的造型体量上比例适宜、形态精准，在建筑细部装饰造型上形色优美、线条精致，形成美仑美奂的近人尺度建筑空间。"秀丽与精美"的特征还体现在新疆各地建筑的营造技艺之上，如建筑墙体上的砖拼花、面砖装饰、石膏花装饰和木雕装饰等。根据地方材料特性所形成的建造技艺，将构成近人物质空间的材料、肌理、图案和质感等串联成连贯且精致的层次。

"多姿与交融"的民族文化特征在新疆地区最为凸显，由于在整个地区聚居生活的民族众多，从而使得各具特色的文化习俗和民族风情随处可见。在生产生活方式、文学、诗歌、信仰和审美乃至建造技艺等诸多的方面，均显现着其独特的样式以及相互之间的影响，并对应凸显在生活居住空间和精神空间的建造形态上。"多姿与交融"的文化特征因历史上丝绸之路的繁荣而起，在欧亚波斯及中原等东西方文明的交会、商业贸易的交流、多种宗教信仰的交融更迭过程中，在呈现出文化样式的多姿和文化发展的融合特性的同时，塑造了新疆地区的文化体系与个性，并将这种文化特征转换到物质空间的建造上。

新疆古建筑的多样化特征是在多种地理气候环境、多种历史人文环境、多种材料技艺和多方文明碰撞的共同影响下生发出来的，从而拥有了强烈的地区属性、鲜明的民族属性、精致的材料技艺属性以及丰富的功能类型属性。正是由于各种属性相互交织发展、相互促进推动，造就了遍布于新疆各地古建筑丰富瑰丽的物质空间形态，并赋予了新疆古建筑在多个尺度层级上不同的空间特征。

范霄鹏
2015年10月8日

目 录

总 序

前 言

第一章 绪 论
第一节 自然环境 / 〇〇二
一、地理环境 / 〇〇二
二、气候特征 / 〇〇二
第二节 历史文化 / 〇〇二
一、历史沿革 / 〇〇二
二、大碰撞的文化交流 / 〇〇三
三、大融合的文化特性 / 〇〇四
第三节 建筑营造与特征 / 〇〇五
一、建筑演变 / 〇〇五
二、建筑类型 / 〇〇六
三、建筑造型 / 〇〇七
四、建筑分布 / 〇〇八

第二章 古城遗址及军事戍堡遗址
第一节 古城遗址 / 〇一三

一、高昌故城（亦都护城）/ 〇一三
二、交河故城（亚尔湖故城）/ 〇一五
三、北庭故城遗址 / 〇一八
四、楼兰故城遗址 / 〇二〇
五、安迪尔古城遗址 / 〇二二
六、龟兹古城遗址 / 〇二二
七、尼雅遗址 / 〇二三
八、米兰遗址 / 〇二四
九、石头城遗址 / 〇二五
十、圆沙古城 / 〇二七
十一、罗布泊南古城遗址 / 〇二八
十二、大河古城 / 〇二九
十三、乌拉泊古城 / 〇二九
十四、营盘古城及古墓群 / 〇三〇
十五、乌什喀特古城遗址 / 〇三一
十六、石城子遗址 / 〇三二
十七、唐王城遗址 / 〇三三
十八、阿萨古城遗址 / 〇三三
十九、达勒特古城遗址 / 〇三三

二十、夏塔古城遗址 / 〇三四
二十一、柳中古城遗址 / 〇三五
二十二、道尔本厄鲁特森木古城遗址 / 〇三五
二十三、惠远新、老古城遗址 / 〇三六
二十四、阔纳齐兰遗址 / 〇三七
第二节　军事戍堡遗址 / 〇三八
一、麻扎塔格戍堡址 / 〇三八
二、通古斯巴西城址 / 〇三八
三、唐朝墩古城遗址 / 〇三九
四、伊犁清代卡伦遗址 / 〇四〇

第三章　城镇、老城与村落
第一节　城镇 / 〇四五
一、喀什市 / 〇四五
二、吐鲁番市 / 〇四五
三、特克斯县 / 〇四六
四、库车县 / 〇四六
五、伊宁市 / 〇四八
六、鲁克沁镇 / 〇四九

七、惠远镇 / 〇四九
八、可可托海镇 / 〇四九
第二节　老城 / 〇五一
一、喀什老城 / 〇五一
二、吐鲁番老城 / 〇五三
第三节　村落 / 〇五五
一、鄯善县吐峪沟乡麻扎村 / 〇五五
二、哈密市回城乡阿勒屯村 / 〇五六
三、哈密市五堡镇博斯坦村 / 〇五七
四、特克斯县喀拉达拉乡琼库什台村 / 〇五八

第四章　石窟寺院与石刻岩画
第一节　石窟寺院 / 〇六三
一、克孜尔千佛洞 / 〇六三
二、库木吐喇千佛洞 / 〇六五
三、柏孜克里克千佛洞 / 〇六七
四、克孜尔尕哈石窟 / 〇六八
五、吐峪沟石窟 / 〇七〇
六、森木塞姆千佛洞 / 〇七一

七、伯西哈石窟 / 〇七二
第二节 石刻岩画 / 〇七三
一、平定准噶尔勒铭碑 / 〇七三
二、康家石门子岩雕刻画 / 〇七四
三、小洪纳海石人墓 / 〇七四
四、阿敦乔鲁石栅古墓群及岩画群 / 〇七五

第五章 佛教建筑
第一节 寺院遗址 / 〇七九
一、苏巴什佛寺遗址 / 〇七九
二、莫尔寺遗址 / 〇八〇
三、托库孜萨来佛寺遗址 / 〇八一
四、七个星佛寺遗址 / 〇八二
五、热瓦克佛寺遗址 / 〇八二
六、白杨沟佛寺遗址 / 〇八四
七、台藏塔遗址 / 〇八四
八、丹丹乌里克佛寺遗址 / 〇八五
九、达玛沟佛寺遗址 / 〇八六
十、克斯勒塔格佛寺遗址 / 〇八六

第二节 佛教寺院 / 〇八七
一、巴仑台黄庙古建筑群 / 〇八七
二、靖远寺 / 〇八八
三、昭苏圣佑庙 / 〇八八
四、纳达齐牛录关帝庙 / 〇九〇
五、惠远钟鼓楼 / 〇九〇

第六章 伊斯兰教寺院与经文学院
第一节 清真寺 / 〇九七
一、伊宁清真大寺 / 〇九七
二、艾提尕尔清真寺 / 〇九八
三、拜吐拉清真寺宣礼塔 / 〇九八
四、哈纳喀及赛提喀玛勒清真寺宣礼塔 / 一〇二
五、库车大寺 / 一〇三
六、乌鲁木齐陕西大寺 / 一〇四
第二节 经文学院（学堂） / 一〇六
一、哈密新麦德尔斯经文学堂 / 一〇七
二、古勒巴格麦得利斯教经堂 / 一〇七

第七章　府邸及独立建筑

第一节　府邸建筑 / 一一一
一、苏公塔 / 一一一
二、伊犁将军府 / 一一三
第二节　独立建筑 / 一一五
一、塔城红楼 / 一一六
二、乌鲁木齐市公园鉴湖亭 / 一一六

第八章　民居建筑

第一节　和田地区 / 一二一
一、胡都木拜迪伊相霍加故居 / 一二一
二、吐尔地阿吉庄院 / 一二一
第二节　阿克苏地区 / 一二一
一、库尔班卡德尔民居 / 一二一
二、尼牙孜·阿吉民居 / 一二一
第三节　哈密地区 / 一二二
一、王善桂家古民宅 / 一二二
二、张钧家古门楼 / 一二二
三、刘学信家古门楼 / 一二二
四、蔡余千家古门楼 / 一二二
五、赵松石家古门楼 / 一二二
六、阿皮孜·萨力曼古民宅 / 一二三
第四节　吐鲁番地区 / 一二四
一、汗不都哈里里民居 / 一二四
二、麦合木提买买提民居 / 一二四
三、斯迪克阿不都民居 / 一二四
四、阿不力米提买买提民居 / 一二四
第五节　喀什地区 / 一二四
一、阔孜其亚贝希老城区 / 一二四
二、布热比娅·买买提民居 / 一二五
三、吾布力·买买提民居 / 一二五
四、塔吉汗·麻木提民居 / 一二六
五、帕夏·沙地克民居 / 一二六
六、艾麦提·依明民居 / 一二六
七、阿克乃再尔旧居 / 一二六

第九章　古墓群与麻扎

第一节　古墓群 / 一三一

一、阿斯塔那古墓群 / 一三一
二、三海子墓葬及鹿石 / 一三一
三、焉不拉克古墓群 / 一三二
四、察吾乎古墓群 / 一三二
五、切木尔切克石人及石棺墓群 / 一三三
六、扎滚鲁克古墓群 / 一三四
七、山普拉古墓群 / 一三五
八、楼兰墓群 / 一三五
九、五堡墓群 / 一三六
十、洋海墓群 / 一三六
十一、阿日夏特石人墓 / 一三七
十二、小河墓地 / 一三七
十三、阔科克古墓群 / 一三八
十四、拜其尔墓地 / 一三九
十五、达喀纳斯景区墓葬群 / 一四〇
十六、赛里木湖古墓葬 / 一四〇
十七、库车友谊路墓群 / 一四一

第二节　麻扎 / 一四二

一、阿巴克霍加麻扎 / 一四二
二、吐虎鲁克·铁木尔汗麻扎 / 一四二
三、麻赫穆德·喀什噶里墓 / 一四六
四、速檀·歪思汗麻扎 / 一四六
五、叶尔羌汗国王陵 / 一四七
六、艾比甫·艾洁木麻扎 / 一四八
七、哈密回王墓 / 一四八
八、默拉纳额什丁麻扎 / 一四九

第十章　烽燧及其他构筑

第一节　烽燧 / 一五五

一、克孜尔尕哈烽燧 / 一五五
二、孔雀河烽燧群 / 一五六
三、昌吉州烽燧群 / 一五六

四、哈密烽燧遗址 / 一五七
五、古代吐鲁番盆地军事防御遗址 / 一五八
第二节　其他构筑 / 一五八
一、奴拉赛铜矿遗址 / 一五八
二、坎儿井地下水利工程 / 一五九
三、骆驼石旧石器遗址 / 一六〇
四、岳公台—西黑沟遗址群 / 一六〇
五、石人子沟遗址群 / 一六一

第十一章　建筑营造与装饰
第一节　建构体系 / 一六四
一、单一材料建构体系 / 一六四
二、复合材料结构体系 / 一六八
第二节　建筑装饰 / 一六九
一、维吾尔建筑柱式装饰 / 一六九
二、拱廊柱式 / 一七〇
三、内外墙面 / 一七一

四、天棚、藻井 / 一七二
五、门窗及门楣、窗楣 / 一七四
第三节　装饰纹样 / 一七七
一、木雕刻装饰纹样 / 一七七
二、砖花饰纹样 / 一七八
三、石膏花饰纹样 / 一七九
四、琉璃花饰纹样 / 一八一
五、彩画装饰纹样 / 一八二

新疆古建筑地点及年代索引 / 一八四

参考文献 / 一九〇

后记 / 一九三

作者简介 / 一九四

新疆古建筑

第一章 绪论

第一节　自然环境

一、地理环境

新疆维吾尔自治区地处亚欧大陆的中部，位于中华人民共和国的西北部，是中国陆地面积最大的省级行政区。辖区范围内国土总面积166.49万平方公里，约占国土总面积的六分之一，地域辽阔，土地资源丰富。新疆辖区四周高山环抱，境内山脉绵延、冰峰耸立、沙漠苍茫、草原接天、绿洲星布，自然资源丰富，地貌类型多样。

新疆的地貌轮廓呈"三山夹两盆"的形态特征，"三山"自北向南分别为东西走向的阿尔泰山、天山、昆仑山，其中天山横亘于中部，将新疆分为天山以北的"北疆"和天山以南的"南疆"；"两盆"分别为南部的塔里木盆地，北部的准噶尔盆地。位于天山与昆仑山中间的塔里木盆地，面积53万平方公里，是中国最大的盆地。位于盆地中部的塔克拉玛干沙漠，面积33万平方公里，是中国最大的流动沙漠。位于天山山脉与阿尔泰山、准噶尔西部山地之间的准噶尔盆地，面积18万平方公里，是中国第二大沙漠（图1-1-1）。

新疆境内有河流570多条，北疆有额尔齐斯河、乌伦古河、伊犁河、玛纳斯河等；南疆有开都河、渭干河、阿克苏河、塔里木河、叶尔羌河、喀什噶尔河、和田河等。高山山脉融雪形成了众多的河流，众多绿洲分布于河流流域和盆地边缘，绿洲总面积约占整个辖区土地面积的5%（图1-1-2）。

二、气候特征

新疆属温带大陆性气候，冬季长且严寒多雪，夏季短且炎热干燥，春秋季气温变化大。有全国第二寒极之称的富蕴县可可托海，最冷达到零下51.5摄氏度；有全国最炎热的吐鲁番，达到47.7摄氏度。由于天山山脉在中部的阻隔，使得同一时期内南北疆气温的差异悬殊，南疆年均为10摄氏度，北疆阿勒泰和塔城地区为2.5摄氏度。南疆无霜期180～220天，北疆无霜期为145～185天。

新疆具有典型的干旱气候特征，年均天然降水量155毫米，降水量少且分布不均。北疆降水量在150～200毫米以上，南疆降水量不足100毫米，天山山区、准噶尔西部山区和阿尔泰山区降水量为500毫米。

第二节　历史文化

一、历史沿革

"新疆"古称西域，意为中原地区的西部疆域，自古以来就是中国不可分割的一部分，早在汉代以前西域与中原地区就有商旅贸易往来。公元前138年，西汉张骞出使西域，西汉政权与西域各城邦建

图1-1-1　新疆地貌轮廓"三山夹两盆"特征

图1-1-2　地表径流分布图

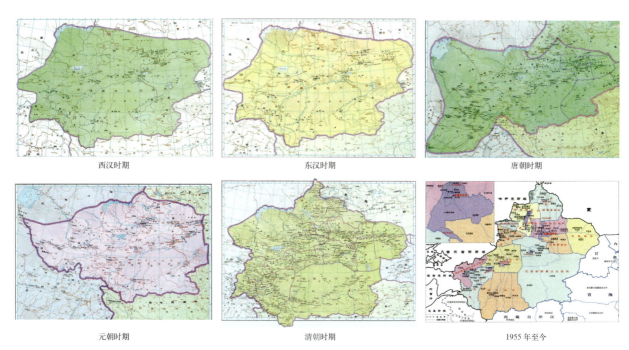

图1-2-1 新疆行政体系沿革过程图

立起联系；公元前101年，汉朝在西域设使者校尉，并屯田于现今的尉犁和轮台地区。

公元前60年，西汉政府在现今轮台县设西域都护府，管理天山南北包括巴尔喀什湖以东以南的广大地区，西域正式列入汉朝版图。东汉时西域都护府共领护50国城邦，经魏、晋历代在西域行使管辖权，至隋代设鄯善郡、且末郡和伊吾郡。唐代在西域设伊、西、庭三州及安西和北庭两个都护府，天山以北归北庭都护府统辖，天山以南、葱岭东西诸城邦国属安西都护府统辖。

元在西域实行行省制，先后在撒马尔罕设阿姆河行中书省，管辖河中地区；在今霍城一带设立阿力麻里行中书省，管辖伊犁至巴尔喀什湖以东以南地区；在今吉木萨尔别设失八里行中书省，管辖天山地区。后在别失八里行省之下设别失八里、和州、斡端三个宣慰司，分管北疆、南疆及和阗地区事务。明代称新疆地区为别失八里，西域东部由明朝直接管辖，建哈密卫城。

17世纪中叶后，清朝平定准噶尔部叛乱统一新疆，乾隆后期改称西域为新疆，意为"故土新归"。在新疆设伊犁将军管辖额尔齐斯河以南以西及天山南北地区；科布多参赞大臣管辖额尔齐斯河以东以北地区；哈密至乌鲁木齐一带划归甘肃布政使管辖。随着左宗棠1877年收复新疆北路和1878年收复新疆南路，清除了沙俄的侵略和阿古柏政权统治，通过多个方面对新疆的经略，带来了经济和文化繁荣发展的局面。光绪十年（公元1884年）清政府正式在新疆设省，省会迪化（现今乌鲁木齐市）。

1949年新疆和平解放，1955年10月1日成立新疆维吾尔自治区。随着2014年，博尔塔拉蒙古自治州境内设立县级双河市的获批，2015年伊犁哈萨克自治州设立可克达拉市的获批，现新疆维吾尔自治区辖3个地级市、7个地区、5个自治州、12个市辖区、23个县级市、62个县、6个自治县（图1-2-1）。

二、大碰撞的文化交流

地理环境和自然资源是文化系统形成与发展的场所及基本条件，并在文化系统的形成和发展过程中起着至关重要的作用。被誉为"历史文化长廊"的新疆地处欧亚大陆的腹心地区，特殊的地理区位使得世界上四大文明在此汇集，古埃及、两河流域、古印度和中原文化的交汇碰撞，加之粗犷豪放

的草原游牧文化，创造出了独特的西域文明。

新疆的绿洲与草原自古就生活着农耕民众和游牧民众，历史悠久的绿洲文明和草原文明就在此交汇，古代的游牧部落、部族在进入了天山以南的绿洲农耕区后，转变成为农耕定居居民，其生产生活方式及习俗都随之发生变化。早在公元前17世纪西域地区已出现了绿洲城堡的基本国家形态，与现今阿富汗一带的商人开展青金石贸易，并与中原和周边的地区开展商品贸易与文化上的交流，如新疆境内考古发掘出土的彩陶器，其中的图案纹饰与中原地区同期的陶器图案纹饰相同或相似。西域三十六国的于阗国出产的和田玉出土于商王武丁以及妇好的墓葬之中，说明现今的和田地区及昆仑山北麓在公元前13世纪就已有人定居。在周、春秋、战国时期，中原地区就与匈奴及其先祖有了经济、文化上的密切交往，如成书于战国时期的《山海经》和《穆天子传》中，有关周穆王西巡昆仑会见西王母的传说。草原"玉石与丝绸之路"从洛阳西出关中再北经陕北、内蒙古至漠北再向西，经叶尼塞河流域、阿尔泰山南北再经哈萨克草原去欧洲和小亚细亚，这条沟通多民族地区的孔道早于天山南北与昆仑山北麓的"丝绸之路"南、中、北道。

自西汉张骞出使西域之后，两汉统一西域，打通了"丝绸之路"这条东西方文化交流的通道，为东西方文化的大规模交流提供了基础条件和保障，促成东西方文化在新疆的大碰撞、大汇聚和大交融，推动了西域文化的发展繁荣。丝绸之路的开通，使得天山北部的草原游牧文化和天山南部农耕文化得以迅速发展，随着军事屯田和汉族移民，中原的先进文化和耕作技术传入西域，形成了以汉文化为主的屯垦文化。同样随着丝绸之路的开通，佛教由印度沿丝路东传进入西域并再传至内地，佛教成为当时西域文化及生活的重要内容。龟兹佛学家、佛经翻译家鸠摩罗什向东辗转来到长安讲译佛经、著述佛学经文；高僧法显由中原地区向西经西域赴印度求取佛经。

随着唐朝击破西突厥、平定西北、设立行政区并统一西域以后，丝绸之路继汉代以来迎来了再次的辉煌，并进入了空前繁荣的时期。唐代在西域设安西和北庭两大都护府，推行唐朝的政治和经济制度，吸引大批中原内地的汉人西迁定居，聚居于三州（伊州、西州、庭州）四镇（龟兹、于阗、疏勒、焉耆）以及天山南北的广大区域。中原内地移民的大量进入，使得来自中原的汉地文化以强劲之势传播到西域，汉文典籍、汉族习俗礼仪等在西域得以广泛传播，中原文化与西域壮阔山川、人文风土和慷慨征战等景象的结合，形成了以高适、岑参为代表的众多诗人所撰写的豪迈激昂"边塞诗"，成就了中国文学诗歌上气韵独特的篇章。凭借着丝绸之路，以玄奘经西域前往印度求取佛经为代表的中西方文化交流，随着商品经济的交流而蓬勃发展，加之盛唐时期在文化上开放与包容，在新疆的土地上成就了东西方文化的碰撞与交流。如地处丝绸之路交通要冲的龟兹、吐鲁番等地，在东西方文化的碰撞交流中，成就了龟兹乐舞、石窟壁画等的璀璨独特。文化的碰撞交流不仅发生在西域地区，也通过丝绸之路影响到中原地区，如佛教的东传、龟兹乐、高昌乐、胡腾舞、胡旋舞和琵琶、箜篌等乐曲、舞蹈与乐器传入内地，成了唐代以及后世音乐演奏中的主角。

丝绸之路的开通为新疆这片辽阔的土地，带来了商品的交换、经济的繁荣和文化的交流，也带来了战乱兵燹、宗教纷争、思想冲突等。正是借助于唐代开放包容的时代精神和博大的文化胸襟，在东西方以及各民族的大交流和大碰撞中，激荡成就了多元文化的独特交汇，并深刻地影响了新疆地区文化发展的走向。

三、大融合的文化特性

伴随着盛自于汉以及其后各个历史时期的文化碰撞与交流，中原文化、印度文化、两河流域文化、波斯文化、希腊文化、罗马文化等。在这里荟萃、交融，成就了新疆地区文化大融合的特性。

在文化秉持人口组成方面，在新疆的2181.58

万人口中（第六次人口普查数据），维吾尔族、哈萨克族、回族、柯尔克孜族、蒙古族、塔吉克族、锡伯族、满族、乌孜别克族、俄罗斯族、达斡尔族、塔塔尔族等民族约占总数的60%，且各民族有着自己独特的文化传统和习俗。在文化承载工具方面，新疆在历史上出现过多种语言文字的通行，汉文、吐火罗文、于阗文、粟特文等，蒙元时期逐渐形成使用突厥语和汉语为主体的西域民族格局，形成了丰富多样的文化样式和文献资料。随着伊斯兰教传入西域并逐渐扩展，伊斯兰文化对新疆地区文化的影响作用愈加明显，涉及诗歌、史诗、文学、音乐等众多方面。清时大批内地汉族及多个民族军民进入新疆开展屯田、戍边并落户，再次推动了民族和地区间的文化融合。

早在西域绿洲三十六国时期，新疆地区的文化融合就已凸显，如南疆民丰的尼雅遗址3号棺出土色彩斑斓的锦被上织有"王侯合昏，千秋万岁宜子孙"的小篆汉字和纹样；8号棺木出土的色彩艳丽的锦袋上有篆书文字："五星出东方利中国"，表明西域绿洲古国已与当时的中原王朝之间存在着密切的政治和经济融合关系。龟兹为新疆文化融合特性的典型地区，龟兹所在的现今库车地区由于气候温热且自然环境条件相对优越，故盛产麻、麦、葡萄、梨、桃等农产品，且因蕴含丰富的矿藏而使得黄金、铜、铁等冶铸业闻名西域；又因其地处丝绸之路的交通要道之上，商业贸易以及手工业的繁荣发达，使得文化交融汇聚于此，形成融汇东西方文化特点的龟兹地域特色文化，并也对东西方文化的交融和中华文明的发展做出过重大贡献。

佛教由印度传播而来，经丝绸之路到达龟兹并广为传播，使得龟兹被誉为"西域佛都"，龟兹的佛教融合印度、希腊、罗马、波斯和中原文化为一体，具有浓郁的新疆地方民族特色。佛教石窟在龟兹开凿得最早也比较集中，洞窟形制类型完备，壁画题材内容丰富，其石窟寺院和佛教壁画在中国佛教艺术史上占据极为重要的位置，也在中亚佛教史上占有重要的地位，凸显出随着佛教东渐而出现的东西方文化交融的特征。东西方文化融合所产生的龟兹音乐和舞蹈极具特色，龟兹乐器有箜篌、琵琶、五弦、笙、笛、箫、齐鼓、檐鼓等二十种；乐音有宫、南吕、角、变徵、徵声、羽、变宫七声，使其享有"西域乐都"之誉。龟兹乐舞沿丝路东传对中原地区的音乐文化产生了重要的影响，对唐代的音乐舞蹈以及对宋词、元曲乃至中原地区戏剧的发展都曾产生过深远的影响。同时，龟兹乐舞也自中原地区传播开来，广泛影响了朝鲜、日本及东南亚地区，对古代东方各国的音乐文化产生过很大的影响。

新疆地区因自然环境、气候环境和人文环境等的不同，形成了绿洲农业、草原游牧、商业贸易、手工生产、民族聚居、宗教信仰等多种文化的发展与交织。各种文化在这样的大交流格局中，不断吸收、不断丰富和完善自身文化系统，形成了新疆地区民族大融合、文化大融合的发展状态，也使得新疆的文化呈现出旺盛的生命力。新疆地区民族和文化的多样性融合特性，对社会经济和生产生活发展起到了重要的作用，进而成为世界文化的重要组成部分。

第三节 建筑营造与特征

一、建筑演变

1. 自然环境影响要素

新疆的自然地理类型多样，自然环境条件和气候特征对于建筑有着至关重要的作用，不同的地理环境和不同的建造资源状况，造就了各具特征的建造方式、建筑形态和建筑文化。

新疆地区因天山山脉的居中横贯而形成南北两大盆地，其中因地形的起伏而又嵌套有众多小块的流域和盆地，小流域和盆地因所处地理位置的不同，形成了各不相同的微气候环境。这些微气候环境有的干旱炎热、有的多雨湿润、有的严寒多雪，形成了各个地区的资源条件，各个地区的建筑就地取材，营造出与所在地区气候特征相适应的建筑。

天山山脉以南的南疆地区，因昆仑山上的雪山融水河流而形成绿洲，绿洲之间围以沙漠和戈壁且空间距离遥远，这样的自然环境使得在古时即形成了各自独立的部落城邦。绿洲之内虽降雨量不大但因雪山融水量充沛、土地相对肥沃而适宜植物的生长，从而形成了南疆的农业耕作区域。南疆绿洲内生长的植物有杨树、核桃树和灌木等，但总体上其木材资源的蓄积量不是很大、植株的胸径也不大，农耕定居的人群通常以当地的小木材作为建筑材料，形成了木梁柱主体框架、密小梁顶和笆子泥墙围护结构的建筑体系。

天山山脉以北的北疆地区，因有北部的阿尔泰山区林木葱郁，也有天山深处的草场林地，因水资源相对丰沛，使得森林茂密。山岭之上依据海拔高度的不同，向下有阔叶杨树、桦树，向上有落叶松、云杉、冷杉等高大乔木；山岭之下的草场丰美、灌木草甸、山花烂漫、流水潺潺，拥有丰富的牧草资源和林木资源，自然环境条件适宜从事牧业和半农半牧的生产。当地的人们利用丰富的木材资源作为建造材料，有井干式的全木构建筑，也有以木梁柱为主体框架、石块作为围护结构的建筑。

新疆东部的吐鲁番地区，气候炎热、干旱少雨且风沙肆虐，大片沙漠和戈壁地表因极度缺水而无植被覆盖，导致生土成为该地区主要的建造材料资源。为适应当地的自然环境和气候条件，建筑就地取材，以少量的木材为支撑框架和大量的生土材料来进行建造，形成生土夯筑、土坯垒砌、土木混合以及砖砌发券等建筑体系。受日照辐射强、干燥炎热和昼夜温差大等外部环境的影响，在建造上采取厚墙、小窗、平屋顶、漏花洞、透风墙、高台基等方式，以营造出阴凉、通风和隔潮等相对适宜的建筑室内与院内小环境。

帕米尔高原地区，因海拔高且寒冷，缺少树木生长的整体大环境条件，在高山融雪所形成的溪流及高原湿地草甸旁，因小环境条件相对适宜而生长有杨树和柳树等乔木。当地的建筑多以石料、生土为建造材料，以少量的木材为支撑材料加以营造。

在墙体材料的使用上，以溪流中的卵石和石块为主，垒砌成石屋。张骞在《汉书·西域传》中记载："山居，田石间。有白草。累石为室。民接手饮。"

2. 人文环境影响要素

新疆因地处东西方文化的交汇地带，不同的政治、经济、文化和民族等形成了不同的人文环境，并对建造活动起到不同的影响。在绿洲地区，人们主要以农业耕作为生产方式，形成了若羌、鄯善、焉耆、精绝等城郭诸国；在草原地区，人们主要以游牧经济为生产方式，形成了乌孙、大月氏和大宛等草原行国。各城邦辖国的人们因生产方式和聚居规模的不同，而建立起各具特征的城镇和建筑。

新疆地区人群的族缘组成有：匈奴、柔然、铁勒、鲜卑、回鹘、鞑靼、吐蕃、蒙古、丁零、吐火罗、塔吉克、羌、回和汉等多个民族及支系。现今的新疆地区有维吾尔、哈萨克、柯尔克孜、蒙古、塔吉克、锡伯、乌孜别克、俄罗斯、达斡尔、塔塔尔、满、回和汉13个民族，各个民族有其各自不同的生活方式和风俗习惯，因而产生出各自不同的建筑样式。

新疆不仅是一个多民族聚居的地区，在历史上也是一个多种宗教传播的地区。在历史发展的进程中，相继有祆教、摩尼教、佛教、道教、藏传佛教、基督教、天主教和东正教在境内传播。随着各种宗教活动和宗教文化在各地的开展与传播，各种宗教建筑有着相应的兴建。公元10世纪，随着伊斯兰教传入新疆并逐渐成为在新疆地区占有绝对优势的宗教，使得伊斯兰教的建筑遍布全疆各地。

二、建筑类型

新疆古建筑营建规模不一、类型丰富多样，有古城遗址、村镇聚落、石窟、佛教寺院、伊斯兰教寺院与经文学院、民居建筑、府邸建筑、墓葬建筑、烽火台防御设施和灌溉设施等等，古建筑类型的产生有因建造年代的不同而成、有不同文化的兴起和传播所致、有功能内涵的差异使然。

新疆区域范围内有早至旧石器时期的遗址，如骆驼石遗址；青铜时代的古墓群、石人和鹿石等，如阿敦乔鲁石栅古墓群及岩画群、小河墓地；西域三十六国时期的绿洲古国城邦遗址，如南疆民丰的尼雅遗址；唐代及其后因佛教兴盛而涌现的石窟寺院、城邦戍堡，如帕孜克里克千佛洞、北庭故城遗址；中原地区宋辽时期在新疆兴起建设的伊斯兰教建筑、经院和麻扎，如吐虎鲁克·铁木尔汗麻扎；明清时期的清真寺、府邸建筑、城市建筑以及坎儿井地下水利工程，如库车大寺、苏公塔、哈密回王墓、惠远钟鼓楼等；乃至近代建设的庄园、王府和外国商行建筑，如皮山县的吐尔迪·阿吉庄园、和静县的满汗王府、塔城红楼等。

因气候条件和自然环境的变迁，在新疆地区古建筑的现存类型中，因绿洲城邦和交通要塞的建设，古城遗址类占有较大的部分；因历史上佛教的传播与驻锡，石窟佛寺占有较大的部分；因伊斯兰教在新疆地区的传播，各种规模层级的清真寺和经院建筑遍布等。以上这些构成了新疆地区古建筑的主体类型，加之新疆地区自然环境的差异，南疆和北疆的古建筑和传统民居建筑均有强烈的地区类型以及民族类型的特征，从而使得新疆的古建筑在类型上呈现多姿且独特的风貌（图1-3-1）。

三、建筑造型

新疆地区的古建筑在造型上，与所在地区气候特征、民族特色、建构特征和建造材料等有着紧密的关联，并以与民族和地区的紧密关联呈现出强烈的民族性和地区性。如南疆地区的维吾尔民居建筑，因沙漠戈壁气候干旱、泥土资源丰富，在建筑造型上多为夯土墙体的平屋顶，在建筑的装饰造型上多为维吾尔族的传统图案纹样，使得建筑从整体到细部的造型上具有民族和所在地区的风貌。

遍布新疆各地作为伊斯兰文化典型象征的清真寺，在建筑群造型的基本形态要素上包括高耸的宣礼塔（邦克楼）、宽阔的礼拜殿、券洞龛形大门、规整洁净的庭院和开阔的广场等。根据规模的不同在造型上有所差异，如各寺院在宣礼塔的数量上有所不同、礼拜殿空间开敞或封闭程度上有所不同、庭院的数量和规模上有所不同、是否有经院和麻扎上有所不同等。而在北疆和东疆地区回族穆斯林所建造的清真寺，则因内地回族居民迁居新疆而带有陕甘地区中原建筑的造型风格，如木结构抬梁的大殿+外廊的坡顶建筑形态，以及檐柱、斗栱和彩画的立面造型。新疆多地因佛教传播而兴建的石窟寺，作为"负构"建筑也有多种形态的造型，如围

清真寺

民居

麻扎

图1-3-1 新疆建筑类型示例

平顶

穹顶

图1-3-2 新疆建筑造型示例

绕着中心佛像塔柱组织空间的支提窟、殿式窟和复合式洞窟等内部空间造型。传统民居的建筑造型更是多样且极具地区和民族的特征，如南疆喀什地区的相互层叠和架立的高台民居建筑；如南疆喀什与和田地区、北疆昌吉与伊犁地区的"阿以旺"民居建筑；如帕米尔高原的平顶石砌民居建筑造型；如北疆图瓦族的井干坡顶木屋等。在建筑的外部形态上，有平顶建筑、坡顶建筑和穹隆顶建筑；在建筑的营造材料上，有土坯、夯土、砖砌、笆子泥墙、木结构和土木混合等多种，并由此形成了相应的建筑空间和实体造型。

新疆地区因地理规模大、气候类型多样、建筑功能多样且民族众多，使得建筑造型的形态样式极为丰富。但就建筑功能的类型有宅第民居、坛庙祠堂、衙署官邸、学院书堂、驿站会馆、亭台楼阙、寺观塔幢、店铺作坊、麻扎建筑等，并具有与内部功能类型相对应的建筑造型。仅就麻扎这一新疆地区特殊的建筑类型而言，在其造型上普遍为正几何形态，但具体的样式上仍然极为丰富，有规模大小不同的立方体、半圆筒、尖券筒和尖穹隆顶等（图1-3-2）。

四、建筑分布

新疆因其地域广阔、三山夹两盆的特殊地貌，加之绿洲星布且丝绸之路横贯东西的环境特征，城镇及乡村的人们聚居点沿交通线及河流呈现出带状散点分布，使得各类古建筑包括已荒废的城邦遗址呈现出这样的空间分布状态。在整个地区的空间分布呈现三条带状，即沿昆仑山以北道路从若羌到喀什的分布带、沿丝绸之路中线道路从哈密经库车到喀什的分布带、自巴里坤经乌鲁木齐越天山北线到伊宁的分布带。在这三条主要分布带上，古建筑以重要的绿洲城镇为中心呈现相对集中的状态，集聚有民居府邸、宗教寺院、驿站会馆等功能类型众多的建筑。

清真寺和经院等宗教建筑作为新疆最为突出的古建筑，随着伊斯兰教的传播途径由南疆而遍及整个新疆地区，在各级规模不同的城镇均有分布，无论其建筑形态风貌如何不同，重要城镇则均建有规模宏大的清真寺，如喀什的艾提尕尔哈清真寺、库车大寺等。而由于城镇人口的集聚，为方便城镇居民的日常礼拜活动，空间功能相对简单的小巷清真寺则遍布城镇中社区的街头巷尾，形成了城镇中宗教建筑的网络层级分布。千佛洞和石窟寺因佛教的传播，在新疆多地有大量的建造，如古龟兹地区因佛教和乐舞的兴盛而建有被称为"第二敦煌莫高窟"的石窟群：克孜尔石窟、库木吐拉石窟、森木塞姆石窟、克孜尕哈石窟、玛扎伯哈石窟和托平拉克埃石窟。烽火台、戍堡等军事设施多沿交通道路而建，形成与城镇和商道驿站紧密关联的防御体系，并建有军屯相配套的粮仓等建筑。新疆地区因绿洲农业而兴盛的城邦国家建有都城，后因气候环境的改变以及兵燹战乱而导致衰败废弃，形成了新疆多地的故城遗址，如吐鲁番地区的高昌故城、交河故城以及南疆和田地区民丰县的尼雅遗址、若羌县的米兰遗址等，多处于现今气候条件苛刻的沙漠边缘或沙漠腹地。

新疆地区在不同功能的古建筑上有其独特的关联分布，主要体现在麻扎建筑与清真寺院的建设方面，有清真寺和麻扎分别独立建设的方式、也有在麻扎附近建有清真寺院的关联方式。其中作为圣人陵寝的麻扎，不仅建有清真寺，而且建筑体量尺度庞大、装饰华丽，并伴随着建有大片的墓园，如喀什的阿巴克霍加麻扎。

新疆古建筑

第二章 古城遗址及军事戍堡遗址

新疆古城遗址及军事戍堡遗址分布图

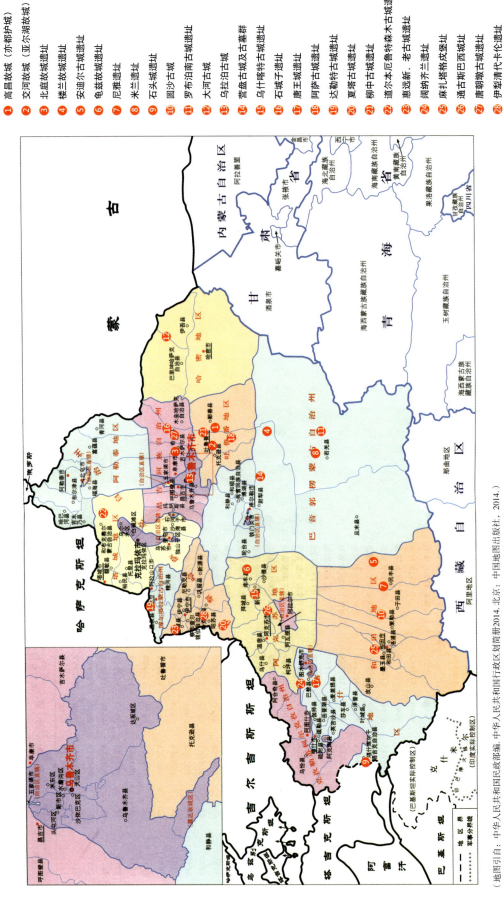

① 高昌故城（亦都护城）
② 交河故城（亚尔湖故城）
③ 北庭故城遗址
④ 楼兰故城遗址
⑤ 安迪尔古城遗址
⑥ 龟兹故城遗址
⑦ 尼雅遗址
⑧ 米兰遗址
⑨ 石头城遗址
⑩ 圆沙古城
⑪ 罗布泊南古城遗址
⑫ 大河古城
⑬ 乌拉泊古城
⑭ 营盘古城及古塞群
⑮ 乌什喀特古城遗址
⑯ 石城子遗址
⑰ 唐王城遗址
⑱ 阿萨古城遗址
⑲ 达勒特古城遗址
⑳ 夏塔古城遗址
㉑ 柳中古城遗址
㉒ 道尔本厄鲁特森木古城遗址
㉓ 惠远新、老古城遗址
㉔ 阔纳齐兰遗址
㉕ 麻扎塔格戍堡遗址
㉖ 通古斯巴西古城
㉗ 唐朝墩古城遗址
㉘ 伊犁清代卡伦遗址

（地图引自：中华人民共和国民政部编. 中华人民共和国行政区划简册2014. 北京：中国地图出版社，2014.）

第一节　古城遗址

新疆现存的古城遗址具有独特的历史文化价值，是新疆古代政治、军事、经济和文化交流等多方面的实证材料。新疆境内现存史前城址4处、汉唐时期城址255处、宋元时期城址30处、明清时期城址81处。在地理分布上，天山以北的城址主要分布在丝绸之路草原道上，以乌鲁木齐、昌吉回族自治州、伊犁哈萨克自治州居多；天山以南的城址主要分布在丝绸之路南北两道上，以阿克苏地区、巴音郭楞蒙古自治州较多；新疆东部的城址主要分布在吐鲁番、哈密地区。

一、高昌故城（亦都护城）

高昌故城遗址位于现今吐鲁番市东面约40公里哈拉和卓乡的三堡乡，地处火焰山南麓木头沟河三角洲，北距沟口约6.5公里，东距鄯善县城约55公里。高昌故城总面积200万平方米，规模宏大，是古代西域留存至今最大的故城遗址。1961年3月成为国务院首批公布的全国重点文物保护单位。

高昌城始建于公元前1世纪的汉代，称为"高昌壁"，由西汉王朝在车师前国境内的屯田部队所建。《北史·西域传》记载："昔汉武遣兵西讨，师旅顿敝，其中尤困者因住焉。地势高敞，人庶昌盛，因名高昌。"汉、魏、晋历代均派有戊己校尉至此城，管理屯田，故又被称为"戊己校尉城"。公元327年，前凉政权在此"置高昌郡，立田地县"，继而又先后为河西走廊的前秦、后凉、西凉、北凉所管辖。公元442年，北凉残余势力在此建立了流亡政权。公元450年，由于交河城破，车师前国覆灭，吐鲁番盆地政治、经济、文化中心由交河城完全转移到高昌城。公元460年，柔然灭北凉，"以阚伯周为高昌王，高昌之称王自此始也"（《周书·高昌传》）。此后张、马、麴氏在高昌相继称王，其中以麴氏在高昌统治时长达140余年（公元499年～640年）。公元640年，唐侯君集统一了高昌，在此置西州，下辖高昌、交河、柳中、蒲昌、天山五县。公元9世纪中叶以后，漠北草原回鹘汗国衰亡，西迁的部分余众攻下高昌，在此建立了回鹘高昌国，其疆域最盛时包括原唐朝的西州、伊州、庭州以及焉耆、龟兹二都督府之地。

高昌故城平面略呈不规则的正方形，周长5.4公里，整体布局分为外城、内城和宫城三部分，总面积约200公顷。外城墙基厚12米，高达11.5米，夯土筑成，夯层厚8～12厘米，间杂有少量的土坯，有清晰的夹棍眼；外围有保存较为完好凸出的城墙马面。城墙南面有三个城门，其余三面各有两个城门。西面北边的城门保存得最好，有曲折的瓮城。内城居于外城中部，城墙均为夯土构筑，西、南两面保存较好，其建筑年代较外城为早。宫城处于遗址最北部，外城的北墙就是宫城的北墙，内城的北墙是宫城的南墙。北部的宫城内留存许多高大的殿基，台基高3.5～4米，其中有多达四层的宫殿建筑遗址。内城北部正中有一平面不规则略呈正方形的小堡垒，称为"可汗堡"。堡内北面的高台上有一高达15米的夯筑方形塔状建筑物；偏西有一座地上地下双层建筑物，现仅存地下部分，南、西、北三面有宽大的阶梯式门道供出入，规模虽不大，属官署衙门建筑布局形式。由出土的"北凉承平三年沮渠安周造寺功德碑"，推定为宫殿及王室寺院遗址（图2-1-1）。

高昌城在高昌郡时期已有现存的内城，外城墙为麴氏高昌时期所建。那一时期文书中的"北坊中城"、"东南坊"、"西南坊"记载，表明当时高昌城已经有内与外之分，东、南、西、北之别。敦煌莫高窟藏经洞发现的《西州图经》中记载："圣人塔，在子城东北角"，表明唐代西州城已有子城。早期的宫城在今"可汗堡"内，麴氏统辖高昌时期随着外城的修建，宫城遂迁移到北部，南面而王，与隋唐时长安城的布局相似（图2-1-2、图2-1-3）。

自公元前1世纪建高昌壁到公元13世纪废弃，高昌故城延续使用了1300多年，自废弃以后，大部分地面建筑物无存。遗址保存较好的几处为外城西南角的一所寺院，占地近1万平方米，由大门、庭院、讲经堂、藏经楼、大殿、僧房等组成。从建筑

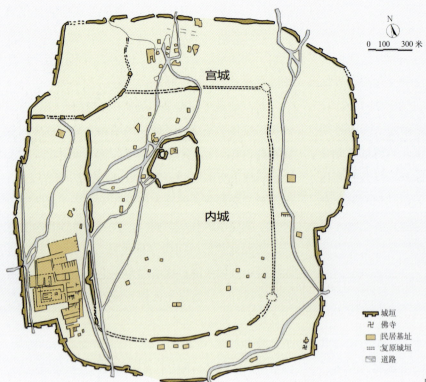

图2-1-1 高昌故城平面图

图2-1-2 高昌故城局部

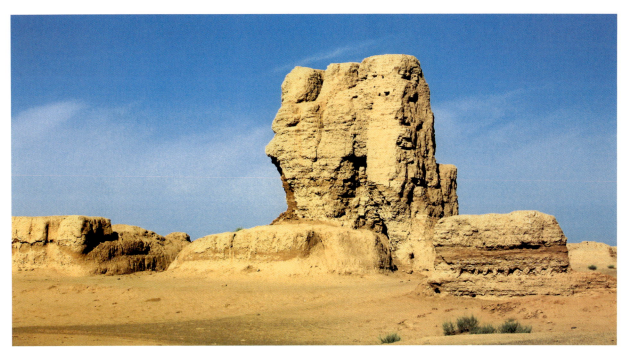

图2-1-3　高昌故城局部

特征和残存壁画上的联珠纹图案推断，其建造年代约在公元6世纪。寺院附近还残存一些"坊"、"市"遗址，可能是小手工业者的作坊和商业市场。外城的东南角也有一所寺院，保存有一座多边形的塔和一个礼拜窟（支提窟），是城内唯一保存有较好壁画的地方。从壁画的风格和塔的造型分析，为回鹘高昌后期（公元12~13世纪）的建筑（图2-1-4、图2-1-5）。

二、交河故城（亚尔湖故城）

交河故城遗址位于现今吐鲁番市以西约13公里的雅尔乡，居亚尔乃孜沟两条河流交汇处一座30米高的岛形黄土台上，因河水分流绕城下，故称交河。亚尔乃孜沟由洪水冲刷和千万年水流侵蚀形成，坐落于河心洲之上的交河故城遗址长约1650米，中间最宽处约300米，呈四周崖岸壁立柳叶形状。故城总面积47万平方米，现存建筑遗迹36万平方米，被誉为"世界上最完美的废墟"。1961年3月成为国务院首批公布的全国重点文物保护单位（图2-1-6）。

图2-1-4　高昌故城局部

图2-1-5　高昌故城局部

图2-1-6　交河故城平面图

交河故城于公元前2世纪至公元5世纪由车师人开创和建造，最早是古代西域三十六城郭诸国之一的"车师前国"都城，是该国政治、经济、军事和文化中心。《汉书·西域传》记载："车师前国，王治交河城。河水分流绕城下，故号交河。"汉初元元年，西汉在交河城设置屯田的戊己校尉，东汉和帝永元三年以后，戊己校尉的驻地由交河城迁到高昌壁。公元448年车师前国西征焉耆，北凉及柔然乘虚攻袭交河，导致公元450年车师前国覆灭。公元640年，唐侯君集平高昌，设西州治下交河县，在随后的18年间成为唐朝派驻西域的最高军政机构安西都护府，交河古城在南北朝和唐朝达到鼎盛。公元8世纪中叶至9世纪中叶，交河曾为吐蕃人所据，后又为回鹘高昌王国下属交河州，由于空间狭小限制发展，城池呈现出衰落状态。自公元9世纪起，该地区连年战火，到13世纪末，天山北面的西北蒙古游牧贵族海都、都哇叛乱，先后攻破高昌和交河，导致交河城衰落废弃。明初陈诚出使西域，途经交河题《崖儿城》诗，描绘了当时废墟的状况："沙河二水自交流，天设危城水上头，断壁悬崖多险要，荒台废址几春秋。"

交河故城虽历经千年的风雨沧桑，城内建筑物大部分修建于唐代，且建筑全部由夯土版筑而成，但由于吐鲁番地区干旱少雨的气候环境，城市建筑布局的主体结构保存得较为完整，形制布局与唐代长安城相仿。交河故城遗址上的建筑物主要集中在台地东南部约1000米的范围内，遗址的东、南两面劈崖各开一个城门。由于城建在30米高的悬崖之上，不用筑城垣，城门亦非常见的城门建筑。南门，是运送军需粮草、大军出入的主要通道，有"一人守隘，万夫莫向"的险要地势；东门巍然屹立在峭壁上，主要是为城内居民汲引河水的门户。

交河故城的布局分为三部分，一条长350米、宽约10米贯通南北的大道，将居住区分为东、西两大部分；大街的北端有一座规模宏大的寺院，并以它为中心构成北部的寺院区。大道呈南北、东西向垂直交叉，两旁皆是高厚的街墙，临街不设门窗，纵横相连的街巷将36万平方米的建筑群划分为若干小区，颇似宋代以前内地城市的坊、曲。

大街东区的南部为大型民居区，建筑面积约为78000平方米，北部为小型居民区，中部为官署区。东区的南部有一所气势宏伟的宅院，占地3000多平方米，为地上地下两层建筑，有宽大的阶梯通道连接上下；顶上有11米见方的天井，天井东面的南道上设有四重门栅，天井地面，有一条宽3米，高2米的地道，长60米，与南北大街相通。在宽厚高大的围墙外面是城内唯一的广场，该宅院为唐代一次建成，应是安西都护府的治所，后为天山县的官署衙门（图2-1-7、图2-1-8）。

大街西区的建筑除大部分为民居外，还分布有纺织、酿酒、制鞋等手工作坊，有几处经长期火焰焚烧呈灰色的陶窑炉膛壁遗址。

大街北端的寺院平面呈长方形，占地面积约为5000多平方米，由大门、大殿、僧房、庭院和水井等组成。建筑多是长方形院落，院落门开向所临街巷，每所院落的主室里有一个方形土柱。城北还建有一组壮观的塔群，可能是安葬历代高僧的塔林，中央为一座大佛塔，四角各25个小塔，排列成纵横各5座的方阵，共计有佛塔101座。

交河故城一个显著的特征，即整座城市的大部分建筑物包括宽大的街道，都是用"减地留墙"方法从原生土中掏挖出来的，窑洞为从原生土中直接掏挖；平房则是从台地表面向下切挖出，然后用木头搭建屋顶，从残留的柱洞看，有不少是多层建筑。有的建筑是下部为窑洞，上部是平房。寺院、

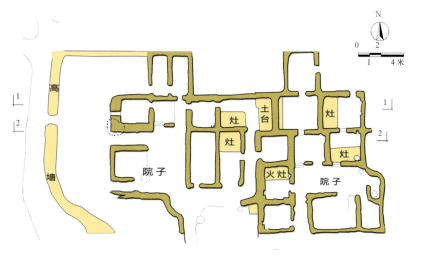

图2-1-7　交河故城民居平面图

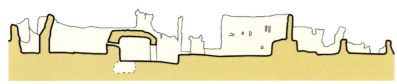
1-1 剖面图

2-2 剖面图

图2-1-8 交河故城民居剖面图

官署、城门、民舍的墙体基本为生土墙，板夹泥垛墙的建筑占少部分，也有部分下部是生土墙上部为板夹泥垛墙的建筑。这种掏挖城市与建筑空间的方式，不仅反映出建造技艺的独特，更体现出古代建设者的聪明才智和创造力，使得整座城市像一个巨大的镂空雕塑。

交河故城在唐代曾经进行过一次有规划的重修改建，反映出中原传统城市营建规制的影响，同时又独具环境适应的地方特征。整座城市像一个层层设防的巨大军事堡垒，街巷狭长而幽深，如同蜿蜒曲折的战壕。人行街巷像处在深沟之中，无法窥知城垣内情况；人在墙内，可居高临下，控制内外动向。交河故城在营建时，将军事防御作为其筑城的主要目标，反映出历史上这一地区激烈的民族和社会矛盾。

三、北庭故城遗址

北庭故城遗址位于昌吉回族自治州吉木萨尔县城北12公里护堡子村，处在天山山前及准噶尔盆地边缘地带，为唐代所建北庭大都护府的治所。北庭大都护府的建立，加强和巩固了唐王朝对天山以北、巴尔喀什湖以东以南地区的统治，作为唐代北疆地区的一座重镇，是当时的政治、经济、军事、文化和交通中心。1988年1月成为国务院公布的全国重点文物保护单位。

在汉魏时期，北庭故城所在地是"山北六国"的中心，车师后国王治所在地，受两汉和曹魏戊己校尉统治，是两汉与匈奴争夺西域的主要战场之一，旧址为汉代戊己校尉耿恭屯戍的金满城。南北朝至隋，该地区为突厥系诸部族在东部天山北麓地区活动的中心，一度为西突厥叶护阿史那贺鲁的驻节之所，称"可汗浮图"。唐贞观十四年（公元640年）在该城设庭州和金满县，长安二年（公元702年）设北庭大都护府，管辖着天山以北、以西直到里海东部、北部广大地域。下辖金满、轮台、蒲类（后改后庭）、西海4县。后晋升为北庭节度使，下辖瀚海、天山、伊吾三军，所辖瀚海军驻北庭城内。公元790年吐蕃攻占北庭城，唐朝对北庭的统治结束。公元840年回鹘自漠北西迁，建牙帐于北庭，后定都于高昌，北庭成为高昌回鹘王国的后王庭和夏都，又称"别失八里"，意为五城。公元13世纪初，隶属于蒙古帝国，元代在此设"宣慰司"、"行尚书省"和"别失八里元帅府"。公元15世纪，元末明初北庭毁于战火而废弃。

北庭故城遗址规模宏大，分内城、外城两重，平面均呈不规整的南北向长方形，呈巨大的"回"字形，内外城均有护城河，城池坚固险要。外城始建于唐代初贞观年间，后经唐显庆、开元和回鹘高昌时期多次修补和增筑，现故城外城周长4596米，东墙长1686米，南墙长850米，西墙长1575米，北墙长485米。墙基残宽5～8米，残高3～5米，均系夯土筑成。夯层平整坚实，厚约7厘米。北城城门保存尚好，门宽8米，有瓮城，其余三面城门无存。现存马面34个，间距约60米。西墙中部偏南，存敌台1座，长22米、宽16米、高6米，顶部存房址残迹。外城四角原有角楼，现只有东北和西北两角楼保存较好，西北角台基东西长25米，南北宽23米，残高约11.5米。护城壕宽30~40米，深2~3米（图2-1-9）。

内城位于外城中部偏东北，约建于高昌回鹘时期，周长约3003米，南墙长610米，北墙长818米，东墙长560米，西墙长1015米。墙基宽3~4米，残高约2米，由生土夯筑，夯层厚10~15厘米。北、西墙城门遗迹尚存。北门宽5.5~6米，左右台基有对称排叉桩槽，原为过梁式木构门洞。城墙外现存马面14个，间距50~70米，东、西墙中部各有敌台一座，东南、西北、西南角楼残基尚存。内城护城壕宽10~30米，深1~3米（图2-1-10）。

北庭故城现仅存断壁残垣，有3处残墙基和9处

图2-1-9　北庭古城遗址平面图

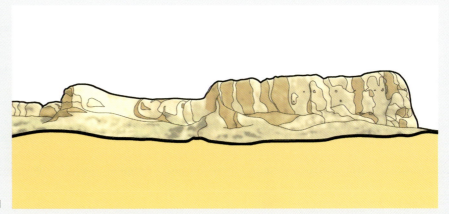

图2-1-10　北庭故城局部立面图

残基址，其中2处为佛寺遗址，昔日的衙署、塔庙、街市依稀可辨。残留多处基址均为夯土台基，大型的面积达2000平方米。城内由于被多次盗掘和开垦，沟坑遍布，残砖、碎石、断瓦及陶片散布。陶器主要为夹砂红陶和泥质灰陶，器形有双耳罐瓮、盆、盘、碟、盂等。砖有莲瓣纹方砖、素面方砖及素面长方砖3种。瓦有筒瓦、板瓦，瓦当为圆形，饰以莲花纹样。在北城墙处残留10间瀚海军士兵居住过的洞屋（图2-1-11）。

四、楼兰故城遗址

楼兰故城遗址位于巴音郭楞蒙古自治州若羌县孔雀河下游，罗布泊的北岸边，地处塔里木盆地最低洼地区，地理坐标为东经89°55′22″、北纬40°29′55″。该地区在历史上，受塔里木河和孔雀河的恩赐，是一片广阔的河流冲积平原，加之地处中西交通的咽喉，楼兰故城成为"丝绸之路"上的一颗闪亮明珠，也是研究"丝绸之路"历史文化和亚洲内陆生态变化的重要遗址。1988年1月成为国务院公布的全国重点文物保护单位。

楼兰最早见于司马迁所著《史记》，《史记·大宛列传》记载："楼兰、姑师邑有城郭，临盐泽。"汉时盐泽即是现今的罗布泊，公元前2世纪楼兰已是一个"城郭之国"。汉时张骞两次出使西域，开辟了东西方之间的通路。随着汉朝与当时强大的匈奴争夺控制西域的斗争日趋激烈，公元前108年汉将王恢征服了楼兰，经过数次大规模的军事征战，汉王朝彻底控制了西域，同时也打通了东西方的贸易通道——丝绸之路。丝绸之路的开通，使东西方交通和丝绸贸易兴盛，刺激了位于丝绸之路咽喉地位楼兰古国的经济繁荣和发展。楼兰城墙大约修筑于西汉末年或东汉初年，楼兰王国全盛时期，统辖范围东起古阳关，西到尼雅河畔，南至阿尔金山，北到哈密一带。《史记·西域传》记载："楼兰国最在东垂、近汉，当白龙堆，乏水草，常主发导，负水担粮，送迎汉使。"史书描述"诸使外国，一辈大者数百，少者百余人"，交通繁忙，人员往来稠密。楼兰在丝绸之路上占有极为重要的地位，来自中国内地的丝绸、茶叶，西域的马、葡萄、珠宝等，都通过楼兰进行交易。许多商队经过这里时，都要在此暂时休息。当时楼兰城内商铺连片，佛寺香火缭绕，东来西往的各国使团客商、僧侣游客长年不断，多种语言文字在这里交流。楼兰王国从公元前176年以前建国，公元前77年，楼兰曾因国王

图2-1-11　北庭故城远景（图片来源：《新疆维吾尔自治区第三次全国文物普查成果集成——昌吉回族自治州卷》P50　作者：新疆维吾尔自治区文物局　出版社：科学出版社）

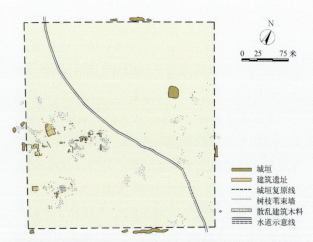

图2-1-12 楼兰故城平面图（图片来源：《新疆传统建筑艺术》P347—图5.10 作者：张胜仪 出版社：新疆科技卫生出版社．1999.5.）

图2-1-13 楼兰故城近景（图片来源：《新疆丝路古迹》P82—图80 作者：刘禾田 出版社：中国建筑工程出版社）

被杀而另立新王，改国名为鄯善国，楼兰城成为鄯善国内的一座城池。到公元4世纪时，随着丝路交通的转移，楼兰文明突然从世界上消失。楼兰古城一带"上无飞鸟，下无走兽，遍望极目，欲求度处则莫知所拟，唯以死人枯骨为标帜耳"。楼兰故城遗址于1900年瑞典人斯文赫定在罗布泊考察中，由向导艾尔得克偶然发现。

楼兰故城遗址为一座不规则略近方形的土城，淹没在一片雅丹地貌的风蚀土堆群中。千年以来城墙受东北向季风的吹蚀，多数已无存仅余数段，尚可辨认出东、南、西、北四面残墙。原东墙长约333.5米，南墙长约323米，西墙和北墙垣均长约327米，面积10万多平方米。城墙用红柳枝与黏土相间筑成，在间隔厚80厘米的夯土中夹压一层芦苇和红柳树枝，红柳枝层厚10～20厘米，城墙残高1～6米，宽2.5～8.5米。南、北城墙垣中部各存一个缺口，似为城门遗迹，西城墙垣中部存错列的三个残土墩，似为瓮城遗迹。城内存有一条古河道，自西北流向东南斜穿全城，与孔雀河支流相通，将城址划分为东北区和西南区（图2-1-12）。

城中东北区的遗址较少，似为佛教寺庙区。存有一座佛塔，佛塔顶部已破坏，塔身残高10米，塔基为方形，边长约19.5米，塔身为圆柱形，用土坯夹木料垒砌而成，中间填土，形似古代印度"窣堵坡"佛塔。佛塔周边散布大型佛寺建筑遗址，遗址之上乱置粗大木料，木料均经过精细加工，凿有排列有序的榫孔，曾发现有装饰木柱、柱头和柱身。城北部居中为"三间房"遗址，为城内最醒目的标志，是城中唯一使用土坯垒砌而成的遗址。这组建筑为房屋五间，中间横列三间坐北朝南，东西两侧各有一间木结构房屋，围合着一个小广场，面对城墙南门。这组院落遗址东西宽60米，南北进深30多米，土坯砌筑的"三间房"保存相对较好，东西总长12.5米，南北宽约8.5米。东西厢房墙用大木材作框架，红柳枝夹条，外涂草泥。构筑的特点是取平整枋木置于地面，枋木两端凿榫立柱架梁。根据这一组建筑物的位置、布局和构造等情况，推测为当年楼兰城的官署衙府所在地（图2-1-13）。

城中西南区残存的遗址相对较多，为成片的市民居住区，房屋都采用中亚干旱地区常见建构方法，即以木材架立框架，墙身用芦苇秆和红柳树枝纵横编织成篱笆状，用皮或草揉制成的绳子绑扎加固，外涂泥成墙。西部建筑遗址呈一组组四合式院落，宅院内依稀可见有前厅、中堂、厢房和后院之分；南部房屋遗址呈一间一间排列状态。

城的周围还有一些佛寺和烽燧等的遗迹和古墓。特别是距孔雀河数里的地方，发现了3800年前"楼兰王国"的神秘墓葬。该墓葬以大量树木建造，组成用七层胡杨木桩围合的同心圆圈，木桩直径粗达30余厘米。整座墓地如同一轮太阳镶嵌在戈壁荒原上，被称为"太阳墓葬"。

五、安迪尔古城遗址

安迪尔古城遗址位于和田地区民丰县安迪尔牧场塔库木村东南约24公里的沙漠腹地，处于安迪尔河的东岸，遗址分布范围较大。由散布着的四座古城：安迪尔方城、夏羊塔克古城（廷姆古城）、道孜勒克古城和阿克考其喀然克，以及周围的墓葬、冶炼作坊和窑址等组成。安迪尔古城遗址是丝绸之路南道上汉唐时期重要遗存，为玄奘所记的吐火罗故国，始建于汉代，于公元11世纪逐渐被废弃。2001年成为国务院公布的全国重点文物保护单位。

安迪尔方城规模小，城墙为黄土分段夯筑而成，边长约20米、墙高约5.2米、厚2.6米。南城墙中部开门，为两重城门，门外侧修筑"L"形土坯墙，构成了简易的瓮城。

夏羊塔克古城（廷姆古城）由主城与耳城组成，主城面积8000平方米，略呈方形，边长100米左右；耳城是主城的附属建筑，位于主城南墙外的东端，面积为1100平方米。主城城墙由碎石与河泥垛筑而成，残高约6米、厚8米，城内留有街道、房屋遗迹。耳城城墙由土坯砌筑，厚3～5米（图2-1-14）。

道孜勒克古城平面略呈长方形，面积7452平方米，城墙由土坯砌筑、残高7米，城内分布有多处寺院和其他建筑遗址。古城西北角有一规模宏大、木柱林立的房屋，面积约169平方米。

阿克考其喀然克古城平面呈椭圆形，直径约200米，存有城墙城门、房舍遗迹。城墙由胶泥混合树枝筑成，内外壁用原木加固，东南方开门。

安迪尔古城遗址中残存一佛塔，残高7米，塔体为方形三层，塔身圆柱体、覆钵式，为土坯垒砌（图2-1-15）。

六、龟兹古城遗址

龟兹古城又称"皮朗古城"或"麻扎不坦古城"，位于现库车县城西约2公里的皮朗村，地处库车河东岸，却勒塔格山南麓，依山傍水。汉时为龟兹国的"延城"，唐时的"伊罗卢城"故址，公元7世纪为唐朝的"安西都护府"。2013年成为国务院公布的全国重点文物保护单位。

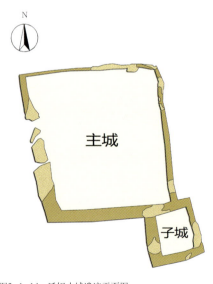

图2-1-14　廷姆古城遗迹平面图

图2-1-15　安迪尔古城遗址佛塔（图片来源：《新疆维吾尔自治区第三次全国文物普查成果集成——和田地区卷》P110　作者：新疆维吾尔自治区文物局　出版社：科学出版社）

图2-1-16 龟兹故城遗址（图片来源：《阿克苏地区卷》P13 作者：新疆维吾尔自治区文物局 出版社：科学出版社）

图2-1-17 龟兹故城城垣（图片来源：《新疆维吾尔自治区第三次全国文物普查成果集成——阿克苏地区卷》P12 作者：新疆维吾尔自治区文物局 出版社：科学出版社）

龟兹国，西域三十六古国之一，居民擅长音乐，龟兹乐舞发源于此。龟兹古国，又称丘慈、邱兹、丘兹，龟兹国以库车绿洲为中心，最盛时辖境相当于今新疆轮台、库车、沙雅、拜城、阿克苏、新和6县市。《汉书·西域传》记载"龟兹国，王治延城，去长安7480里。户6970、口81317、胜兵21076人"。汉时中央政府以龟兹为政治中心，公元91年东汉的班超任都护，将西域都护府迁至龟兹，设立政权机构，管理西域地区。公元3世纪时，佛教经丝绸之路传至重镇龟兹，并在龟兹地区广为传布，僧俗造寺、开窟、塑像、绘画、供佛等活动很是频繁。公元4世纪时，龟兹佛教达到鼎盛，成为西域佛教的传播中心。公元648年和公元657年唐代曾两度将安西都护府设置于龟兹，所辖4镇、16府、72州之地。11世纪末，龟兹脱离西州回鹘，归附喀什噶尔汗，皈依伊斯兰教，至此龟兹不再是一个独立或半独立的政权。

龟兹古城平面呈不规则方形，周长约7千米，城墙迂回曲折，墙垣土筑，北、东、南三面城墙尚存。北墙长2075米，残高3.8米、宽8～16米；东墙长1608米，残高7.6米、宽15米；南墙长1809米，残存两段分别长20米和10米，残高2～3.5米。城墙为夯土筑成，每隔40米左右有一城垛，马面长宽各4.8米（图2-1-16）。

龟兹古城范围内，残存皮朗墩、哈拉墩、萨克散克墩、洛咯依墩等土墩建筑遗址；古城范围外，东部有沙卡乌吐尔烽火台；西北部有伊西哈拉吐尔、阔空拜孜吐尔烽燧；西部有柯西吐尔"双墩"烽火台遗址（图2-1-17）。

七、尼雅遗址

尼雅遗址位于和田地区民丰县以北约100公里的塔克拉玛干沙漠南缘，地处尼雅河下游尾闾地带。尼雅遗址以地理坐标东经82°43′13.5″、北纬37°58′45.3″的佛塔为中心，沿古尼雅河道呈南北向带状分布，分布范围南北长约30公里，东西宽约7公里，遗址分布范围约60～80平方公里，是新疆古文化遗址中规模最大且保存状况良好的大型遗址之一，被称为"东方庞贝城"。1996年成为国务院公布的全国重点文物保护单位。

尼雅遗址所在的和田地区古称"于阗"，曾与疏勒、安西、龟兹并称为安西四都，是丝绸之路上的重镇，是古代东西方文化交流融汇之地，汉文化、古代印度文化、贵霜文化、希腊罗马文化和早期波斯文化曾在此交汇。尼雅遗址系汉代西域三十六国的"精绝国"故地，精绝国据《汉书·西域传》中记载是"户480、口3360、胜兵500人"的绿洲城邦。古精绝国建立于公元前2世纪，东汉明帝时期，被强大的鄯善国所兼并，成为鄯善国的行政辖区"精绝"州。公元3世纪初受魏晋中央王朝节制，公元5世纪初，尼雅遗址所在的绿洲被废弃。

图2-1-18 尼雅古城遗址远景（图片来源：《新疆丝路古迹》P78—图76 作者：刘禾田 出版社：中国建筑工程出版社）

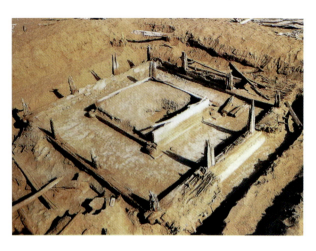

图2-1-19 尼雅遗址地上建筑（图片来源：《和田地区卷》P109 作者：新疆维吾尔自治区文物局 出版社：科学出版社）

尼雅遗址散布在古河床沿线，呈南北向狭长形状，遗址的东、西、北三面为高大的沙山所围绕，南部地势较低。遗址中散落房屋居址、佛塔、寺院、城址、冶铸遗址、陶窑、墓葬、果园、水渠、涝坝等各种遗迹近百处，其中衙署、宗教场所和手工业坊区集中分布在遗址的中部和北部区域。遗址内房屋废墟分布在干涸的尼雅河东岸，地基用麦草、牛粪等台泥铺墁，墙壁多为红柳编成再外垠泥土，室内残存炉灶和贮藏窖遗迹（图2-1-18）。

尼雅遗址中心的佛塔建筑下为方形基座，上为圆柱形塔身，佛塔的形制与其周边楼兰、米兰、安迪尔、喀什和库车的苏巴什佛塔相似，具有明显的中心标识地位，反映出佛教在此地的崇高地位。尼雅古城城址处于遗址区域的南部，北距中心佛塔15公里，古城呈椭圆形，东西长185米、南北宽150米，周长约530米。城墙由白色淤泥垛积而成，墙底宽约3米、墙顶宽约1米，残高0.5~2.5米。城门位于古城南墙中部，门宽3.2米，进深6.5米，为木质门檐过梁的重门，已遭焚毁（图2-1-19）。

八、米兰遗址

米兰遗址位于若羌县东的米兰地区，距若羌城东北80余公里处，遗址的保护范围为44.49平方公里，由8座佛塔、3座佛寺、2座烽燧、汉代屯田水利设施和唐代吐蕃古戍堡组成的一处面积广大的遗址群落。2001年成为国务院公布的全国重点文物保护单位（图2-1-20）。

米兰古城是塔克拉玛干沙漠南面的一个古代绿洲城市，坐落于丝绸之路上罗布泊与阿尔金山脉的交汇处，西汉时为西域三十六国中楼兰国的伊循城。丝绸之路南道作为进出中亚与中原地区的重要通道，米兰古城是处在通道之上的重要贸易中心也是扼守交通的要冲。米兰古城在汉代是中央王朝经营西域的重要根据地，汉昭帝元凤四年，应鄯善王尉屠耆的请求汉王朝派司马领吏士40人到伊循屯田积谷，经考古发现了汉代遗留下来的渠道等水利工程系统和埋在沙漠下的田地。唐朝初期，米兰一带为吐谷浑部落活动的区域，唐代中期米兰地区为吐蕃势力统辖，米兰遗址中的古戍堡即是吐蕃修建的一座军事堡垒。

米兰戍堡是古城遗址内具有代表性的构筑物，呈不规则的方形，周长308米，城墙夯筑，用树枝和草泥垒叠而成，每间隔35厘米夹叠一层树枝与泥草。西墙和南墙的部分用土坯垒筑，墙厚6~9米不等。城的四隅有凸出的墩台，北、东、西三面城墙各有一个马面。西墙北段、南墙西段尚存缺口，宽约3~3.3米，为城墙门道。南墙外突出一小城，高达9米，为不规则圆形，南北直径16.2米，东西10.2米，是作为军事守望的土坯筑高台。古城内东、北城墙下存有住房的断垣，多集中在北墙下，

图2-1-20 米兰故城遗址远景（图片来源：《新疆丝路古迹》P80—图78 作者：刘禾田 出版社：中国建筑工程出版社）

图2-1-21 米兰故城遗址佛塔（图片来源：《新疆丝路古迹》P81—图79 作者：刘禾田 出版社：中国建筑工程出版社）

自城堡底部向上就地势逐层砌筑房屋，房屋为平顶半地穴式，屋内筑有灶炕，房屋层层向上形成了一倾斜斜坡。恰如《新旧唐书·吐蕃传》记载："屋皆平上，高至数丈。"

米兰遗址中的8座佛塔分布在古戍堡的周边，其中5座在戍堡西南约1.8公里处，彼此相距几十米到几百米。戍堡南约300米处有两座，另一座在戍堡东北约2公里处，佛塔的建筑方式分土坯砌筑和夯土堆筑两种，佛塔残高约3～6米，基底宽约4～10米，塔顶为圆拱形，均已残破（图2-1-21）。

东大寺是米兰遗址中一座具有代表性的建筑，分上下两层，外面围以较高的院墙，寺内建有一个12米×0.6米×2.4米的佛龛，龛内尚存半浮塑的菩萨和天王像，其下面四周还存有卷云柱头浮塑。佛殿废墟东侧的建筑物下面，尚存有大型坐佛塑像和遗弃在地上的大佛头。西大寺是一座与东大寺相对而建的佛寺建筑物，它以5.6米×12.2米的长方形须弥式基座为中心，外绕基座置走廊，基座上建有直径3米左右的圆形建筑物。

九、石头城遗址

石头城位于塔什库尔干塔吉克自治县城北400米处，"塔什库尔干"在突厥语中意为"石头城"。石头城坐落在阿法尔斯亚夫山和塔什库尔干河西面的高丘之上，海拔3100米，是新疆境内古代丝绸之路上一个著名的古城遗址。2001年成为国务院公布的全国重点文物保护单位（图2-1-22、图2-1-23）。

汉代时，石头城是西域三十六国之一的蒲犁国的王城，为西域古国喝盘陀国的故址。唐开元年间政府统一西域后，在这里"置葱岭守捉，安西极边戍也"。石头城废弃于唐，元朝初期曾扩建城郭，到了清代光绪二十八年，清廷在此建立蒲犁厅，对旧城堡进行了维修和增补。

石头城由城墙、城门、寺院、居住遗址和清代城堡等几部分组成，面积约10万平方米，城墙周长1285米。古城建在高丘之上，形势极为险峻，因自然地形的限制，呈不规则方形。现故城四面保存多层或断或续的城垣，用块石夹土垒砌，起伏曲折，城墙残高达6米，顶部1～3米。城垣北面墙长约380米，土坯结构，尚保存5个马面，其中西面的3个为土坯筑成，边长6米×6米；偏东面的2个为石砌，已坍塌。东、西和南三面墙分别长350米、180米和375米，均为生土与石块砌筑而成（图2-1-24）。

石头城东南角，有一处寺院遗迹，残存墙壁长约18米、宽4米，由土坯筑成房屋几间。城内有两处居住房屋遗址，一处在城西一处在城东南。城西房屋东西向排列，两排之间间距10～20米，房屋圆形或方形，多为半地穴由砾石垒砌而成，墙厚0.4米、残高0.5～0.7米。城东南的房屋大多不规则，有地上和半地穴两种形式，建构方式同为砾石

图2-1-22 塔县石头城遗址远景

图2-1-23 塔县石头城遗址远景

垒砌。清代后期，在古城偏东部哨岗上，土筑了蒲犁厅城一座，呈不规则长方形，面积近2万平方米。城堡有南北两门，北门为正门，门前有长30米的坡道。现存城堡西墙及北墙，墙长分别为165米和120米，墙垣厚2～2.5米，墙外层为0.5～1米的泥垛、内层为砾石与泥垒筑（图2-1-25）。

石头城所处位置环境条件优越，高丘之下为一片湿地草原，自喀什、英吉沙、叶城、莎车至帕米

图2-1-24 塔县石头城遗址近景

图2-1-25 塔县石头城遗址近景

尔高原的几条山路均汇集于城下,为古代"丝绸之路"必经之地。石头城扼守于此,成为"丝绸之路"上一个极有战略地位的城堡。今虽只剩残垣断壁,但周围有雪峰绵延,城下有草滩、河流,依然体现出粗犷豪放之美(图2-1-26)。

十、圆沙古城

圆沙古城,位于新疆维吾尔自治区西南部于田县大河沿乡,地处塔克拉玛干沙漠腹地,几乎全被沙丘覆盖。地理坐标为北纬38°52′,东经81°35′。坐标点恰好在沙漠中央,寓于"大漠心脏"之称。古城的外侧有护墙坡,南墙中部和东墙北部各有一门,其门道、门柱、门板遗迹尚存。城内有暴露于地表的建筑遗迹6处,出土陶、石、金属、料器等。该城始建于汉代,社会经济以饲养业、畜牧业为主。2001年被国务院公布为第五批全国重点文物保护单位。

古城呈不规则四边形,城墙周长995米,现残存473米,南北最长处距离为330米,东西最宽处距离为270米。高度、顶宽均约3~4米,木骨泥墙结构,在南城墙和东城墙处,可见城门及门道遗迹,城内有建筑遗迹。城墙以两排竖直的胡杨木棍,夹以层层的红柳枝当墙体骨架,墙外用胡杨枝、芦苇、淤泥和畜粪堆积成护坡。墙的拐角处有一些直角的"土坯"。这些"土坯"是将河道中的淤泥切割成块,直接砌到墙上(图2-1-27)。

图2-1-26 塔县石头城遗址近景

图2-1-27 圆沙古城遗址近景(图片来源:《新疆维吾尔自治区第三次全国文物普查成果集成——和田地区卷》P73 作者:新疆维吾尔自治区文物局 出版社:科学出版社)

图2-1-28 罗布泊南古城近景（图片来源：《新疆维吾尔自治区第三次全国文物普查成果集成——巴音郭楞蒙古自治州卷》P23 作者：新疆维吾尔自治区文物局 出版社：科学出版社）

圆沙古城周围现发现6处墓葬群，中法考古学者于2001年秋天开始对该6处墓葬群进行发掘，其中20余座古墓葬大都因为暴露于地面，葬具、人骨已朽酥，保存完整的仅有3座，且葬式罕见，其中两座为单人仰身屈肢葬，一男一女；一座墓中是双人相向合葬，均为男性。除此4具干尸外，其他大多只剩骨架。圆沙古城附近的墓葬大致有4种形式：树棺葬（棺木来自胡杨树）、竖穴土坑墓葬、竖穴土坑树棺葬和木椁葬。

十一、罗布泊南古城遗址

罗布泊南古城遗址（即斯坦因编号LK和LL古城），位于罗布泊西南荒漠中，由LK、LL古城和LM住宅遗址组成。分布范围约64平方公里。以LK古城为中心，西北3公里是LL古城、8公里接住宅房址。城址城墙为夯土（间红柳和胡杨枝）建筑。住宅址主要为木柱框架编排红柳枝外抹草泥的"木骨泥墙"式建筑。自然破坏严重，大部分遗址半埋在沙漠。这两处遗址是丝绸之路楼兰道上著名的城址，对研究汉晋时期楼兰、鄯善地区的历史文化及与中原地区关系具有重要的意义。2001年成为国务院公布的第五批全国重点文物保护单位（图2-1-28）。

罗布泊南古城的LK古城在楼兰古城西南48.3公里处，它是魏晋南北朝时期罗布泊地区仅次于楼兰的第二大城。总面积约2万平方米。LK古城附近是罗布泊地区另一个遗址集中区，在其西北约3公里处有LL古城，再向西北4.8公里有LM住宅群遗址。1914年斯坦因在罗布泊探险时将其命名为LK城址。

罗布泊南古城遗址主要以LK古城为主体。LK古城平面呈长方形，东墙长163米、南墙长82米、西墙长160米、北墙长87.5米，面积约20000平方米。夯土建筑。城墙残损，一般残高约3～5.4米，顶部残宽1.5～6.5米，墙基厚度约7米，东墙北段局部用土块垒砌，土块尺寸为44厘米×25厘米×10厘米。城门开于东城墙南端，门宽2.3米，门道两侧壁底部有木础，其上各有9根立柱，门内一侧有两个横木与木础连接构成门框，门框是用27厘米×20厘米的方木榫卯相连构成，方木加工平整，保存完好，但因流沙覆盖难以看清门的全部结构。已经倒塌的城门，木材均散乱分布在城门内外。在古城西南约300米处的风化土堆中，有一建筑台地，台地长约20米、宽约8～10米、高约2米，台地上散布着许多有榫卯结构的木材，如：完好的柱础、八角柱等，地表可见陶片、铜镞、冶炼渣等。东北角和东南角以至整个东墙已被流沙覆盖；南墙下是一长40米、宽20米、深约2米的洼地。建筑物主要保存在城的南半部，也大部分被流沙掩埋，但房屋仍然依稀可辨。主要是一组东西长46米，南北宽13.5米的房屋，其北面还有两间，长7米、宽3.5米；南面紧靠城门北侧有一大间，呈长方形，规格5.7米×5.5米。房屋都是木框架夹以芦苇，外涂草泥的墙壁。框架多已倒塌，但仍有个别柱子与架底横木相连而耸立着，其间，也发现有保存完好的柱础、斗拱等。

1914年，斯坦因考察时发现并命名的LL遗址。此城位于LK城西北约3公里处。站在LK城北墙之上朝西北远望，在沙丘与雅丹地形之中，城的轮廓依稀可见。古城平面呈长方形，除西北角和东墙北段有残缺口外，城垣保存基本完整。经测量，并按复原线计算，东城墙长71.5米，靠北段有31米的残缺口；南墙完整，长61米；西墙长76米，西北角有

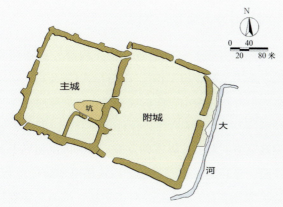

图2-1-29 大河古城平面图

图2-1-30 大河古城遗址（图片来源：《新疆丝路古迹》P189—图198 作者：刘禾田 出版社：中国建筑工程出版社）

16.5米的残缺口；北墙长49米，西端有7米的残缺口。城墙残高3~4米，顶宽1.2~5米，底宽8米以上。城墙的筑造方式与LK古城相同。因城的南半部已被流沙覆盖，房屋的具体结构、布局难以判明。城内北墙下也有一沙堆，唯从西北角残缺口到东墙残缺口方向因风蚀未被流沙掩埋，已不见建筑遗迹。

十二、大河古城

大河古城，位于新疆巴里坤哈萨克自治县大河乡东头渠村东南，南距县城15.5公里。地理坐标为东经93°10′54″，北纬43°39′40″。海拔1644米。地处缓倾平原，水源充沛，土地肥沃，极宜农耕。系唐景龙年间驻屯于此的伊吾军所筑。是目前哈密地区规模较大、保存较好的一处唐代遗址。1957年被列为新疆维吾尔自治区文物保护单位。2001年成为国务院公布的第五批全国重点文物保护单位。

大河古城城址为方形，有主城和附城之分。两座城东西并列，相互间仅一墙之隔，城墙中部有门道相通。均为夯土筑成，夯土层厚10~15厘米。主城南北长210米，东西宽180米。城墙最高近10米，宽12米。仅西墙开有一门，门宽4米。城门北端置马面一个，南端置马面两个。北墙有马面两个，其中保存较好的一个宽8米，高9米。南墙中部有敌台一个。东墙即附城西墙，除在中部开有一门道可进出主城外，在附城内置马面三个，门道北端一个，南端两个。城墙的四角设有角楼，现仅西北角和西南角保存较好。附城居东，南北长240米，东西宽177米，城垣高4~5米，宽10米左右。南墙西端和北墙中部各有一缺口，或为城门所在。东墙中部有一敌台。城内曾一度被垦为农田，部分区域因取土肥田，将地表挖出许多坑穴，另在附城西部借助城墙垒砌一牧畜圈，现已废弃（图2-1-29）。

城内出土文物较为丰富，主要有陶器、石器、建筑材料及少量钱币等。陶器以泥质灰陶为主，黑陶和红陶较少，多为轮制。纹饰有水波纹、弦纹、戳纹和按捺纹等。器型以罐、盆、瓮等居多。石器均为大型磨盘类器物，有马鞍形或圆形。建筑材料有莲花瓦当、莲花铺地砖。此外，还有铜镜、铜佛、铁剪、唐代开元通宝等（图2-1-30）。

十三、乌拉泊古城

乌拉泊古城，位于新疆乌鲁木齐市西南郊约10公里处的乌拉泊湖畔，遗址海拔1100米，是乌鲁木齐地区历史最悠久、规模最宏大的唐、元代古建筑遗址群之一。是现今乌鲁木齐市已发现的一座时代最早和保存最完好的古城池，大致分为轮台县、唐代北庭大都护府和静塞军。距今至少已达千年左右。1957年乌拉泊古城被列为自治区文物保护单位，2001年成为国务院公布的第五批全国重点文物保护单位（图2-1-31）。

乌拉泊古城又称"轮台城"（现存争议），是唐代北庭大都护府下辖的一县，该县地处天山进入北疆四道之要塞，是"丝绸之路"新北道必经之地，因而这里发展成为唐在西域的交通商贸重镇和军事防守要地。唐代著名将军诗人岑参曾于乌拉泊古城居住三年，古城大约沿用至元朝以后逐渐废弃。

乌拉泊古城呈方形，南北长550米，东西宽450米，城周长约为2公里，城垣高大宽厚，残高达4米，底基宽5米，城墙的四角及城门均向外凸出。古城的四个城角处尚存方形角楼遗迹，每面城墙都分布有较密集的凸出墙身的马面，城墙中则都开有瓮城门，北墙瓮门略偏西。在古城内，城门均在每边的中央部分，又以三道夯筑土墙将城区分三部分：东北、西北、西南三个小城。古城的瓮门、城楼、角楼、马面等都格外宏大，城垣中部还有对外瞭望的孔道，从其浩大的工程建筑及军事设施来看，它显然是具有重大军事意义的设施，军级建制（静塞军）的屯兵驻地。在南部的子城内，还保留着一处已被破坏的夯筑土台，可能是当年一座重要基址。曾发现辽、元时期的文化遗物，如陶罐、陶盆、莲纹方砖、古钱币及玉器。

十四、营盘古城及古墓群

营盘古城，位于巴音郭楞东南部、孔雀河北岸，距库尔勒市137公里，距尉犁县170公里，在库鲁克山支脉兴地山以南的戈壁滩上，地理坐标为东经87°47′，北纬40°56′，海拔848.8米。营盘古城周围地势平坦，背靠库鲁克山，面对塔克拉玛干大沙漠，东接龙城雅丹奇观，西连塔里木绿色走廊，是丝绸之路上一座名扬中外的古城，被历史学家称为"第二楼兰"。2006年成为国务院公布的第六批全国重点文物保护单位（图2-1-32）。

斯文赫定、柯兹洛夫、斯坦因、黄文弼等都曾到过营盘遗址。斯坦因在这里盗掘过卢文和其他文字合璧的木简和汉文钱币等文物。1989年，新疆文物考古研究所巴州文物普查队找到营盘遗址时，遗址已被疯狂洗劫。从全面收集发掘的情况看，墓葬中有大量木制、毛织品、皮制品，其中最多的是丝织品，以其种类齐全、质地精美令人震惊，品种有衣、裙、袍、裤、袜、枕、香囊等。

营盘古城是西域三十六国之一山国的都城，是丝绸之路北道的必经之地，营盘城周长900余米，为圆形城堡，城墙残高5.6米，夯土筑，部分墙段偶用土坯。城内被水流冲刷过，有东西两城门。城

图2-1-31 乌拉泊古城远景（图片来源：《新疆维吾尔自治区第三次全国文物普查成果集成——乌鲁木齐市卷》P14 作者：新疆维吾尔自治区文物局 出版社：科学出版社）

图2-1-32 营盘古城址及古墓群远景（图片来源：《新疆维吾尔自治区第三次全国文物普查成果集成——巴音郭楞蒙古自治州卷》P31 作者：新疆维吾尔自治区文物局 出版社：科学出版社）

外西边一高10米的烽燧，土坯已成粉状。城北边是墓葬区，墓地西侧是一片守院遗址，残存10余座土坯建筑。营盘遗址西北距离新疆库尔勒尉犁县城150公里，北面是兴地山，南靠孔雀河岸，尚无交通道路。

营盘古城分为四部分，一是城郭，二是大佛塔，三是烽火台，四是营盘古墓地。

大佛塔在城郭的西城门60米处，也是圆形，高有10余米，直径为10余米。烽火台位于东城门4公里处的兴地山，在城郭的东北部，直径有4米多，高4米多，古墓地离北城门约为3公里，大部分建在兴地山的小丘上。

营盘古城东北方向1公里处有一片汉晋时期古墓群，位于尉犁县城东南约150公里，孔雀河故道之北约5公里，库鲁克塔格山山前台地上。在水的多年冲蚀下，墓地形成许多道沙梁。墓葬集中分布在台地东部数道沙梁的南缘，排列无规律。沙梁高处的墓葬不易积水，土质干燥，遗物保存较好。

古墓地东西长1.5公里、南北宽250米左右，有古墓200座左右。墓室结构可分为长方形竖穴土坑墓及竖穴二层台墓两大类。二层台上铺有成排的圆木，上覆芦苇席、麦草等。墓穴内置的木质葬具，可分两种形式，一种是四腿的长方形箱式木棺，数量较少，而且从随葬品规格看，墓主人大多身份、地位较高；另一种为半圆形胡杨木棺，系将胡杨树干截去两端，剖为半圆木，有的凿空中部，有的则利用原有的自然空槽，或将尸体盛敛其中，或将半圆木棺倒扣在尸体上，木棺两端多嵌有挡板，以这一带盛产的胡杨木制作葬具。

营盘墓地规模较大，不同墓葬的年代有早有晚，所出四乳四虺纹铜镜在东汉前期流行，所出丝织品、釉陶碗、萨珊玻璃器的流行时代大致属魏晋时期。随葬的小麦、粟、棉籽、羊腿、羊肋以及古城外发现的铁铧等遗物都证明当时这里已有较为发达的灌溉农业及畜牧业；毛织品的纹样与西方文化艺术有明显联系；漆器、丝绸则明显是由内地传过去的，玻璃器则是由西方传过来的，这为研究中西文化的交流史提供了新证据。

十五、乌什喀特古城遗址

乌什喀特古城，位于新和县玉奇卡特乡玉奇卡特村西南1.5公里处，时代相当于汉至唐代。地处一块地势较低的洼地，古城由三道城墙组成，范围很大。该遗址出土的"汉归义羌长印"、"李崇之印"等珍贵文物，具有很高的历史研究价值。2013年成为国务院公布的第七批全国重点文物保护单位。

古城也称"玉奇喀特"，意为三重城，有三重城垣，外城垣塌毁严重。城垣略呈圆形，东西长约500米，南北长约700米，面积约350000平方米。残高1.5米，基宽20米，西北隅低洼处有积水。外城距第二重城约210余米，二重城距内城垣约110米。内城较小，城内早已辟为农田；仅见中央有土堆

图2-1-33 乌什喀特古城遗址鸟瞰（图片来源：《新疆维吾尔自治区第三次全国文物普查成果集成——阿克苏地区卷》P16 作者：新疆维吾尔自治区文物局 出版社：科学出版社）

积，直径约40米，高3～4米。地面采集有夹砂和泥质红陶片，可能是石砌的建筑，黄文弼于1928年考察此城后说，"唐以前之旧址"，"检视无一遗物"（图2-1-33）。

十六、石城子遗址

石城子（又称汉疏勒城），位于奇台县半截沟镇麻沟梁村东北1公里，地处天山北坡的山区，地处前山丘陵地带，坐落在麻沟河沿上，面积为4.34万平方米，其城址东依悬崖峭壁，南有麻沟河向东绕北泽黑沟流向新户梁，北为南高北低的坡地，西面是低缓的丘陵与麻沟河、新户河相接，地势险要是该城的地理环境特色。因城内有露出地表的岩石，俗称"石城子"。2013年成为国务院公布的第七批全国重点文物保护单位。

城址依山势建，呈不规则状。东、南、北三面临悬崖，现存西墙155米、北墙194米两残段，残高1.5～2.5米。城内有一洼地，据考证是人工挖掘的类似于"井"的工程。该城只有西、北两面墙，北墙中段有一条南北向土墙。北、西两面土墙相对高度不过3米，其中北墙残高1.5～2米，东端最高处约3.5米。城中西南有一圆形凹地，直径约6米，实际测量，北墙东西长280米，西墙南北长155米。北墙中部偏东土墙长140米，墙基宽约10米（图2-1-34）。

石城子东邻悬崖石壁，北面是陡坡，南面地形虽低但坡度较大，南端残留墙迹有两块圆形巨石，河谷深约几十米，地面露出岩石。整个城堡居高临下，如有战事易守难攻，是古代军事要地。城内出土文物皆具汉代特征，有云纹内席纹青灰陶大板瓦、筒瓦、实心砖、黑灰陶钵、陶瓷、陶盆、屋形

图2-1-34 石城子遗址远景（图片来源：《新疆维吾尔自治区第三次全国文物普查成果集成——昌吉回族自治州卷》P40 作者：新疆维吾尔自治区文物局 出版社：科学出版社）

图2-1-35 唐王城遗址

图案青灰陶等数十件,此城堡出土文物丰富,其器形、色别、花纹、质量、选料等均具汉代风格。

据考古历史鉴证,此城属汉代疏勒城,历经魏、晋、隋、唐诸朝代,是新疆迄今发现的唯一的汉代风格建筑遗址,历史上的疏勒城保卫战就发生在此城。

十七、唐王城遗址

唐王城遗址,位于巴楚县城东北60多公里处的代热瓦孜塔格山(大门山)南端山口的北山东侧。唐王城即唐代尉头州城遗址,当地少数民族称之为"托库孜萨热依"古城,建于公元前206年,距今约有2200年的历史。城墙用泥土、石头筑成,分内城、外城、大外城几个部分。2013年成为国务院公布的成为国务院公布的第七批全国重点文物保护单位。

内城由山腰绕到山巅,长756米;外城接内城续到山巅,长1008米;大外城由外城环绕南山根,长1668米。山腰和山顶有土坯所砌的南北开门的城墙遗址。南北各有一道城门,大外城的城墙已风化为一道土梁,城东北延伸至约两公里处的唐王村。考古工作者先后在此挖出泥塑佛头、丝绢、陶器、钱币等4000多件文物(图2-1-35)。

十八、阿萨古城遗址

阿萨古城遗址,位于鄯善县达浪坎乡拜什塔木

图2-1-36 阿萨古城遗址远景(图片来源:《新疆维吾尔自治区第三次全国文物普查成果集成——吐鲁番地区卷》P33 作者:新疆维吾尔自治区文物局 出版社:科学出版社)

村西南约8公里处戈壁荒漠中,这是一座寺院遗址。2013年成为国务院公布的第七批全国重点文物保护单位(图2-1-36)。

寺院用土坯修建,平面呈方形,边长100米,面积10000平方米。由七组互不相连的建筑群组成,其中三组保存较好。一组在遗址西北隅,包括佛塔、殿堂。佛塔位于北部,塔基夯筑,平面呈"十"字形,塔身为正方形,边长1.3米,残高5.3米。穹隆顶殿堂虽已塌毁,但千佛像仍然清晰。另一组位于遗址南部的中段,也有一穹隆顶殿堂和塔,只见窟顶有数层莲瓣纹样。还有一组居住房间。

十九、达勒特古城遗址

达勒特古城遗址又称达勒特破城子,位于博乐

图2-1-37 达勒特古城遗址城墙远景（图片来源：《新疆维吾尔自治区第三次全国文物普查成果集成——博尔塔拉蒙古自治州卷》P10 作者：新疆维吾尔自治区文物局 出版社：科学出版社）

图2-1-38 夏塔古城遗址（图片来源：《新疆维吾尔自治区第三次全国文物普查成果集成——伊犁哈萨克自治州（直属县市）卷》P19 作者：新疆维吾尔自治区文物局 出版社：科学出版社）

市东南37公里的破城子村北缘，坐落在博尔塔拉河与大河沿子河交汇之处的黄土台地段上。整个古城被一条东南—西北向的干枯河分为两部分。2013年成为国务院公布的第七批全国重点文物保护单位。

达勒特古城地处唐代西域丝绸之路北路的中段，其东北与阿拉山口遥遥相望，可通哈萨克斯坦、俄罗斯及中国境内的塔城、阿尔泰，西南可逾金山、本岭沿赛里木湖穿果子沟可通月城和伊犁河，直达中亚，战略地位非常重要，为兵家必争之地。据初步勘察，现有遗址以干枯的河床为界，分为东西两部分。西部遗址东西长约500米，南北最宽处约400米，总面积约19万平方米。遗址分内外两重城，外城南墙东西长约450米，土夯筑，每层厚10~12厘米不等。墙基宽约3米，残存最高处约3米，中段有一段宽5米的缺口，可能是外城的城门。南墙外约50米处，有一条宽约20米的护城河，自西向东，与遗址东侧的河流相通。城门偏东残有一处土坯砌台形建筑，可能是瞭望台或窗楼。西墙大部分坍塌成破状。仅北部墙存一段约30米长，不足1米高的残垣。西墙外偏南有火烧的痕迹，是宋军做饭的地方。内城位于遗址北部偏西，每边长约80米，四边基本对着东、南、西、北四个方向。结构与外城相同。城墙残高约3~5米。西北墙濒临河岸，南北墙可见马面遗址，城门为东北向，瓮城的痕迹依稀可见（图2-1-37）。

东部遗址沿河岸布局，长约1000米，宽约300米，这部分遗址现基本成为现代居民区。遗址偏南地方仅有三间房屋建筑。遗址北侧是墓葬区。1987年5月当地居民建房时，掘出数十副人首，金币数十枚。

河床西岸遗址，西半部三面环水，城墙矗立，友邻据于河岸高地。地表散布大量夹砂红陶片，陶片组合以大型瓮类器物为多。东半部则地势平坦，遗址环河岸布局，不见城垣，地表散布大量灰陶片、红胎釉陶片、酱色釉瓷碗碟残片，以灯罐类为多。出土有金、银、铜带、铜统、铜盒、铜炉等文物。

二十、夏塔古城遗址

夏塔古城遗址，位于伊犁昭苏县夏塔乡境内的夏塔山口北20公里的夏塔河畔，古城北临特克斯河，东临夏塔河，西面遥望哈萨克斯坦国，地势平坦开阔，周围是宽阔的夏塔牧场。这座古城遗址是特克斯河流域最大且保存完整的一处唐代历史文化遗址，其扼守弓月道和碎叶道，为唐代镇守边陲起到了重要作用。2013年5月成为国务院公布的第七批全国重点文物保护单位（图2-1-38）。

古代城镇的位置多与古代的交通线路有一定联系，夏塔地区的夏塔古城并不与现今伊犁河谷走道的走向相嵌，而是与古丝绸之路上最为险峻、高危的一条著名古隘道——夏塔古道有关。夏塔古道是由伊犁地区的昭苏县翻越南天山而至阿克苏的古代孔道，也是穿越南天山木扎尔特山口的重要历史通道，是清代天山南北路交通的要冲。大批的移民迁徙，物资运输和军政邮路均与此孔道有密切关联。

古城整个建筑由城池和处于城外的建筑物组成，总面积为12.6万平方米。城池形状为不规整略显方形，外城周长1420米，现残存北墙长390米，南墙长212米，西墙长480米，而东墙被夏塔河冲蚀。城墙为夯筑，夯层8～12厘米不等，个别地段可见土块和石块补筑的痕迹。城西南角有角楼遗迹，城内有三处台基遗迹，可能为城内高大建筑物遗迹。城外有护城壕，城外另有两处台基，一处为长方形，南北长100米，东西宽48米，高约2米；另一处距此10米，由6个高于地面的小台基组成。

二十一、柳中古城遗址

柳中城遗址，位于吐鲁番地区鄯善县鲁克沁镇西500米处。鲁克沁镇为中国历史文化名镇，吐鲁番十二木卡姆艺术的发源地，也是吐鲁番郡王府遗址所在地。它是唐代西州（高昌）的东大门，是丝绸之路的必经重镇，在清代曾一度成为吐鲁番地区政治、经济、文化的中心。2013年成为国务院公布的第七批全国重点文物保护单位。

柳中最早记载在东汉时期，麴氏高昌时期为田地县，唐代称柳中县。由于柳中处于吐鲁番盆地东南，与河西走廊军政重地敦煌最近，由柳中向东南越过库替克塔格可直趋敦煌，同时还可向西甫越过库鲁克塔格至楼兰，故当时柳中战略地位十分重要。柳中经过汉族屯田兵的长期屯垦和土著车师人的共同努力，农、牧、手工各业都得到了发展，柳中地区经过两汉数百年的开发和建设，已成为吐鲁番盆地的经济文化中心。唐朝统一西域后，吐鲁番盆地更成为丝绸古道上的要站，经往柳中地区的来客越来越多，这里一度成为国际商业都会。元朝时期，西北的叛乱军在柳中等地进行了激烈的战斗并对当地造成了严重破坏。

柳中古城大致分为外城和内城两部分。外城呈方形，南北长约1000米，东西长约2000米。内城同样为方形，南北长约700米，东西约为800米。现存城墙虽不完整，但轮廓清晰。过去的城墙顶部约有5～6米宽，13～15米高，城墙上可驾马车绕城而行，可以看出柳中古城规模宏大。从城址砌筑形式上看，城址墙体主要采用的是减地留墙与夯筑方式，底部主要从地面往下挖土形成1.5～2米墙体，中部为9～10米夯筑墙体，部分顶部区域为砖砌形式，土坯层厚为0.6～1米，各层之间呈现明显的界限，建造格外坚固，柳中古城城墙的建筑形式与高昌古城也颇有相似之处（图2-1-39）。

内城在12米的城墙台上建有一座三层的楼阁式宏伟宫殿，面积832平方米。楼阁采用我国古代传统建筑式样，朱栏雕栋，飞檐斗栱，粉宫丽瓦，画幕绣帘。上到最高一层，近可观看柳中城全景，远可眺望吐鲁番胜金口一带。古城内曾出土过唐风格的陶器碎片和鎏金铜佛像。

二十二、道尔本厄鲁特森木古城遗址

道尔本厄鲁特森木古城遗址，位于和布克赛尔蒙古自治县莫特格乡，在和布克赛尔县城东南5公里处，距莫特格乡2公里，占地面积16.81万平方米。地理坐标为北纬48°46′，东经85°48′。该古城四周牧草茂盛，泉水四溢，既便于放牧，又宜农耕。2013年成为国务院公布的第七批全国重点文物

图2-1-39 柳中古城近景（图片来源：《新疆维吾尔自治区第三次全国文物普查成果集成——吐鲁番地区卷》P32 作者：新疆维吾尔自治区文物局 出版社：科学出版社）

图2-1-40 道尔本厄鲁特森木古城遗址远景（图片来源：《新疆维吾尔自治区第三次全国文物普查成果集成——塔城地区卷》P21 作者：新疆维吾尔自治区文物局 出版社：科学出版社）

保护单位（图2-1-40）。

古城始建于1639年，起初欲建石城，后来改建为土城，城内有砖砌的喇嘛庙及其他建筑物，城附近还有耕地等，与目前所呈现的遗址基本相符。关于城镇较详细的报道是1643年出使准噶尔的沙俄使者之一伊林。他写道："霍博克萨里（即和布克赛尔）由三五个小镇构成，但这里所谓小镇仅指一两幢砖房，通常只是一座喇嘛庙，几个小镇很分散，彼此相距都是一日路程，中央的那个镇当时还在兴建中，所有小镇大概都位于霍布克河谷。"1671年噶尔丹称汗，开始统治准噶尔汗国，他将政治中心迁移到了伊犁河谷。从此，这里未能再发展。1757年清政府平定了准噶尔贵族的反抗，该地便逐步衰落了。

古城四周城墙基本呈正方形，每边长约500米。现存城墙最高处约为5.7米，顶宽约4.5米，底基宽约8米。城墙体内外侧用大土坯（4厘米×26厘米×10厘米到46厘米×27厘米×13厘米不等）砌起墙体为土夯成，并杂以石块。城墙北、西、南面各有一城门，东侧没有门。城内有八处宫殿、寺庙、塔及房屋等砖瓦建筑物毁塌后遗留的残迹。古城正中一个大土包上房屋遗址面积最大，可能为王府所在地。其西北130米处也有房屋遗址一处，面积较大，可能是寺庙所在地。这两处地上残留的青砖、瓦当上有花草植物、鱼鳞、水纹等装饰图案。这两处遗址

的东侧、北侧还有部分残存的院墙，高3.5米，厚0.5米。古城西北角内侧有一残存的塔基，高约3米，东南角有磨坊遗址，其他还有多处土坯房遗迹。

二十三、惠远新、老古城遗址

惠远古城，位于新疆维吾尔自治区伊犁哈萨克自治州霍城县惠远镇境内，惠远古城遗址分为新、老两个古城遗址。惠远新城位于霍城县城东南惠远镇新城村，是现惠远镇镇政府所在地，地理坐标北纬43°59′55″、东经80°53′55″，海拔602.4米。惠远老城位于惠远镇（新城）南约7.5公里的老城村南侧，地理坐标为北纬43°56′14″、东经80°55′44″，海拔618米。2013年成为国务院公布的第七批全国重点文物保护单位。

惠远老城始建于清乾隆二十八年（公元1763年），乾隆五十八年（公元1793年）扩建，是清代伊犁将军府所在地，是当时新疆的经济、政治、文化中心。同治十年（公元1871年）被沙俄强行占领后逐渐废弃。新城（即今惠远镇）始建于光绪八年（公元1882年），竣工于光绪二十年（公元1894年），至宣统三年（公元1912年）辛亥革命爆发推翻清政府的伊犁将军，该城一直为伊犁的政治、文化重镇，现为惠远镇镇政府所在地。

惠远新城城址平面形状大致呈正方形，东西长1298米、南北宽1194米、周长4984米，占地面积约1.55平方公里。新城以钟鼓楼为中心，以南北大街和东西大街为中心轴，与东西南北四座城门组成十字轴线，城墙内有环城的巷道，城内有大街小巷共48条。

新城城垣保存较好，四面城墙均保存于地面之上，残高约3~4米，宽约2.5~3米。其中北墙、西墙保存较好，东墙、南墙均有坍塌或当地居民取土破坏的缺口。北、东、南三面城垣的两侧均有当地居民依墙而建的民居。东北部及南部的城垣上可见当地驻军修建的碉堡、岗哨、靶墙等军事设施，城垣均为分段夹夯而成。四面城墙外侧各筑有马面5个，平面多呈方形，边长约3~4米，四角筑有角

图2-1-41　惠远老古城遗址远景（图片来源：《新疆维吾尔自治区第三次全国文物普查成果集成——伊犁哈萨克自治州（直属县市）卷》P40　作者：新疆维吾尔自治区文物局　出版社：科学出版社）

图2-1-42　阔纳齐兰遗址远景（图片来源：《新疆维吾尔自治区第三次全国文物普查成果集成——阿克苏地区卷》P57　作者：新疆维吾尔自治区文物局　出版社：科学出版社）

楼。东、西、南、北四面各有城门一座，位于城墙的中部。

新城房屋多在三层及以下，建筑多为居住建筑。城内最高点为钟鼓楼，高为24.56米。城内有一定数量的清代、民国时期的历史建筑，如钟鼓楼、伊犁将军府旧址、文庙、衙署、沙俄领事馆等。

惠远老城城垣保存较差，现仅存东墙与北墙，南墙、西墙均已被伊犁河水冲毁。东墙残长860米、北墙残长840米，墙高3~4米、宽3~5米。东墙外存有马面3个，内墙中部有斜坡状马道1条；北墙外有马面4个，内墙中部亦有斜坡状马道1条。马面均为方形，长约5.4米，宽约5米。东墙南端存有城门，现已毁，外有瓮城，现仅存数段残垣。东墙外残存有护城河遗迹，现已开辟为鱼塘。城址内外均已开辟为农田，建筑均已不存，仅在城内中部残存有钟鼓楼台基一座（图2-1-41）。

二十四、阔纳齐兰遗址

阔纳齐兰遗址，位于新疆柯坪县阿恰勒乡齐兰村东6公里处，地理坐标为东经79°38′5″、北纬40°32′14″，为清代驿站遗址，也是当时丝绸北道的必经之路。由于干旱缺水，早在100多年前，古城内居民开始陆续迁出古城，现已荒废。2013年成为国务院公布的第七批全国重点文物保护单位（图2-1-42）。

古城遗址由西北方向的炮台、官邸和较完整的城楼城墙组成，炮台长13米，宽8米，高5米，为夯土筑成。城墙仅有一道，为南北向，长约80米，高约7米，墙头上规则地筑有30个雉堞。城墙的中端开设有城门，宽约7.5米。城墙的北端筑有长方形角楼，高约6米（加垛高7米有余），顶面长约16米，宽约7.5米，官邸位于城楼之西30米处，约有1500平方米，地面残留有地砖，残存墙基为青砖砌筑。东南处住宅遗址分布范围150米×500米，现残存多为残垣败壁，相互毗连，均为黄土坯砌筑，分为南北两区，住宅遗址内有一条西南走向宽约5米的街道和纵横交错的小巷。

在阔纳齐兰古城遗址西侧有一座唐代遗留下来的烽燧，名为"齐兰烽燧"。齐兰烽燧坐落在阿恰勒乡齐兰村西南，为唐代遗址。烽燧呈梯状，底部东西边长15.8米、南北宽16.2米，顶部东西边长9.8米、南北宽8.2米。顶部及西南角塌毁，现残高18米。烽燧基座为3米厚的夯土层，每层之间夹铺树枝，上部用35厘米×24厘米×8厘米的土坯砌筑，每隔两层夹铺树枝。顶部土坯间夹有"井"字形木骨。在遗址中采集到的物品有麻布鞋和众多陶片。

第二节 军事戍堡遗址

戍堡为唐代在新疆地区沿交通线路建设起来的军事防御设施，其建造目的是为了驻军守卫和屯田戍边，戍堡与镇、守捉和烽燧等共同构成了防御体系中的一环。戍堡所容纳的屯田驻军规模约为100～200人，相较守捉的驻军500人以上规模要小，相较烽燧的驻军10人左右规模要大。戍堡等军事防御设施为拱卫丝绸之路和防御线而建，并与烽火台相通，在建造方式上为就地取材，多石的地区则石砌建造、多土的地区则夯土建造等。

一、麻扎塔格戍堡址

麻扎塔格戍堡址，位于新疆维吾尔自治区西南部墨玉县驻地喀拉喀什镇北166公里和田河西侧，麻扎塔格山东段。戍堡初建于唐，依山势建筑，占地1.1平方公里，呈长方形，分内外三重，下筑地仓，堡墙用砂岩板块垒筑，其间又用柽柳树干捆扎，墙高3～5米，宽3米，设一高约10米的烽火台，堡侧有佛寺遗址。在此曾出土乾元重宝、大历元宝、龟兹铜币、铁镞、吐蕃文木简。2006年成为国务院公布的第六批全国重点文物保护单位（图2-2-1）。

麻扎塔格戍堡属于古代古堡遗址，遗址分为三重，第一重为复合型，由主墙和女墙或里壁与外壁构成，墙体中夹杂红柳枝、芦苇等材料，夹层厚40厘米；第二重在第一重基础上扩建，由土块和生泥块构成；第三重亦由土块构成，属于附属建筑。三重墙的土块规格各异，分别为：37厘米×20厘米×9厘米、38厘米×20厘米×9厘米、30厘米×20厘米×8厘米，这表明古堡的三重建于不同时期。现古堡建筑的上部已全塌陷，只残留墙体。古堡平面由两个长方形组成，总面积约1100平方米。古堡的西部不远处，有圆形烽火台一座，互为衬托。古堡遗址位置最高处，可俯视四周景观。古代自龟兹至于阗必经此地。古堡始建于东汉时期，延续至唐、宋时期。是汉唐时期南北东西的交通枢纽；遗址内曾出土有古代文书及其他文物，是和田历史上重要的古城之一。

二、通古斯巴西城址

通古斯巴西城址，位于新疆维吾尔自治区新和县排先拜巴扎乡境内。地理坐标为北纬41°15′14″～41°15′24″，东经82°22′07″～82°22′20″，海拔高度970米。是古代龟兹较大的古城堡之一。平面轮廓呈方形，每边长220米，面积4.9万平方米。为唐安西都护府下的军事重镇。2006年成为国务院公布的第六批全国重点文物保护单位。

通古斯巴西古城是一处唐代城池遗址，约建于公元647～692年，距今1300多年，具有保存完整、历史脉络清晰、文化内涵丰富的特征。唐朝时曾派大将率兵在此驻守以稳定安西。古城遗址中曾出土大量珍贵文物，有布巾、胡麻、油饼、鞋履、箭袋、木碗、陶器、陶片、唐大历年间的残纸、丝织品残片、李明达借粮契、白苏毕力领屯米状、将军批润奴烽子钱残纸，太元、开元、大历、建中年号的唐代铜钱。古城遗址现存遗址包括古城城墙、角墩、瓮城、马面等，轮廓清晰、结构完整。四个角点处各一个角墩，南、北墙中间部位各有一瓮城，东、西墙各置有四个马面，南墙因建造了较长的城门而置有三个马面，北墙置有三个。

墙体构筑结构方法不统一，由素夯土、加筋

图2-2-1 麻扎塔格戍堡址远景（图片来源：《新疆维吾尔自治区第三次全国文物普查成果集成——和田地区卷》P93 作者：新疆维吾尔自治区文物局 出版社：科学出版社）

图2-2-2 通古斯巴西城址近景（图片来源：《新疆维吾尔自治区第三次全国文物普查成果集成——阿克苏地区卷》P37 作者：新疆维吾尔自治区文物局 出版社：科学出版社）

（红柳枝）夯土及土坯建筑而成，垣厚约3米，残高约6.5米。墙基部为夯筑，中部为夯筑和土坯垒砌相结合，尤其北墙垣保存修补和改建遗迹。夯筑部分，夯层厚50～60厘米，夯土内含兽骨、夹砂陶片。墙垣上半部垒砌的土坯规格有两种，长45厘米、宽24厘米、厚10厘米或长35厘米、宽10厘米、厚7厘米，其中南部墙垣为红柳夹土坯的建筑结构，即一层红柳枝一层土坯全垒，有六层红柳，间厚20～35厘米。其中东墙区间长度210.4米，墙体破坏极其严重，坍塌殆尽，只剩几段零星分布的残墙及四个马面和两端的角墩；西墙区间长度224.4米，墙体破坏很严重，中间部位大面积坍塌；南墙区间长度222.4米，破坏较为严重，普遍发现裂隙、基础掏蚀、剥离和坍塌等病害；北墙区间长度228.1米，该段除两处缺口外，墙体形貌完整（图2-2-2）。

角墩：四角各1个，素土夯筑，长、宽约6米，残高约7～8米，现呈圆角方形。东南角墩破坏较严重，顶部和墙体已部分脱离。瓮城：北墙瓮城破坏严重，只余下残存的轮廓和部分墙体，长52.3米，宽21.0米，大门朝西开。南瓮城保存较为完好，大段墙体都清晰可见，南瓮城长35.2米，宽22.5米，大门朝东开，南瓮城门为土坯砌筑，比北瓮城门建筑规模小，出口均呈"之"字形，北门为主门，面对却勒塔格山方向，筑有两层城楼建筑，现已毁坏，是全城的制高点。马面：共13个，东西墙各4个，南墙因置有较长的瓮城门建筑而置3个，北墙置有2个。素土夯筑，马面基长5米、宽4米，顶部长3米、宽2.5米，残高6米。

三、唐朝墩古城遗址

唐朝墩古城遗址，位于古城市（奇台县）东北约1公里，紧邻县城北城墙，东临水磨河西岸，西南临近居民区，北依菜园子村。由于古城兴于唐朝，发现了大量的唐代文物，而且也因古城东南区域的大土墩，将古城称为"唐朝墩"。2013年5月成为国务院公布的第七批全国重点文物保护单位。

唐朝墩古城历史久远，史料记载，古城始建于唐贞观十四年（公元640年），是北庭都护东路的咽喉重镇，丝绸之路北道的必经之地，也是长安至碎叶城的国际通道。清乾隆时期在唐朝墩西南面设古城堡，在今古城市区西南设孚远城作为古城衙门和

图2-2-3 唐朝墩古城遗址城内现状（图片来源：《新疆维吾尔自治区第三次全国文物普查成果集成——昌吉回族自治州卷》P43 唐朝墩古城遗址城内现状 作者：新疆维吾尔自治区文物局 出版社：科学出版社）

清军驻地；到清同治时期由于战乱频繁，古城尽遭焚毁；光绪时期，奇台县又修建了新城，从此至今，唐朝墩古城废弃不用。

古城呈不规则长方形，面积约15万平方米，东西宽320米，南北长490米，为一座长方形城堡。四面有城门、城垛，北城墙上有烽火台，但目前仅有北面城墙部分残存，基宽10米、顶宽5米、残高8米。据考证，唐朝墩城墙残高8米，厚7米，城墙为夯土筑，夯层厚0.09～0.10米。西城墙破坏比较严重，只有西北角还可见到清代用土坯修补过的痕迹。整个古城规模很大，古城北半部保留有古代建筑物遗址，城的南半部已夷为平地，唯有东城墙尚存东门轮廓。城内最重要的当属位于城内东南角的土墩，墩长宽各12米，高为14.5米，其上部小于底部，并有隧道可以进入墩内，可由此爬上墩顶，墩顶四周还建有低围墙，可以做守卫瞭望之用（图2-2-3）。

近代以来，唐朝墩古城多次遭受损毁之苦。民国时期，因奇台县是必争之地，为准备应战，古城内挖了大量的交通壕，成为战场，墩的形态也遭到破坏。抗日战争时期，当地政府以唐朝墩目标太大怕遭袭击为由，挖掉了数米土墩，也造成严重破坏。"文化大革命"时期，古城内遗留的古城墙也遭到破坏而被挖掉，地下文物也被偷盗占为己有，并在古城遗址内私自搭建房屋。

唐朝墩古城中也曾发现过不少唐、宋时期文物，诸如器皿和货币等。特别是新中国成立后，当地文物保护部门陆续收集到红陶侈口平底盆、红陶平底罐、灰陶平底瓮、灰陶单耳罐、宋青瓷汝窑炭、元双鱼镜、铁镞、阿拉伯银币等文物。

四、伊犁清代卡伦遗址

伊犁清代卡伦遗址，位于在察布查尔锡伯自治县和霍城县沿边境一线。"卡伦"可分为内地卡伦和边境卡伦，察布查尔县境内的8处"卡伦"遗址均属边境卡伦，以防御外国势力越界骚扰为主要职责。这些"卡伦"中，有两处是公元1777年设置的，其余的是1882年设置。尽管这些由黄土而筑的建筑大多仅剩下断壁残垣，但在历史上却发挥着极其重要的作用。2013年成为国务院公布的全国重点文物保护单位。

卡伦又称卡路、喀伦，在满、锡伯以及蒙古语中都有"瞭望"、"守卫"、"哨所"之意。清代新疆卡伦的主要职能是管理游牧、稽查逃人、监督贸易，另外还有保卫边疆、管理禁区（如重要矿山、

图2-2-4 伊犁清代卡伦遗址（多兰图卡伦）（图片来源：《新疆维吾尔自治区第三次全国文物普查成果集成——伊犁哈萨克自治州（直属县市）卷》P49 作者：新疆维吾尔自治区文物局 出版社：科学出版社）

山场、通道的封禁）、防止入侵的作用。伊犁清代卡伦是锡伯族军民西迁到伊犁后在200年间抗击外国侵略、平定疆内叛乱的重要历史遗迹，它见证了锡伯族人民守卫边疆的壮举。

多兰图卡伦遗址与尕宁木旦卡伦遗址为伊犁州现存的清代卡伦。

卡伦遗址位于察布查尔县城西南的兵团四师六十七团场一连的农田中，建立于1777年。遗址南北长30米，东西宽30米，残高4米，厚2米，顶部厚1米，建筑面积600平方米，为土木结构建筑。四周有观察哨，院内有住房、粮库、马厩和储草棚等。由于年久失修、自然破坏等原因，卡伦内建筑都已不存，现仅存四面残墙（图2-2-4）。

尕宁木旦卡伦位于察布查尔锡伯自治县境内，是光绪年间锡伯营守卫的卡伦。设置地点的选择非常讲究，多在交通要道和地势较高的险要之地建筑坚固的营房。除营房外，每座卡伦还修建一座瞭望台，供值班士兵站岗放哨。这种瞭望台一般都选择离卡伦不远的高地，以能环顾四周。卡伦营房一般都是坐北朝南，四周围立有夯实的黄土泥石掺杂的围墙，高约5米，其上筑有垛口的女儿墙，四角有角楼，以备瞭望或弓箭射击来犯之敌。厚墙外凿壕沟，深约5米，宽约5～6.6米。营房正南为两扇大门，进入院内，正中建有官兵住房五六间，东西两边盖有马厩及库房，大门内两侧亦各盖有一间士兵住房。营房院内，一般还建有水井，供人畜饮用。

新疆古建筑

第三章 城镇、老城与村落

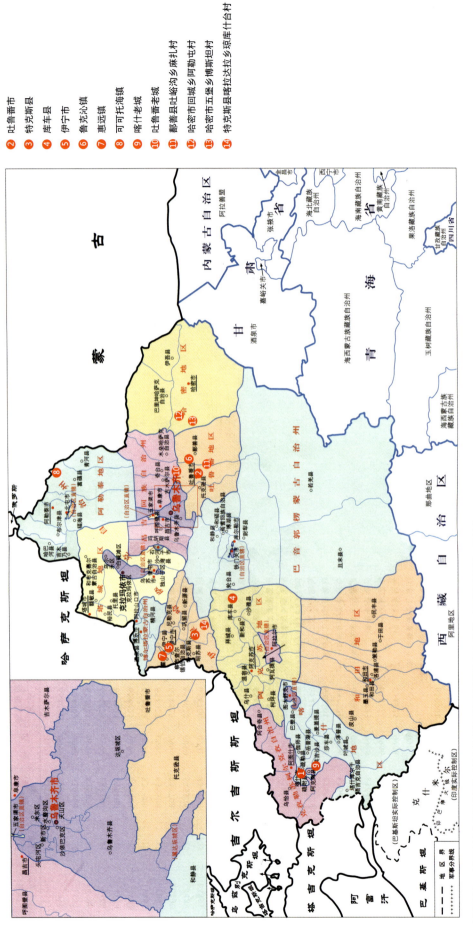

新疆城镇、老城与村落分布图

第一节 城镇

城镇是人们建造的聚落类型，有着地区自然环境的建设脉络和历史成因脉络，新疆地区因土地广阔且处在东西方贸易交流的枢纽位置，人与物均依托交通道路得以流动，作为服务于广阔腹地的城镇，其在空间分布上与道路有着紧密的关系。丝绸之路北、中、南三道沿线城镇的建设，因受到所在地区自然环境、气候条件和选址地形等的影响，加之在历史发展中所承担作用的不同以及不同民族聚居的差异等的影响，而呈现出不同的城镇建设形态。

一、喀什市

喀什市，古称疏勒国，位于新疆维吾尔自治区西南缘，塔里木盆地西部，所处喀什地区东临塔克拉玛干沙漠，南依喀喇昆仑山与西藏阿里地区，西靠帕米尔高原，外与塔吉克斯坦、阿富汗、巴基斯坦等国相接壤，是中国最西部的边陲城市（图3-1-1）。

喀什市是喀什地区行政公署驻地，是喀什地区的政治、经济、文化中心。喀什市面积651平方公里，人口415.13万（2012年），辖4个街道、6个乡。

喀什市历史悠久，有文字记载的历史已2100多年，并且是南疆的政治、经济、文化、交通中心，农牧产品最大集散地，也是古丝绸之路上的商埠重镇，东西方交通的咽喉枢纽、东西方经济文化和文明的重要交汇点（图3-1-2）。

二、吐鲁番市

吐鲁番市，又名火州，位于新疆中东部、天山支脉博格达峰南麓，吐鲁番盆地的中心，是吐鲁番地区的行政中心。2015年4月，国务院批复同意撤销新疆吐鲁番地区，设立地级吐鲁番市（图3-1-3）。

吐鲁番市，总面积13690平方公里，人口25.2万人（2000年），聚居着维吾尔、汉、回等27个民族。辖3个街道、2个镇、7个乡。

吐鲁番市位居丝绸之路要冲，是闻名遐迩的历史重镇，自两汉以来，长期是中国西域地区政治、经济和文化的中心之一（图3-1-4）。

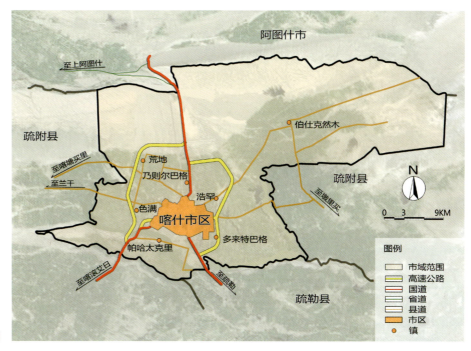

图3-1-1 喀什市平面图

图3-1-2 喀什市近景（图片来源：《新疆传统建筑艺术》P473—图393 作者：张胜仪 出版社：新疆科技卫生出版社．1999.5.）

图3-1-4 吐鲁番市近景（图片来源：《新疆传统建筑艺术》P491—图442 作者：张胜仪 出版社：新疆科技卫生出版社．1999.5.）

路天山，中间是特克斯河谷平地，自西向东倾斜。特克斯河自西向东横贯全境。矿产资源丰富，全县总面积8352平方公里，总人口17.2万人（2013年），现辖1镇7乡、6个农牧场、1个养蜂场。境内居住哈萨克、汉、维吾尔、回、蒙古、柯尔克孜等33个民族（图3-1-5）。

特克斯县城是中国唯一建筑完整而又正规的八卦城。特克斯不仅诠释了易经文化，而且也是乌孙文化的兴盛地（图3-1-6）。

四、库车县

库车县，位于中国新疆维吾尔自治区中西部，距乌鲁木齐市约750公里，阿克苏地区东部，天山中段南麓，塔里木盆地北缘。库车县总面积14528.74平方公里，总人口为47.06万人（2013年）。居住有维吾尔、汉、回、蒙古等14个民族（图3-1-7）。

库车县是塔里木石油天然气开发的主战场，国家"西气东输"工程的气源地。国家西气东输"一大五中"气田分布在库车及周边区域3～60公里范围内。煤炭及其他矿产资源储量可观，是自治区确

图3-1-3 吐鲁番市平面图

三、特克斯县

特克斯县，位于距新疆维吾尔自治区伊宁市119公里处，地处伊犁河上游的特克斯河谷地东段。地势南北高，东西低，南部是南路天山，北部是中

图3-1-5 特克斯县平面图

图3-1-6 特克斯县俯瞰（图片来源：《新疆维吾尔自治区第三次全国文物普查成果集成——伊犁哈萨克自治州卷》P242 作者：新疆维吾尔自治区文物局 出版社：科学出版社）

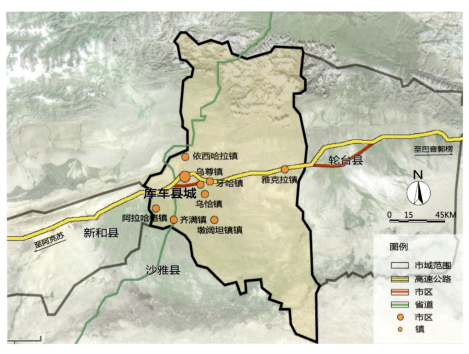

图3-1-7 库车县平面图

定的五大煤电、煤焦化、煤化工基地。电力资源丰富，是新疆的电力基地和南疆的电力枢纽。旅游资源得天独厚，是新疆四大旅游县市之一和"五区三线"黄金旅游区域的重要组成部分（图3-1-8）。

五、伊宁市

伊宁市，位于新疆西北部，是伊犁河谷内重要的物资集散地和工业中心。

伊宁市古称宁远，始建于1762年，为清代伊犁九城之一，现在是伊犁哈萨克自治州的首府城市。伊宁市横亘伊犁河谷中部，连接312国道的最西端，是新亚欧大陆桥中西部的主要窗口。伊宁市现辖8乡1镇2场、8个街道办事处，总面积755平方公里，现有总人口52万人，居住有维吾尔族、汉族、哈萨克族、回族、蒙古族、锡伯族、乌孜别克族、俄罗斯族等37个民族（图3-1-9）。

伊宁市是祖国西部，塞外江南的一座花园城市，

图3-1-8 库车步行街手绘

图3-1-9 伊宁市平面图

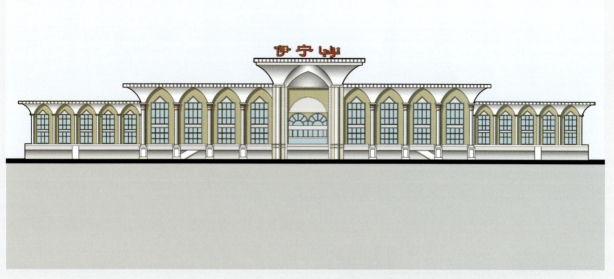

图3-1-10 伊宁市火车站

气候宜人,物产丰富,自然禀赋得天独厚,素有"花城"、"苹果城"、"塞外江南"之美誉(图3-1-10)。

六、鲁克沁镇

鲁克沁镇,位于吐鲁番地区鄯善县城西45公里,吐鲁番盆地东沿,火焰山南麓,为吐鲁番十二木卡姆艺术的发源地、吐鲁番郡王府遗址所在地。在清代曾一度成为吐鲁番地区政治、经济、文化的中心(图3-1-11)。

全镇总面积137平方公里,人口3.26万人,设有9个行政村,1个牧业队。古丝绸之路上著名的柳中城就坐落在鲁克沁镇。它是一个有着两千多年历史的著名古城。自古以来,柳中城曾以柳色掩映而闻名,有"绿柳城郭"之称(图3-1-12)。

七、惠远镇

惠远镇,位于伊犁哈萨克自治州霍城县,县城东南方向,距县城9公里。面积138.6平方公里,人口2.06万,辖8个村委会(图3-1-13)。

惠远镇曾是清政府统辖天山南北的最高长官伊犁将军的驻地,是闻名中外的"伊犁九城"之首。从1762年至辛亥革命爆发的近150年间,一直是当时新疆的政治、经济、军事、文化中心,在新疆乃至中国近、现代史上具有特殊的地位,也积淀了厚重、丰富的历史文化底蕴(图3-1-14)。

八、可可托海镇

可可托海镇位于新疆维吾尔自治区北部富蕴县

图3-1-11 鲁克沁镇平面图

图3-1-12 鲁克沁镇近景

图3-1-13 惠远镇平面图

图3-1-14 惠远镇伊犁将军府正门（图片来源：《新疆维吾尔自治区第三次全国文物普查成果集成——伊犁哈萨克自治州卷》P158—图1 作者：新疆维吾尔自治区文物局 出版社：科学出版社）

城东北48公里的阿尔泰山间。额尔齐斯河刚好从镇中穿流而过，便是镇名的来历。可可托海，哈萨克语的意思为"绿色的丛林"。蒙古语，意为"蓝色的河湾"。这里曾因矿产资源丰富而举世闻名，同时也是全国第二冷极（图3-1-15）。

可可托海镇是依托稀有金属而发展起来的一个独具特色的工业小城镇，此镇曾是新疆有色金属工业发展的源头，以前被称作可可托海矿务局（现为稀有金属公司），直属中央管理，为副厅级单位。

可可托海镇交通便捷，曾是富蕴县的政治、经济、文化中心，名胜古迹众多，自然风光优美。自建镇以来，可可托海镇现存40余处俄式历史建筑，其建筑工艺精湛，独具一格（图3-1-16）。

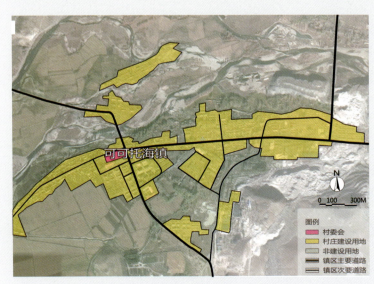

图3-1-15 可可托海镇

图3-1-16 可可托海镇鸟瞰

第二节 老城

新疆的一些在历史上辉煌的城市当代仍持续发挥着作用,随着城市人口的增长、城市功能的丰富和城市规模的拓展,历史建成地块逐渐变成了当代城市整体的一个组成部分,或城市中的老城街区。老城街区不仅蕴含着深厚的文化积淀,存留着当地文化发展的脉络;还具有特色鲜明的物质空间形态,保留着古建筑等文化遗存;并且老城街区中常保有传统生活场景,构成了城市的历史文化形象和特定的区域。不同于新疆多地著名的古城或故城,老城是仍在发挥着其聚落功能的历史建成区,如历史文化名城喀什和吐鲁番。

一、喀什老城

喀什是国家历史文化名城,位于新疆西南部,也是中国的西部门户,曾是西域三十六国之一疏勒国的国都,古代丝绸之路南北两道在此交汇,是当时名副其实的国际商贸大都市,现已成为我国与中西亚国家经济文化交流的纽带。喀什老城区位于喀什市中心,是国内唯一一座保留了中世纪伊斯兰风情的古城,具有极高的保护价值。喀什老城区主要指艾提尕尔广场西侧的吾斯塘博依、西南侧的库代尔瓦孜、东侧的恰萨和北侧的亚瓦格四个街区,面积约4.25平方公里,占全市城区面积的20%。现有住户65192户,约22.1万人,占全市总人口数的41.9%,是以维吾尔族为主的,汉、柯尔克孜、塔吉克等13个民族共同生活的聚居地(图3-2-1)。

喀什见于文字记载已有2100多年。大约公元前128年,西汉使者张骞从大月氏返回时途经此地,

图3-2-1 喀什老城鸟瞰(图片来源:《新疆传统建筑艺术》P472—图389 作者:张胜仪 出版社:新疆科技卫生出版社.1999.5.)

这里已是西域三十六国之一的疏勒国首府——疏勒城。公元10世纪，维吾尔人建立的喀喇汗王朝皈依伊斯兰教，其王城喀什噶尔的位置在汗诺依（维语即为"皇宫"）古城一带。到喀什噶尔汗国后期即清初，喀什噶尔城已占有今恰萨和亚瓦格两街区地域，四周有土墙，城区"不圆不方，周围三里七分余，东西两门，西南两面各一门，城内房屋稠密，街纵横"，是喀什噶尔旧城。公元1759年，清朝平定大小霍加之乱收复喀什噶尔，在旧城西北二里建新城驻防，新城"周二里五分，高一丈四尺，底厚六尺五寸，顶厚四尺五寸"，开四门，城内建有仓库、衙署、兵屋以及万寿宫、关帝庙等宗教建筑，城南建校场、将台，汉民商铺也很多，乾隆帝赐名"徕宁城"。

喀什老城是经过三次发展才形成解放初期的规模，最早的旧城是沿着高台土崖的边线构筑的。公元1442年艾提尕尔清真寺建成，成为古城中最大的清真寺，老城于公元1839年进行第一次扩城，就将寺院围在了城内；第二次扩城约在公元1898年，将吾斯塘博依街边的西半部分容进去，由于徕宁城（清兵兵营）已有城墙，故形成乌龟状城市图形；徕宁城后为国民党旅部驻军，城墙随着扩城而修筑，面积为1.44平方公里，从而成为今日要保护的老城区的主体部分。

老城区的城市公共空间是由20余条迷宫式街巷纵横交错构成，传统民居建筑参差不齐，鳞次栉比，街巷布局和建筑群灵活多变，曲径通幽，体现出一种伊斯兰文化在城市空间上的"迷宫式"特色（图3-2-2、图3-2-3、图3-2-4）。老城极具伊斯兰特色，清真寺是当地穆斯林的精神中心，也是当地居民公共活动的中心。老城以艾提尕尔清真寺为中心向外作辐射式延伸，喀什老城保留下来的清真寺有112座，规模有大有小，如规模较大的艾提尕尔清真寺和加曼清真寺。寺前有集市，在此进行

图3-2-2 喀什老城街景

图3-2-3 喀什老城街景

图3-2-4 喀什老城街景

买卖交易、宗教聚礼和大型集会；规模较小的街巷清真寺分布广而多，街巷旁侧随处可见，其规模较小，布局灵活，内容比较简单，是公共空间主要的组成部分之一（图3-2-5）。街巷清真寺院前空旷可做小型广场，由街巷交叉点放大形成，介于街道和广场的规模之间，较为封闭；喀什老城没有城市广场，一般由较大清真寺的院前的大小各异的广场作为城市的主要公共空间（图3-2-6）。

喀什老城人口极为密集，老城民居大多为低层建筑，老城核心区面积大约为1.4平方公里，建筑密度高达70%以上。密集型的民居聚落形态是老城明显的空间形态之一，使整个老城仿佛像一栋巨大的建筑。当地民居主要以院落式布局为主，且院子在住宅用地中占有较大比例。根据不同的院落围合可分为"U"形、"L"形、前院、中院、合院等形式，其中"L"形形制院子大小适中，对此地较为适用。喀什传统民居中一种典型的平面布局单元称为"沙拉依"，一般由两暗一明三间组成，但与汉

图3-2-5 喀什老城街景

族民居不同的是，中部明间开间狭窄，而两侧暗间的开间却比较大，中部的小间有时隔为前后两间，前部为进入房间的通道，后部为储藏。喀什老城传统民居正是体现了以院子为核心，以"沙拉依"为母体的平面布局模式。

二、吐鲁番老城

吐鲁番市位于新疆维吾尔自治区东部、天山支

图3-2-6 喀什老城街景

脉博格达山南麓，吐鲁番盆地中央，位居古代丝绸之路要冲，是闻名遐迩的历史重镇和国家历史文化名城，自两汉以来，长期以来都是中国西域地区政治、经济和文化的中心之一。吐鲁番老城位于吐鲁番市老城区，建成于清乾隆四十四年（公元1779年），至今已有200多年的建城史（后又重建），老城原名为"广安城"，史料又称"汉城"（今首尔）。

公元前2200年，吐鲁番盆地生活着的游牧民族在此开掘了城郭。西汉时期，在匈奴与汉王朝发生著名的"五争车师"战役之后，开始了吐鲁番的城市建设，筑起了城墙，也就是今吐鲁番市东面的高昌故城，从此吐鲁番成为西域重要政治、经济、文化中心。吐鲁番在唐时期设安西都护府，称西州，唐末入吐蕃。宋号称辉和尔，即畏吾儿。元设畏吾儿都护。元末明初分设柳城（今鄯善县的鲁克沁）、火州、吐鲁番三部，皆设万户府"达鲁花赤"（即长官）。清朝乾隆四十四年（公元1779年）设吐鲁番领队大臣，始筑广安城（今老城）。清同治三年（公元1870年），中亚安集延（今属乌孜别克斯坦）的军官阿古柏，在英俄帝国主义教唆下，乘新疆内乱之际入侵新疆，围攻吐鲁番老城，并对老城造成严重破坏。1949年10月初，吐鲁番和平解放，又开始对老城进行新一轮建设。

吐鲁番城市总体肌理具有盆地平原特征，道路间距适中，是典型的方格网式路网结构，城市用地呈现分散组团式发展。吐鲁番现有建成区域主要有三大片区，分别是城市主要的居住聚集地——老城区、沿312国道分散的居住聚集点——城市边缘区和新规划建设中的新型生态产业区。城市的三大片区均以农田相间隔，都有较为明显的边界线。用地分布都以道路为轴线，这种用地布局源于吐鲁番地区自古以来就是东西方交流的枢纽，对陆路交通的发展十分看重，道路是文化与物资传输的最重要载

图3-2-7 吐鲁番老城街景（图片来源：《新疆传统建筑艺术》P491—图444 作者：张胜仪 出版社：新疆科技卫生出版社．1999.5.）

体，其对整个地区发展的重要性不言而喻。国道312是吐鲁番地区进出省内外的主要高速通道，交通战略地位极高，沿线的土地开发也成为沿线各个城市未来发展的主要方向。老城区以贯穿东西、南北方向的道路为发展轴线（图3-2-7）。

老城所处的老城区建成时间最长，是"历史重写本"文化反复刻画最为集中的区域，在老城区内各个建设年代不同的遗留建筑物较市区其他区域都更丰富，呈现出复杂多元的城市建设环境。从肌理上来看，建设时期轴线从西南面向东北面推进，肌理也由西南部"细致而模糊"渐变为东北部"粗挺而清晰"。

老城东西长约1公里，南北宽约1公里。东西南北均有城门，东西城门为双城门，城门上面还有瞭望的城楼。老城的城墙用黄土夯打成，外墙修得整齐，抹得光滑，城墙顶端修建有锯牙形的枪炮眼。城墙外围挖有护城河使老城显得坚固雄伟壮观，酷似西安古城格局。

在老城区，道路周边民居建筑多为一层，少量局部两层，高度为3.5~7.0米之间；沿高昌路的行政办公区域、商业建筑、住宅楼在5~6层，高度为15~24米；中、小学建筑和医疗建筑在1~5层，高度为3~24米；规模较小的清真寺建筑高度在6~8米，规模较大的清真寺高度在12~18米。整体轮廓线起伏不大，城市天际线舒展延伸，与周边的自然风光融合度高。但临街建筑风格稍有混乱，色彩连续度不高。

第三节 村落

村落的建设和分布与选址的自然环境和气候条件有着必然的关联，并与其聚居人群的生产方式和社会组织有着紧密的对应关系。新疆的土地辽阔且资源类型多样，由此而形成了与之相对应的生产方式，如草原的游牧生产、绿洲的农业耕作以及半农半牧等生产方式。加之新疆各地的民族众多，其社会组织方式投射到村落的空间建构规则上，因而呈现出多样的建造形态。

一、鄯善县吐峪沟乡麻扎村

麻扎村位于吐鲁番地区鄯善县西南部的吐峪沟乡。"麻扎"是阿拉伯文的音译，意为"圣地"、"圣徒墓"，主要指伊斯兰教显贵的陵墓。吐峪沟全乡共有7个行政村，33个自然村。吐峪沟村下辖3个自然村，麻扎村就是其中一个。吐峪沟麻扎村全称麻扎阿里蒂村，汉意为麻扎的前方，因该村坐落在著名麻扎吐峪沟阿萨吾力开夫（原为波斯语，意为"住在洞里的人们"）麻扎的前方而得名。它西距中国地势最低、气候最炎热的新疆吐鲁番市约47公里，东距吐鲁番鄯善县城约46公里，是坐落在火焰山南麓吐峪沟大峡谷南沟谷的一个维吾尔族古村落。麻扎村是中国历史文化名村，是吐峪沟大峡谷南出口沟谷中的一个古老宁静的维吾尔族村落，有着1700多年的历史，是迄今新疆现存的最古老的维吾尔族村落（图3-3-1）。它分布在绿塔耸立的清真大寺四周，约有200余户人家，1000余人口。这个村庄，完整地保留了古老的维吾尔族传统和民俗风情。人们常常日出而作、日落而息，使用古老的维吾尔语交际，穿着最具民族特色的服饰，走亲访友依然是古典的驴车代步。在这里生活的老人、青年、儿童的脸上，始终洋溢着平静、自足、幸福的神情，给人以纯朴、悠闲、与世无争的美好印象。

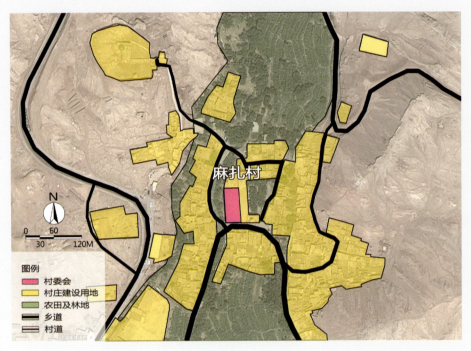

图3-3-1 鄯善县吐峪沟乡麻扎村

图3-3-2 鄯善县吐峪沟乡麻扎村远眺

麻扎村的先民根据当地的自然环境和生存需要,就地取材,因地制宜,充分、巧妙地利用黄黏土造房,并采用了砌、垒、挖、掏、拱、糊、搭(棚)等多种方式,集生土建筑之大成,是至今国内一座保存完好的生土建筑群,堪称"中国第一土庄"(图3-3-2)。

二、哈密市回城乡阿勒屯村

阿勒屯村位于哈密地区哈密市回城乡(图3-3-3)。维吾尔族称之为"阿勒同勒克",意思是黄金之地。这里保留着哈密九代回王的墓地、回王府等,建筑风格既体现了维吾尔族风格,又吸收了中原汉文化的雕梁画栋,是不可多得的古代民族文化遗产。哈密王陵位于新疆哈密市回城乡阿勒屯村,是清朝哈密王及其王室成员的墓葬建筑群。维吾尔族人将此地称为"阿勒屯勒克",意为"黄金之陵"。1990年由新疆维吾尔自治区人民政府公布为自治区重点文物保护单位。哈密王陵内现存建筑有典型伊斯兰建筑风格的艾提尕尔大清真寺、七世回王伯锡尔拱拜及将中原建筑风格和地方建筑风格

图3-3-3 哈密市回城乡阿勒屯村平面图

融于一体的九世回王陵、台吉陵等。这些既是各族工匠们智慧的结晶,也是多种文化互相影响的历史见证,更是民族团结的象征。在大拱拜的对面有一座清真寺,叫艾提卡清真寺,据说是四世回王玉素甫在1760年左右修建的。走进寺内,感叹它的宏大,以至于在说话的时候都会出现回音。这是新疆最大的室内清真寺,它东西长60米,南北宽36米,占地2300平方米,可同时容纳4000人做礼拜。寺内有9排共108根雕花木柱支撑着顶部,每一根木柱都是未经加工的天山松木,需要两人合抱。四面墙壁绘有绚丽色彩的花卉和阿拉伯文的古兰经,逼真细腻,大殿顶部绘有方格藻井图案,地面是方形青砖。

三、哈密市五堡镇博斯坦村

博斯坦村位于哈密地区哈密市五堡镇。"博斯坦"维吾尔语意为"绿洲",因村子地处戈壁荒漠之中却树木成林,是戈壁滩中的一块绿洲而得名。博斯坦村以其传统民居、富有特色的生态建筑理念和技术于2010年入选中国历史文化名村(图3-3-4)。

资料记载,古城有南北二城,平面呈"吕"字形。北城,南北约180米,东西约150米,城墙残高2米,宽3米,城四角有残存的瞭望台。城内有土墩和房屋残垣。南城略呈方形,边长约100米,墙残高3米,东北角有一高10米的瞭望台。沿喀尔鲁克渠北上的小土山上,每隔500~1000米便有一座烽火台,共有十余座之多,古城郊外还有佛寺遗址多处,城西1公里处还有古墓葬,该古城系汉、唐遗存。博斯坦村传统民居有着非常强的"形式追随气候"的特点,处处体现出追逐气候、崇尚自然的理念。当地传统民居建筑中的主要建筑材料是取自当地的生土,其中夯土墙与土坯所用的原料均为黄土、麦草。博斯坦村将传统民居与现代环保理念相融合,成功打造低碳、环保的生态村庄。古城分布在流经的白杨河两岸,现如今五堡镇博斯坦村就分布在古城内外,村民居住主要以南城为主,居住着360多户1800多人。博斯坦村所有的道路都是铺有沥青的柏油马路,狭窄的马路曲曲折折,四通八达。沿着马路信步溜达,随处可见到残存的城墙。在一条小路的边上,一段用土夯成的城墙屹立在

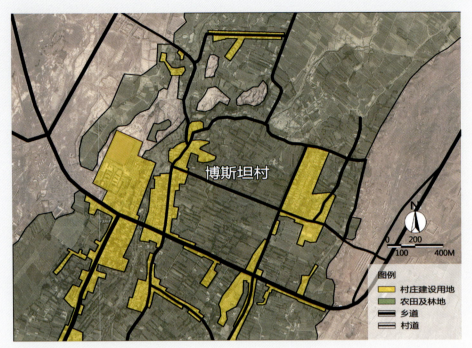

图3-3-4 哈密市五堡镇博斯坦村

图3-3-5 哈密市五堡乡博斯坦村鸟瞰

厚厚的土基上，墙上布满了大大小小的佛龛，一个10米左右高的古城瞭望台还耸立在村子里（图3-3-5）。

四、特克斯县喀拉达拉乡琼库什台村

琼库什台村位于伊犁哈萨克自治州特克斯县喀拉达拉乡，在2010年12月13日入选中国历史文化名村。琼库什台村距离县城90公里，是一个有300多户、1700多人口的牧业村，村内居民以哈萨克族为主。村庄四面环山，房屋依水而建，村里人畜饮水及生活用水均来自库尔代河，河谷较宽，常年水流

图3-3-6 特克斯县喀拉达拉乡琼库什台村鸟瞰

不止。村民利用水力发电解决了用电问题。该村的建筑多为木结构,是至今伊犁河谷保存完好的一个木构建筑群,具有较高的历史文化价值。琼库什台村几乎所有的民房都是木建筑,有的房子是由整根原木搭建,有的房子是将原木从中间一分为二,通过掏、榫、栱等各种工艺搭建起来的。在棚圈部分甚至连树皮都没有剥离。建筑的平面、立面和细部处理、建筑技术和施工技艺等保留着建筑文化的印迹,历史信息丰富,具有较强的原真性。这里夏季多雨、潮湿,琼库什台村的先民根据当地的自然环境和生存需要,就地取材,用木材建房,形成了这个独具特色的村落。因松、杉树木质坚硬,经久耐用,从而使当地的木构建筑没有变形,使用寿命长。加之地处大山深处,交通不便,各家各户对自己的房屋用心保护,故村落中大量的民居保存完好,部分民居已有100多年的历史,具有丰富和完整的历史文化内涵(图3-3-6)。从琼库什台村以木构建筑作为哈萨克族牧民的居住建筑看,这无疑是牧民们从流动性居住方式向永久性居住方式的演变。目前还保留着很多二十世纪五六十年代具有哈萨克族游牧民族特色的木屋。

新疆古建筑

第四章 石窟寺院与石刻岩画

新疆石窟寺院与石刻岩画分布图

① 克孜尔千佛洞
② 库木吐喇千佛洞
③ 伯孜克里克千佛洞
④ 克孜尔尕哈石窟
⑤ 吐峪沟石窟
⑥ 森木塞姆千佛洞
⑦ 伯西哈石窟
⑧ 平定准噶尔勒铭碑
⑨ 康家石门子岩雕刻画
⑩ 小洪纳海石人墓
⑪ 阿敦乔鲁石栅古墓群及岩画群

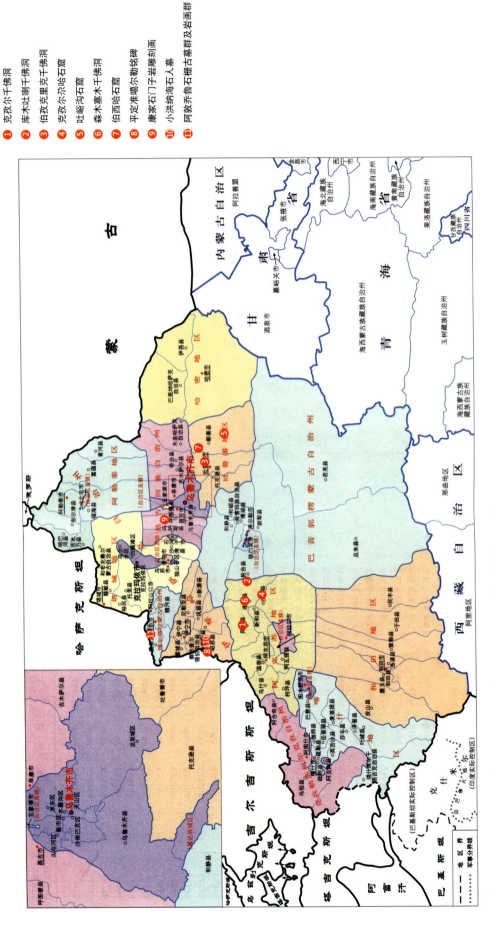

（地图引自：中华人民共和国民政部编.中华人民共和国行政区划简册2014.北京：中国地图出版社，2014.）

第一节 石窟寺院

随着佛教传入新疆，以供佛教礼仪和遁世隐修的石窟寺（千佛洞）开凿在新疆流传开来，最初发源于印度，后随佛教传入新疆地区，其中中国最早开凿的石窟便位于此。新疆地区现存的石窟约为17处，洞窟多达960多个，主要分布于丝绸之路的重要道路上，以龟兹和高昌两地最为集中。其中石窟的建筑样式一般分为两种：一是供奉佛像和供人拜佛的支提窟，一是供僧侣们起居修行的毗诃罗窟，僧侣在此苦修、研习佛经典籍，并通过建筑、造像与壁画来宣传佛教教义。

一、克孜尔千佛洞

克孜尔千佛洞为佛教石窟，位于现今新疆拜城县克孜尔镇东南7公里的明屋达格山的悬崖之上，其南面为木扎特河河谷和雀尔达格山，东距库车县城约70公里。克孜尔千佛洞是我国开凿最早、地理位置最西的大型石窟群，现存石窟236个，分为谷东区、谷西区、谷内区、后山区四片区域，绵延约3公里，保存壁画1万多平方米。1961年3月成为国务院首批公布的全国重点文物保护单位（图4-1-1、图4-1-2）。

克孜尔千佛洞所处的龟兹古国，为古代西域重要的政治、经济、文化和商贸中心，由于其地处丝绸之路的交通要冲，成为佛教自印度东传的必经之地，也使其成为"西域佛教"的中心地区。西传的汉文化以及东传的佛教、犍陀罗文化在龟兹汇聚融合，形成了东西方文化交融的龟兹文化。龟兹石窟窟群比较集中，其石窟建筑艺术、雕塑艺术和壁画艺术，在中亚和中东佛教艺术中占极其重要的地位，龟兹石窟被誉为"中国四大佛教石窟"之一。克孜尔石窟是龟兹地区最大的石窟群，在佛教传入的各个时期都有开凿，石窟各具特点且形制丰富，被视为龟兹石窟群的群芳之冠。

克孜尔千佛洞开凿于公元3世纪，至公元8～9世纪逐渐停建，经历了由创立到繁盛再到衰落的多个时期。现存的236窟中，窟形较为完好的有135个，分属佛教石窟的两种形制，其中供僧侣信众礼佛讲经的支提窟90个，供僧侣居住坐禅修行的毗诃罗窟45个，并有巨形窟、中心塔柱窟、殿式窟、僧房窟、复合式窟、储藏窟等多种形式。各种不同形制和用途的洞窟配列修建，组合形成了佛寺单元（图4-1-3）。以克孜尔47号窟为代表的巨形窟空间规模大（图4-1-4），其主室呈7.8米见方形态、拱形顶部高16.8米，左右两侧开拱门与后室相通并形成中心塔柱；后室宽4.45米、长10米、高6米，形成宽大的空间，设有高1.1米的涅槃像台。最能体现克孜尔

图4-1-1　克孜尔千佛洞外部自然环境

图4-1-2　克孜尔千佛洞外部自然环境

石窟特点的是中心塔柱窟，为支提窟的典型窟形且在佛教传入的早期即已成定制，其主室空间高大宽阔，中心塔柱正壁开凿大佛龛，满足观像礼佛的功能需要；后室空间低矮、光线幽暗，配以涅槃像和焚棺图壁画，产生哀悼的空间气氛。克孜尔千佛洞中的殿式窟通常为平面，形态简单，呈方形和横长方形平面，不设中心塔柱，对外开明窗，石窟顶部有盝顶和仿木作平棊等多样化的造型，反映出外来文化与当地建筑风格的融合。用于僧侣居住修行的毗诃罗窟有多种形式，空间形态相对简单，规模相对矮小。克孜尔33号和49号等窟为房间式毗诃罗窟，平面为方形或矩形，顶部为平顶、拱顶和盝顶形式，室内设炕台和炉灶；克孜尔212号窟为殿堂式毗诃罗窟，一个平面呈纵长方形大厅，设集体坐禅修行和讲经用的坐台，顶部为纵拱券顶；克孜尔6号、36号等窟为僧房式毗诃罗窟，空间尺度狭小，仅供僧侣修行和设炕台供就寝使用（图4-1-5）。

克孜尔千佛洞现存的壁画绘制于支提窟内，表现的内容丰富，主要有表现佛教的"本生故事"、"佛传故事"、"因缘故事"等题材，也有表现世俗生活情景的壁画。佛教的"本生故事"、"因缘故事"多布置在中心塔柱窟和殿式窟的主室顶部，为满壁连续绘制的构图形式，即将拱顶划分为菱形格，每一格绘一则佛教故事，表现佛教自西向东传播的过程。"本生故事"和"佛传故事"主要布置在中心塔柱窟主室的两侧壁和殿式窟的四壁，主室正壁为主尊释迦佛和石窟入口上方为弥勒菩萨说法图，说法图上部多绘有天宫伎乐的乐舞场景，飞天的形象尤其姿态飘逸，渲染着主室观像礼佛的空间氛围。关于释迦牟尼涅槃故事的壁画集中在巨形窟和中心塔柱窟的后室，绘有佛涅槃和焚棺弟子举哀、八王分舍利等情节，渲染着与主室相关但情绪相异的空间氛围。克孜尔千佛洞的壁画，是龟兹壁画中的精华部分，壁画中佛像线条圆润、表情生动、衣饰灵动，色彩的湿画晕染等代表了龟兹壁画独特的风格，壁画在造型和用色上都达到了极高的艺术水平。

克孜尔千佛洞的壁画还有大量的民间习俗画，如当时人们的生产和生活场景、西域山水景观、供养人和飞禽走兽等等，从中可以看出龟兹古国当时多民族、多种族的生产生活状态。克孜尔17号窟绘制有僧侣为满载货物的骆驼商队指引方向的场景，表现出在当年的丝绸之路上骆驼商队与佛教僧徒的密切关系；克孜尔38号窟（音乐窟），两侧的壁画绘有二十个乐师，每人演奏一件乐器，通过龟兹乐队演奏的场景，表现出丝绸之路上的龟兹古国繁荣的景象；克孜尔175号窟中的两幅壁画绘制了"二牛拉犁"和"农夫锄地"的场景，表现出龟兹地区现实生活中的农耕图景。克孜尔千佛洞中的壁画，

图4-1-3 克孜尔千佛洞群总平面图（图片来源：《新疆传统建筑艺术》P55—图1.23—1 作者：张胜仪 出版社：新疆科技卫生出版社．1999．5．）

既受到来自华夏的汉文化影响，也受到佛教艺术、犍陀罗艺术和古希腊艺术的影响，龟兹画师对外来文化艺术的巧妙接受和非凡创造，使壁画的艺术水平达到了灿烂的境界。

二、库木吐喇千佛洞

库木吐喇千佛洞位于新疆维吾尔自治区库车县西南约30公里处，库木吐尔村北面，开凿在渭干河东岸的山麓断崖上。库木吐喇意为"沙漠中的烽火台"，石窟开凿时间略晚于克孜尔千佛洞，石窟群现存石窟112个，分为南北两个区，蜿蜒长约5公里。北区的洞窟较为集中，有石窟80个；南区洞窟分散在河东岸和几条山谷内，有石窟32个。1961年3月成为国务院首批公布的全国重点文物保护单位（图4-1-6）。

库木吐喇千佛洞的开凿始于公元3世纪，早期为龟兹系列佛教洞窟，至隋唐时期受汉文化的影响达到繁荣，晚期具有回鹘文化的特征。石窟群在窟内的题记上有"金砂寺"、"梵国寺"的寺名，为古龟兹国佛教的重要佛寺区，明显地反映出不同文化

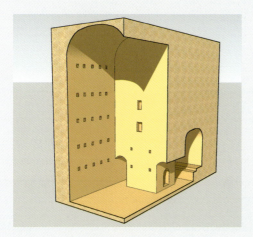

图4-1-4　克孜尔千佛洞47号窟模型示意

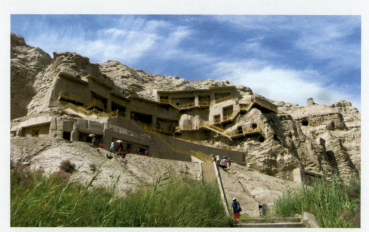

图4-1-5　克孜尔千佛洞远景

图4-1-6　库木吐喇千佛洞群总平面图

系统共存及其互相影响、相互融合的特征，体现出佛教艺术在龟兹地区的演变、发展和衰落的沿革脉络。

库木吐喇千佛洞同样具有佛教石窟的两种形制，以及巨形窟、中心塔柱窟、殿式窟、僧房窟、复合式窟等多种形式，还有76号与78号两个埋葬和尚骨灰的长方形纵长券顶罗汉窟。石窟开凿初期在寺庙构成上，以一巨形中心塔柱窟为佛殿，僧侣的居住和修行在土木结构搭建的僧房中；也有在巨形中心塔柱窟佛殿附近开凿规模小的支提窟和毗诃罗窟，从而形成空间配套的寺庙，如66号至72号窟。中期在寺庙构成上，以多个中心塔柱式支提窟组成一个寺庙，如前殿式后毗诃罗的36号窟与37、38号窟的组合。库木吐喇千佛洞的复合式窟由一个前室组合多个中心塔柱窟，如15、16、17号窟，并与其临近的中心塔柱式支提窟、殿式窟和毗诃罗窟构成了多殿堂的大寺庙。库木吐喇早期开凿的石窟主要有中心柱窟与方形窟两种平面形式，中心塔柱窟的佛堂平面呈长方形，主室窟顶多为纵券形；方形窟佛堂平面呈正方形或长方形，窟顶为穹隆形。繁荣时期开凿石窟在平面形态上与前期一脉相承，但方形窟顶多为纵券形。晚期开凿的石窟窟形不大，在壁画题材和画风上与之前有了较大的差别。

库木吐喇千佛洞中的早期壁画，在支提窟主室券顶中脊绘天象图，券顶侧壁的菱格绘佛本生故事或因缘故事；主室两侧壁绘因缘故事和佛传故事，后室绘佛涅槃的场景。隋唐时期开凿石窟的壁画，除沿用早期石窟的壁画题材外，出现了与中原地区唐窟相似的题材，明显地表现出与龟兹风格迥异、具有鲜明中原地区佛教艺术特征的画风。在中心塔柱窟和殿式窟的正壁或左右侧壁，出现了"西方净土"、"东方药师"、"法华"和"弥勒"等大型的经变故事画，以大乘教经典为主要内容的壁画题材，不同于之前龟兹地区流行的小乘佛教，如11、13、14、15、16号窟。壁画中出现了千佛和列佛画像、汉人供养人像、汉人顶礼膜拜的形象，也有中原地区汉式装饰纹样与中原流行的密宗题材，并且窟内画面一般都用汉字墨书榜题。在表现方法上既有中国画丰富多变的线条，也有凹凸起伏的晕染法，形成了别具一格的壁画绘画方式。库木吐喇千佛洞晚期即宋代时期开凿的石窟，在壁画中绘有汉僧带领的俗姓"颉里"和"骨禄"回鹘男女供养人行列场景，且多有属大乘佛教思想内容的题材，题名款式也受中原地区汉文化的影响，如10、38、45号窟。在70和79号窟的壁画中，用汉文、回鹘文、龟兹文3种文字合璧榜书，反映出汉文化、龟兹文化、回鹘文化融合以及大小乘佛教思想在库木吐喇石窟群并存的状况（图4-1-7、图4-1-8）。

图4-1-7　库木吐喇千佛洞连窟壁画线图

图4-1-8　库木吐喇千佛洞连窟远景（图片来源：《新疆丝路古迹》P93—图91　作者：刘禾田　出版社：中国建筑工程出版社）

三、柏孜克里克千佛洞

柏孜克里克千佛洞位于吐鲁番市东北45公里处，处在火焰山峡谷木头沟西岸的悬崖之上。在绵延约1公里的断崖之上开凿有洞窟83个，现存57个，其中有壁画的洞窟40多个，总体布局呈S形，总面积1200平方米。柏孜克里克千佛洞是吐鲁番现存石窟中洞窟最多、壁画内容最丰富的石窟群。1982年2月成为国务院公布的全国重点文物保护单位（图4-1-9）。

柏孜克里克千佛洞始凿于南北朝后期，即西域麴氏高昌国（公元499～640年）时期，经历了由麴氏高昌时的初创，到回鹘高昌时期的繁荣，再到元朝时的衰落过程。自南北朝晚期后的7个世纪，作为高昌地区的佛教中心，柏孜克里克千佛洞在其后的唐、五代和宋元时期有持续不断的石窟开凿，到公元13世纪末，高昌王室东迁到甘肃永昌，加之伊斯兰教传入吐鲁番后，导致佛教逐渐衰落，柏孜克里克千佛洞随之遭到破坏衰落。第18、29、48号洞窟属于早期开凿石窟，其中第18号窟为大型中心柱式洞窟；唐西州和北庭都护府时为"宁戎寺"，开凿有第16、17、25、27、31、42、69号等窟；至回鹘高昌时宁戎寺成为王家寺院，开凿有第14、20、31、33、39、41、82等窟，出现了第20号窟的窟中之窟和第82号纪念佛寺高僧的小型石窟。柏孜克里克千佛洞石窟形制多样，有中心塔柱式窟、殿式窟（平面呈回字形、方形和纵长方形，顶部为拱形和穹隆形）、复合式窟以及厅堂套小窟的毗诃罗窟。在石窟开凿建构上，有石窟与土坯砖结合砌筑，也有土坯砖砌筑的方式。

柏孜克里克千佛洞的壁画随着佛教的衰落而遭破坏，但残存的壁画和佛座仍然内容丰富、色彩精致。早期开凿的第18号窟的顶部完整地保存了早期壁画的内容，绘有斗四式平棊图案，纹样有忍冬纹、鳞纹、卷草纹等；侧壁绘有圆领通肩式袈裟千佛，顶部和侧壁交界处则以写实的手法，绘制出木结构的檩、枋等。唐代至回鹘高昌的盛期，盛唐画面线条简洁流畅的画风进入了高昌石窟，壁画题材主要是发源于中原地区的大型经变画。第17号窟绘制

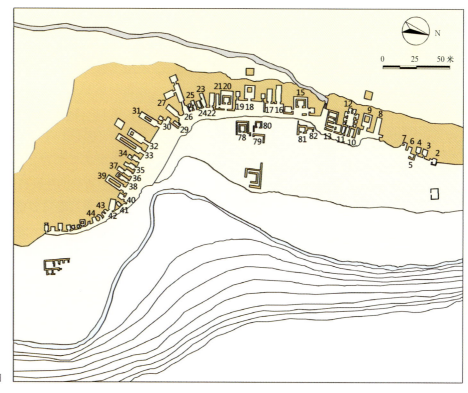

图4-1-9　柏孜克里克千佛洞总平面图

图4-1-10 柏孜克里克千佛洞远景（图片来源：《新疆丝路古迹》P126—图131 作者：刘禾田 出版社：中国建筑工程出版社）

图4-1-11 柏孜克里克千佛洞近景（图片来源：《新疆丝路古迹》P127—图132 作者：刘禾田 出版社：中国建筑工程出版社）

"地狱变"经变图、第33号窟后壁绘制表现佛涅槃后众弟子默立举哀的致意图、第38号窟壁画绘制古代摩尼教生活情景。回鹘高昌时期的遗存最为丰富，典型的壁画题材有诸佛、千姿百态的各种菩萨像、大型经变画、说法图、千佛洞、供养菩萨行列、天龙八部、四大天王像、供养人和供养比丘像及各种装饰图案，并出现了反映释尊前生无数世诚心供佛，最终自身成佛的本生因缘故事，塑绘结合的"鹿野苑初转法"等题材（图4-1-10、图4-1-11）。

四、克孜尔尕哈石窟

克孜尔尕哈石窟地处库车县城西北约18公里的夏马勒巴格村内，临近克孜尔尕哈烽燧，位于周边灰白色风蚀雅丹地貌围绕的库车河支流山沟里。石窟群始凿于公元5世纪，开凿在东西宽170米、南北长300米的山沟东西两侧崖壁上。现存洞窟54个，编号洞窟46个，保存较完整的洞窟39个，存有壁画的洞窟13个。2001年6月成为国务院首批公布的全国重点文物保护单位（图4-1-12）。

克孜尔尕哈石窟是距古龟兹国都城最近的石窟寺，属于龟兹古国的国家寺院。石窟建筑形式多样，按功能分有支提窟、僧房窟、讲经堂、禅窟等；按窟顶形状分有平顶、券顶、穹隆顶、套斗顶、覆斗顶等。现存较完整的39个窟分为5组寺庙，每组寺庙均具有礼拜、讲经、禅修和居住等各种功能。克孜尔尕哈早期开凿的石窟以毗诃罗窟居多，且多数为带有走道的房间形式，围绕着一两座中心塔柱式支提窟构成一寺庙。如第11~16号窟和第23~26号窟为早期逐渐开凿的多殿式寺庙，第11~16号窟是由中心塔柱式支提窟构成的大寺庙（图4-1-13）；第23号和24号窟为室内塑立大立佛像的巨形窟，其中第24号窟为中心塔柱呈反弧形七边形的独特石窟。中期开凿的中心塔柱式窟、殿式窟与毗诃罗、僧房窟组合出复合式窟，形成巨形窟佛寺。如第27~32号窟，为中期开凿的多殿式寺庙，大型的殿式窟直接对外室和侧面开门，与其他窟室、僧房窟组合在一起，构成大寺庙（图4-1-14）。

克孜尔尕哈石窟群中塑像已无存，现存的壁画具有典型的龟兹风格，题材有佛本生故事、因缘故事、佛传故事、龟兹装供养人场景及龟兹文题记。

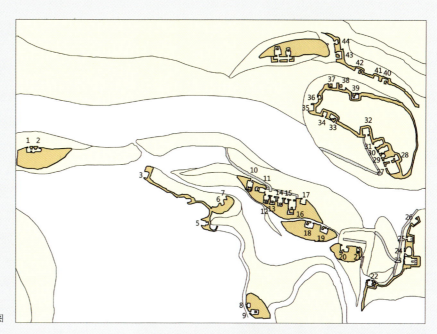

图4-1-12 克孜尔尕哈千佛洞总平面图

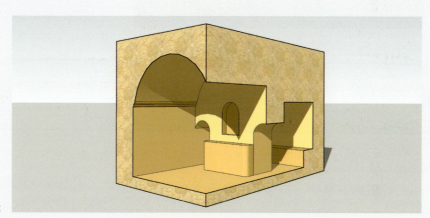

图4-1-13 克孜尔尕哈千佛洞16号石窟模型示意

图4-1-14 克孜尔尕哈千佛洞远景（图片来源：《新疆丝路古迹》P106—图108 作者：刘禾田 出版社：中国建筑工程出版社）

图4-1-15 克孜尔尕哈千佛洞壁画（图片来源：《新疆丝路古迹》P107—图109 作者：刘禾田 出版社：中国建筑工程出版社）

石窟壁画中的"曲铁盘丝"画法，色彩鲜明华丽，人物姿态自然，服饰华美多样（图4-1-15）。

五、吐峪沟石窟

吐峪沟石窟位于新疆吐鲁番地区鄯善县境内的吐峪沟乡，其西距吐鲁番城和东距鄯善县城各约50公里，距高昌故城遗址约10公里。吐峪沟石窟由东区、西区及霍加麻扎三部分组成，是吐鲁番地区目前已知开凿年代最早的石窟。石窟开凿在吐峪沟东西两岸的山崖上，沿沟谷延伸约500米，东南和西北两区的存有编号的石窟46个，其中9个窟保存有壁画与题记。2006年5月成为国务院公布的全国重点文物保护单位。

吐峪沟石窟开凿于公元4世纪的北凉时期，至麹氏高昌统治期间为王室佛教集中造像地，进行了大规模的佛寺建造与石窟开凿活动，到唐西州时期为"丁谷寺"，是高昌时代规模最大的佛教石窟。

吐峪沟东南区的洞窟较为集中且石窟空间较大，21个编号石窟分为上下两层开凿于半山腰处；西北区有编号洞窟25个，除几个窟分布于沟口附近外，多数为土拱窟且背靠山崖分布，半山腰的山丘平台上存有佛寺和僧房遗址。

吐峪沟石窟群基本保持原有的布局形态，洞窟形制丰富多样，其支提窟形制为中心塔柱窟，如西北区的第2、12号窟和东南区的第38号窟。其毗诃罗窟为方形平面窟，左右壁和后壁开凿有小穴室，为厅室带小穴形制，其中厅室平面仅为3.5米×5.3米、高3米，周边5个小穴室1.5米见方并绘有壁画和题记。其殿式窟为方形平面，石窟顶部形式多样，第40号窟平顶中间为圆顶、第41号窟为覆斗顶、第44号窟平顶中部作穹隆顶并有帆拱。其僧房窟有直接进入的、有前部设过道的、有的室内设有土炕的，僧房窟内墙上多凿有存放被褥、衣物和放照明灯具的壁龛。各类石窟相配建造，如第12号为中心塔柱窟（图4-1-16、图4-1-17）；第20号为复合式窟；第41号窟为作礼仪、祭祀用的殿式窟；第42号窟为修行用的毗诃罗窟；第43号窟为僧房窟等，各种形制的石窟相互组合构成吐峪沟石窟群整体寺院。

吐峪沟石窟内的壁画遗存反映出内地、龟兹等多种文化对高昌地区石窟艺术的影响，如第2号窟甬道两壁残留有排列整齐、位于长方形边框内的坐佛，以线描画出具有汉人五官特征的形象；在第3号窟甬道顶部有蔓藤忍冬纹、鳞纹、团花等纹饰带组成的仿汉式木作的斗四平棊图案，并饰以浅黄、赭红和石绿等亮丽的色泽，图案的某些纹样取自龟兹，则画风受中土汉文化影响；在第4号窟南北壁绘有几列比丘禅观图，人物着双领下垂袈裟，或坐莲座、方座，或坐胡床，身旁是龟兹菱格图案中最常见的花树，左侧有汉文榜题。

吐峪沟石窟群中的壁画题材丰富，第2、12、38号中心塔柱窟内布满小千佛，四壁的绘画有禅定千佛、说法图、因缘故事图、蔓藤忍冬纹、方格六瓣花纹和葡萄纹样、莲蕾和圆形莲蓬、鸡冠花式二方联续图案等。第1、20号和42号窟内存有题材为水池、莲、树、水中游鸭、鳅、螺等的风景式壁画（图4-1-18）。

六、森木塞姆千佛洞

森木塞姆千佛洞位于新疆维吾尔自治区的库车县，距库车县城东北约40公里的库鲁克达格山口，山中有溪水流出。森木塞姆千佛洞开凿于溪流的南北两岸和西面的山丘之上，为晋代至宋代（公元4~10世纪）的佛教石窟群遗址。现保存较为完整的洞窟57个，分布在山口周边直径约800米的马蹄形山谷范围内。1996年11月成为国务院公布的全国重点文物保护单位。

森木塞姆千佛洞开凿于公元4世纪，至公元9世纪开始逐渐衰败。现有编号的57个窟按照其位置，分为东、南、西、北和中部五个区，在南北窟群的中部山丘平台上存有较大的寺庙建筑遗址，为长度近80米且两端有高大残墙的建筑遗迹。森木塞姆千佛洞石窟的形制多种多样，有两晋时期开凿的巨形窟和殿式窟，晋代至唐代开凿的中心塔柱式窟和殿式窟，唐代开凿改造的复合式窟，也有生土砌筑的房屋。石窟群中的第11号与第13号窟为巨型大像窟，巨形支提窟周边开凿有毗诃罗窟，形成以中心塔柱窟为核心形成寺院的石窟组合方式，反映出龟兹早期开凿石窟的建造特征（图4-1-19、图4-1-20、图4-1-21）。

森木塞姆千佛洞存留壁画的窟有20个，在壁画题材上，以因缘、佛教故事为主，其中因缘故事多于佛本生故事，描绘佛祖涅槃场景的题材较少。在形象描绘上以列佛与千佛画居多，其次有对供养人的壁画描绘，人物形象多以土红色勾画轮廓，晕染法表现明暗与立体，服饰等表现用色艳丽。森木塞姆千佛洞的开凿过程完整地反映出龟兹佛教和石窟艺术发展轨迹，在石窟壁画题材上有其独特的地方性特征，也受到来自中原佛教文化的影响，晚期洞窟壁画则出现了汉族及回鹘的多样性画风（图4-1-22）。

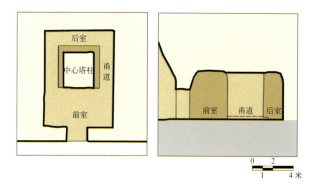

图4-1-16　吐峪沟石窟东南区12号窟

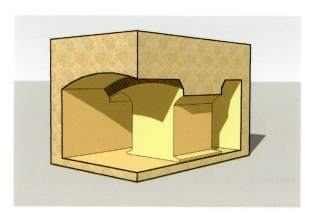

图4-1-17　吐峪沟石窟东南区12号窟剖透视

图4-1-18　吐峪沟石窟远景（图片来源：《新疆传统建筑艺术》P437—图259　作者：张胜仪　出版社：新疆科技卫生出版社．1999．5．)

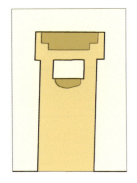
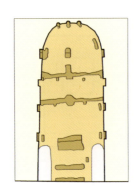

图4-1-19　森木塞姆11号窟（毗诃罗窟）

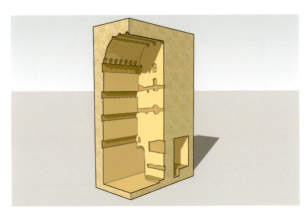

图4-1-20　森木塞姆11号窟剖透视（毗诃罗窟）

图4-1-22　森木塞姆石窟11号后室顶上彩画（图片来源：《新疆丝路古迹》P99　作者：刘禾田　出版社：中国建筑工程出版社）

七、伯西哈石窟

伯西哈石窟位于吐鲁番市胜金乡木日吐克村，洞窟分布在火焰山北坡一条小沟壑中，占地面积约1000平方米，现存洞窟10座。其中编号为第1、2、3、4、5号的窟为礼拜窟，石窟分布在残存墙基的平台上，洞窟呈"一"字形排列。2013年5月成为国务院公布的全国重点文物保护单位（图4-1-23）。

伯西哈石窟的第3号窟为中心柱式窟，其余的洞窟均为纵券顶方形窟。洞窟的壁画独具特色，有券顶上的图案及其中的菩萨像，壁画题材多为经变故事画，第3号窟左壁有新疆难得一见的《维摩诘经变》图。

图4-1-21　森木塞姆石窟11号窟内景（图片来源：《新疆丝路古迹》P98　作者：刘禾田　出版社：中国建筑工程出版社）

图4-1-23 伯西哈石窟远景（图片来源：《新疆维吾尔自治区第三次全国文物普查成果集成——吐鲁番地区卷》P185 作者：新疆维吾尔自治区文物局 出版社：科学出版社）

第二节 石刻岩画

各地区人们对早期生活场景、宗教崇拜与祖先祭祀等的表达，多以石质材料为载体，通过岩画和石刻的方式加以记录，并因石材的耐受风雨侵蚀而保存下来。新疆地区在史前时期就有人类的活动，加之历史上多个民族的活动频繁，不同的时期和不同的生活风俗在多地留下了丰富多样的岩画与石刻，如早期氏族部落的生殖崇拜岩画和突厥人在草原留下的石人墓等。新疆各地以石质材料来建构的遗存较多，不仅有岩画与石人墓，也有使用自然形态石材的积石冢，还有对重要历史事件进行记录的石刻等等。

一、平定准噶尔勒铭碑

平定准噶尔勒铭碑位于新疆维吾尔自治区昭苏县城西南60公里的格登山上，立于清代乾隆二十五年（公元1761年）。2001年6月成为国务院公布的全国重点文物保护单位（图4-2-1）。

碑体通高3.03米、宽0.98米、厚0.27米，分为碑额、碑身、碑座三个部分，材质为青砂石。碑额两面均刻二龙戏珠图案，正面中部刻竖书"皇清"二字，背面中部刻竖书"万古"二字；碑座两面雕刻万里碧波烘托出一轮朝日的图景；碑身两面竖书阴刻四种文字的碑文，正面为满文和汉文，背面为蒙文和藏文，其中汉文碑文共计8行240字，用四言叶韵体写成：

"格登之崔嵬，贼固其垒。我师堂堂，其固自摧。格登之巇巆，贼营其穴。我师洸洸，其营若缀。师行如流，度伊犁川。粤有前导，为我具船。渡河八日，遂抵格登。面淖背崖，藉一昏冥。曰捣厥虚，曰歼厥旅。岂不易易，将韬我武！将韬我武，讵曰养寇？曰有后谋，大功近就。彼众我臣，已有成辞；'火炙昆冈'，惧乖皇慈。三巴图鲁，二十二卒，夜斫贼营，万众股栗。人各一心，孰为汝守？汝顽不灵，尚窜以走。汝窜以走，谁其纳之？缚献军门，追悔其迟！于恒有言：曰杀宁育。受俘赦之，光我扩度。汉置都

图4-2-1 平定准噶尔勒铭碑碑亭远景(图片来源:《新疆维吾尔自治区第三次全国文物普查成果集成——伊犁哈萨克自治州（直属县市）卷》P211 作者：新疆维吾尔自治区文物局 出版社：科学出版社)

护，唐拜将军，费赂劳众，弗服弗臣。既臣斯恩，既服斯义，勒铭格登，永诏亿世。(图4-2-2)"

碑文由乾隆皇帝亲撰，记述乾隆二十年（1756年）清军在格登山平定准噶尔部叛众，叛军首领达瓦齐逃窜南疆，被乌什回部阿奇木堆集斯伯克擒获并押交清廷的历史事件。

二、康家石门子岩雕刻画

康家石门子岩雕刻画地处昌吉州呼图壁县的天山腹地，位于呼图壁县城西南的雀尔沟镇西沟康家石门子的断岩之上，断岩为两条山溪汇流处的西北岸新第三纪的粉砂岩壁。岩画经论证为距今三千年的塞人遗存，完成于原始社会后期父系氏族社会阶段，是一幅国内及世界上罕见的生殖崇拜岩画。2013年5月成为国务院公布的全国重点文物保护单位（图4-2-3）。

断崖壁面平整，岩画凿刻于距地面2米高的岩壁上，画面水平东西向长约14米、垂直高度约9米，面积约120平方米。岩画凿刻姿态各异的人物300多个，大者高2.04米，小者19厘米，人物有男有女，或站或卧，或衣或裸，男女合图、双头同体、三头同体图像。人物头部为浅浮雕，头部以下阴刻，所雕人物的面部均面型瘦长，眉弓发育，大眼、高鼻、小嘴，形象秀丽。人物头戴高帽，束腰，帽著翎毛，大多裸体或通体涂朱，作舞蹈状或表现男女媾合的形体动作。

康家石门子岩雕刻画表现了原始人祈求生育、繁衍人口的群婚制生活场面。对研究原始社会史、原始思维特征、原始巫术与宗教、原始舞蹈、原始雕刻艺术及新疆古代民族史等具有很高的价值。

三、小洪纳海石人墓

小洪纳海石人位于新疆昭苏县城东南5公里草原上，系隋唐时突厥游牧民族的墓前石人。草原石人为古突厥人墓前的标志，在昭苏县境内分布较多，在巴里坤、温泉县和伊犁河谷各草原也有发现，总数在100尊以上，其中最著名的为昭苏县小洪纳海石人，石人为女性形象，亭亭玉立，造型优美，为公元6~7世纪所刻。2013年5月成为国务院公布的全国重点文物保护单位。

小洪纳海石人高230厘米、头宽35厘米、身宽50厘米，由花岗石雕刻而成，刻工古拙。石人面向东而立，双手环抱置于胸前，右手似执有灯、盏之类物件，有多条长发辫披垂分散在身后，腰间刻有古代粟特文字（图4-2-4）。

四、阿敦乔鲁石栅古墓群及岩画群

阿敦乔鲁遗址群位于新疆博尔塔拉蒙古自治州温泉县查干乌苏山口南麓山前的台地草原，在方圆7公里范围内，分布着11处举行祭祀仪式的石堆遗址、60余座石栅墓、约30座石堆墓。在查干乌苏山口处有一处形制巨大的石堆建筑，形成距今3700～3900年的"石头迷宫"。2013年5月成为国务院公布的全国重点文物保护单位（图4-2-5）。

阿敦乔鲁遗址群呈中轴对称的形式，处于核心位置的"石头迷宫"为一片长22.5米、宽18米的方形石城，由冰川时期遗留下来的石头堆叠而成。遗址群的石栅古墓中石棺均为单人葬具，石棺为东西向放置。遗址群的古墓葬内有一尊石人，位于的墓室北侧，因年代久远，石人面部轮廓清晰，五官模糊。遗址群中出土文物包括少量的石器、陶器、青铜器、经过焚烧的人骨碎片以及大芸等植物孢粉（图4-2-6）。

图4-2-2 平定准噶尔勒铭碑正、背立面（图片来源：《新疆维吾尔自治区第三次全国文物普查成果集成——伊犁哈萨克自治州（直属县市）卷》P212 作者：新疆维吾尔自治区文物局 出版社：科学出版社）

图4-2-3 康家石子岩雕刻画远景

图4-2-4 小洪纳海石人墓正反立面图

图4-2-5 阿敦乔鲁古墓群石围墓（图片来源：《新疆维吾尔自治区第三次全国文物普查成果集成——博尔塔拉蒙古自治州卷》P27 作者：新疆维吾尔自治区文物局 出版社：科学出版社）

图4-2-6 阿敦乔鲁古墓群石围墓及远处石堆墓（图片来源：《新疆维吾尔自治区第三次全国文物普查成果集成——博尔塔拉蒙古自治州卷》P27 作者：新疆维吾尔自治区文物局 出版社：科学出版社）

新疆古建筑

第五章 佛教建筑

新疆佛教建筑分布图

1. 苏巴什佛寺遗址
2. 莫尔寺遗址
3. 托库孜萨来佛寺遗址
4. 七个星佛寺遗址
5. 热瓦克佛寺遗址
6. 白杨沟佛寺遗址
7. 台藏塔遗址
8. 丹丹乌里克佛寺遗址
9. 达玛沟佛寺遗址
10. 克斯勒格格佛寺遗址
11. 巴伦台黄庙古建筑群
12. 靖远寺
13. 昭忠圣佑寺
14. 纳达齐牛录关帝庙
15. 惠远钟鼓楼

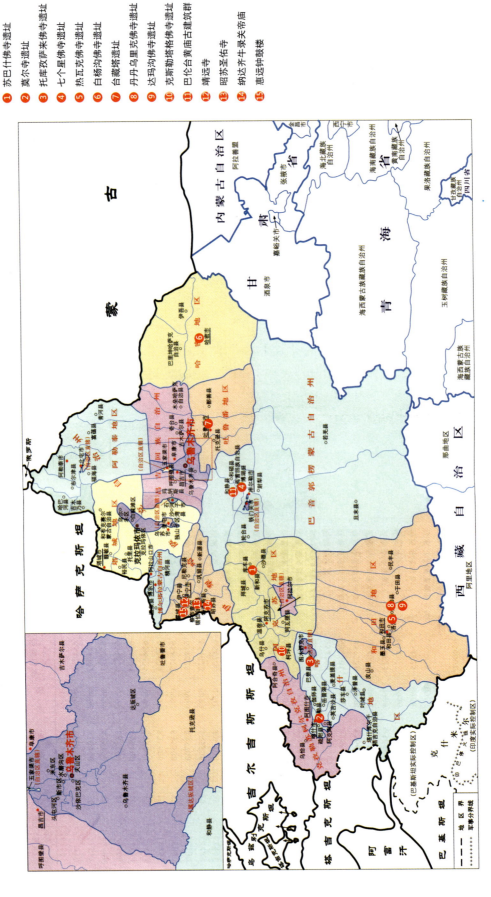

（地图引自：中华人民共和国民政部编. 中华人民共和国行政区划简册2014. 北京：中国地图出版社，2014.）

第一节 寺院遗址

新疆因地处东西方的交通枢纽，自汉代凿通西域后，印度的佛教文化沿丝绸之路东传而来，并深刻地影响着各地人们宗教信仰的形成，佛教至隋唐时期在新疆地区发展成为了主流。佛教在新疆的盛行使得各绿洲城邦兴建起众多的寺院建筑，后因伊斯兰教在新疆的强力传播而使得佛教逐渐衰微，寺院建筑也随之逐渐衰败，加之自然气候环境的变化、聚居人群的迁移和战乱兵燹，原有分布各处曾经香火鼎盛的佛教寺院建筑逐渐荒废，成为存留下来的寺院遗址。

一、苏巴什佛寺遗址

苏巴什佛寺遗址，又称昭怙厘大寺，位于库车县城北偏东23公里的却勒塔格山南麓。为一处南北朝时期至唐代（公元4～10世纪）建设的佛寺遗址。1996年11月成为国务院公布的第四批全国重点文物保护单位。

佛寺建于魏晋时期，中国古代三大佛经翻译家之一的龟兹高僧鸠摩罗什曾在此讲经。该寺在隋唐时兴盛至极，唐玄奘也曾在此逗留两个多月。公元7世纪中叶（公元658年）唐安西都护府移设龟兹后，此地高僧云集，寺中佛事兴隆，晨钟暮鼓，幡火不绝。晚唐（公元9世纪）渐趋衰落，13～14世纪被遗弃。

佛寺分东西二寺，分布于铜厂河东西两岸，互相对望，总面积约18万平方米。东寺依山而筑，寺垣已毁，寺内有房舍和塔庙遗迹，全系土坯建造，墙壁高者达10余米，有重楼。城内有3座高塔，颇宏伟。西寺中依断岩处有一小围墙，呈方形，周约318米，亦土坯筑，残高10米以上。遗址上有数处高塔。北面有佛洞一排，约17个，洞壁上刻有龟兹文字和佛教人物像（图5-1-1、图5-1-2）。

佛寺曾出土过汉、南北朝、唐代钱币，波斯萨珊朝库斯老二世银币，以及铜器、铁器、陶器、木器、壁画、泥塑佛像及绘有乐舞形象的舍利盒等

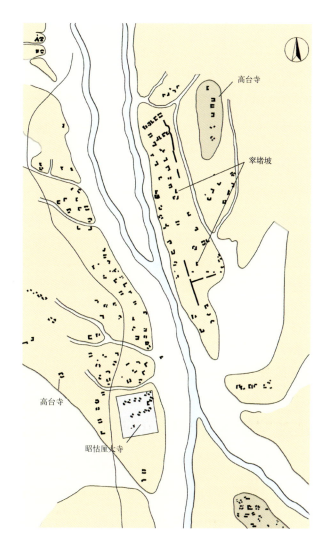

图5-1-1 苏巴什佛寺群遗址总平面

图5-1-2 苏巴什佛寺群遗址远景（图片来源：《新疆丝路古迹》P87—图84 作者：刘禾田 出版社：中国建筑工程出版社）

（图5-1-3），此外还发现写有古民族文字的木简及残纸，在寺院遗址发现人物壁画，壁画上还有龟兹文题记（图5-1-4）。

二、莫尔寺遗址

莫尔寺遗址，位于新疆喀什地区疏附县伯什克然木乡莫尔村，寺庙因遗址内遗存高大如"烟囱"的佛塔而得名，维吾尔语意为"烟囱"，为一处始建于东汉时期（公元3世纪）、规模较大的佛寺遗址。莫尔寺遗址是中国最西部的佛教遗址，也是目前最早的泥土建筑的佛塔，它具有历史的、艺术的、科学的价值。2001年6月成为国务院公布的第五批全国重点文物保护单位（图5-1-5）。

莫尔寺位于古疏勒国境内，公元3世纪左右，佛教在此开始传播并随之在此有了一定的发展。广集佛教大、小乘经典及印度哲学著作，并影响了龟兹佛教的发展。龟兹高僧鸠摩罗什于公元355年随母在此，"顶礼佛钵"，初开法门，广泛阅读各种论著。唐高僧玄奘于公元644年从印度回国，在他的《大唐西域记》里记载了沙国（今喀什一带）的人们笃信佛法、勤营福利的情况，曰："伽蓝数百所，僧徒万余人。"

图5-1-3 苏巴什佛寺群遗址近景（图片来源：《新疆丝路古迹》P88—图85 作者：刘禾田 出版社：中国建筑工程出版社）

图5-1-4 苏巴什佛寺群遗址佛塔近景（图片来源：《新疆丝路古迹》P89—图86 作者：刘禾田 出版社：中国建筑工程出版社）

图5-1-5 莫尔寺遗址远景（图片来源：《新疆维吾尔自治区第三次全国文物普查成果集成——喀什地区卷》P85 作者：新疆维吾尔自治区文物局 出版社：科学出版社）

图5-1-6 莫尔寺遗址佛塔（图片来源：《新疆丝路古迹》P25—图16 作者：刘禾田 出版社：中国建筑工程出版社）

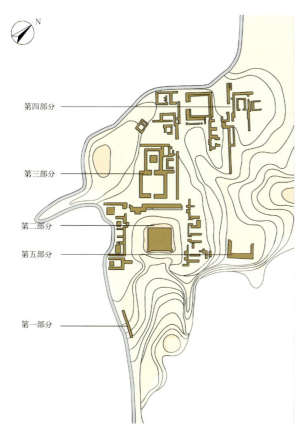

图5-1-7 托库孜萨来佛寺遗址总平面图

莫尔寺遗址自南向北分布有佛塔、寺院遗址、高台。南佛塔共有5层，逐层递缩，1、2、3层为正方形台，4层为圆形台，第5层为卵圆形塔顶。佛塔高12米。塔身用麦草调黄土嵌成方形和梯形土坯，砌成中空，塔北是寺院遗址，坐北朝南，呈长方形，东西长13米，南北9.3米，残高1.5米。最低处与地面平行。遗址以北是梯形高台，高约13米，高台顶部近正方形，东西长14.5米，南北宽13.5米，底部东西长24.4米，南北宽7米。北佛塔是一个底大上小的梯形塔，高约8米左右，底部东西长25米，南北宽24米。塔的平顶近似正方形，东西长14.2米，南北宽13米（图5-1-6）。

三、托库孜萨来佛寺遗址

托库孜萨来佛寺遗址，位于巴楚县51团托库孜萨来村西约250米处托库孜萨来山脚下，佛寺地处西域北道西部，古代龟兹国与疏勒国交界处，受西方佛教与周边地区佛寺风格影响。从残存的建筑装饰构件上来看，托库孜萨来佛寺始建于公元3世纪左右。2001年6月成为国务院公布的第五批全国重点文物保护单位。

托库孜萨来佛寺大致可分为五部分（图5-1-7）。佛寺布局方式与东土佛寺相近，坐北朝南。第一部分位于佛寺的西南角，即整个佛寺的最前面，现已被破坏，仅存土阶、土台。出土文物有头像、雕刻作品，除此外，还有婆罗米文书、壁画残块、钱币与为数众多的造像（现存于法国）。第二部分为位于整个建筑群的中心位置，由西北到东南约50米、西南到东北约32米的方形庭院与环绕庭院而建的建筑群组成。现已只剩土台与少数佛像台座遗迹，可概观当时规模与形制。此处曾发现造像残块和壁画，以及绘有"菩萨"的模板块，在似"抄手"环绕佛寺的建筑群中发现装满骨灰的罐子，另外发现有大量佛像。第三部分为中央佛寺，前室南北宽10.8米、东西长10.10米，后室6.7米长、8.6米宽，其中央位置有边长4.5米的方形基坛，即佛塔塔基。第四部分位于整个佛寺遗址的最北侧，建筑遗迹可分为僧房、讲堂与佛塔塔基，并在此出土塑像残块、壁画残片、大量钱币、汉文及婆罗米文书（图5-1-8）。第五部分位于遗迹东侧现已只存墙基，出土文物已经遭外国考古者劫掠至法国，包括佛头、菩萨头与浮雕若干。

四、七个星佛寺遗址

七个星佛寺遗址，又名"焉耆明屋"，"明屋"意为千间房子。遗址位于新疆巴音郭楞蒙古自治州焉耆回族自治县西南一道低矮的山梁和坡地上，为一处始建于晋代的古焉耆国最大佛教寺院遗址。2001年6月成为国务院公布的第五批全国重点文物保护单位。2006年该遗址被列入丝绸之路新疆段保护工程。

该佛寺地处古丝绸之路北道，其所在的地区是佛教文化东传的一个重要枢纽，据法显的《佛国记》有所记载，东晋宏始年间，焉耆国僧徒"有四千余人，皆小乘学，发自齐整"。唐僧西域取经取道焉耆，《大唐西域记》记载"唐贞观年间，焉耆国伽蓝十余所僧徒两千余人"。宋元之后，伊斯兰教兴起，佛教衰落，佛寺凋敝。

七个星佛寺遗址，由地面寺院建筑和洞窟建筑两部分组成。地面寺院遗址分布于山梁和坡地上，一条自然泉沟将建筑群分为南北两大区（即今所命名的南大寺和北大寺），寺院残存大小建筑93处，总面积约40300平方米，主要建筑遗迹有殿堂、僧房、佛塔等（图5-1-9）。七个星佛寺遗址中11处洞窟位于寺院西北部约1公里的霍拉山低矮的山腰处，大部分坐东朝西，门朝西开。遗址洞窟内已无佛像，只残存佛像基座；第2、3、5、7号窟内有少量的乐伎、朵云纹、飞天等壁画遗存，曾出土泥塑佛、菩萨、天王、供养人等头像。该遗址还出土有吐火罗文书写的纸质文书——《弥勒会见记》等一批罕见文物，对于研究古代焉耆史乃至西域社会发展史、佛教史、戏剧史等具有重要价值（图5-1-10、图5-1-11）。

五、热瓦克佛寺遗址

热瓦克意为"楼阁"、"凉台"之意。遗址位于新疆西南部洛浦县吉亚乡西北70公里处的沙漠中，离县城60公里。兴建于东汉时期（公元2世纪），衰落于北宋（公元10世纪）。它是和田地区保存较好的唯一具有犍陀罗风格的佛寺遗址。2001年6月成为国务院公布的第五批全国重点文物保护单位（图5-1-12）。

佛教在于阗得以发展，也是于阗建筑史上最兴

图5-1-8 托库孜萨来佛寺遗址远景

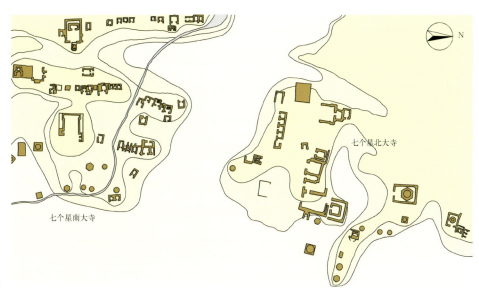

图5-1-9 七个星佛寺遗址总平面图

盛的时期。大大小小的佛寺庙宇、泥塑壁画遍布于阗各城郭，热瓦克佛寺就是那一时期寺庙建筑的代表。

热瓦克佛寺是一组以塔为中心的佛寺建筑，由正方形的院塔和院外的庙宇组成。寺塔坐北朝南，南端中部和西角有两个门形缺口，院墙每边长45米。东墙外有一小庙，部分墙壁残存，内壁涂石膏，庙东墙内壁有穹形壁龛，壁上满刻逐层缩小的穹形纹路，线条规整流利，据说曾有立佛在内，此庙现毁坏殆尽。四面院内外壁上均有泥塑佛像残迹，以西、东墙居多，塑像有些埋在沙丘中，有些裸露于外，有些则毁坏不存。塑像贴地面、墙壁，系用芦苇扎成桶状，然后用白胶泥糊出体形，最后用红胶泥塑出细部。原有彩绘，今基本风化不存。佛高约3米，每隔60～70厘米即有一尊。在未风化的墙壁上均有壁画，供养人像，云气纹和图案穿插于佛像之间，色彩单调，以赭色为主。泥塑佛像有明显犍陀罗风格的密集流畅、图案化的装饰衣纹。院中为佛塔。塔为土坯砌筑，多处被人挖掘。塔基基本为正方形，高六七米，塔身为覆钵式，残高为3米，从残迹看，不是多层塔。此塔为典型的印度覆钵式佛塔。寺院内外散布着红、黑色和少量彩釉陶片，还可见散乱于地表的人骨、泥塑佛像残体和剪轮五铢铜钱，附近有屋宇建筑的痕迹，但范围

图5-1-10 七个星佛寺遗址远景（图片来源：《新疆维吾尔自治区第三次全国文物普查成果集成——巴音郭楞蒙古自治州卷》P63 作者：新疆维吾尔自治区文物局 出版社：科学出版社）

图5-1-11 七个星佛寺遗址近景（图片来源：《新疆维吾尔自治区第三次全国文物普查成果集成——巴音郭楞蒙古自治州卷》P64 作者：新疆维吾尔自治区文物局 出版社：科学出版社）

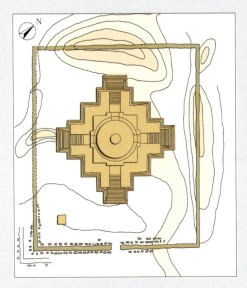

图5-1-12 热瓦克佛寺遗址总平面图

图5-1-13 白杨沟佛寺及两侧建筑遗址远景（图片来源：《新疆维吾尔自治区第三次全国文物普查成果集成——哈密地区卷》P119 作者：新疆维吾尔自治区文物局 出版社：科学出版社）

不大。

六、白杨沟佛寺遗址

白杨沟佛寺遗址，位于哈密市柳树泉农场白杨沟村东1公里处的白杨河上游。白杨河水自中部流过，将其分成东西两部分，当地维吾尔族人称为"台藏"，为唐代佛教兴盛时期的大型佛教遗址，是哈密地区年代较早、规模最大的一座寺院。2001年6月成为国务院公布的第五批全国重点文物保护单位（图5-1-13）。

根据史籍记载，白杨沟佛寺在魏晋时期就已有。唐朝时，玄奘路过哈密，停留了十多天，在此讲经说法，弘扬佛法，白杨沟佛寺在玄奘走后，香火越来越旺盛，规模也越来越大。公元14~15世纪，伊斯兰教传入哈密后，寺院逐渐废弃、荒芜。

寺院主要遗存在白杨河西岸，其构筑形式主要有三种：一是断崖立面上凿出窟体后，再用土坯砌筑，并在窟前接砌前室；二是利用断崖直接开凿成窟；三是在与断崖相接的台面上用土坯砌建成窟。此三种建窟形式，与吐鲁番柏孜克里克石窟大同小异。洞窟的平面大致有两类，以长方形居多，方形次之。有单窟，也有两窟和三窟相连。内壁均抹草泥，现依稀可见彩色壁画。

而白杨沟佛寺遗址的主体建筑残高15米，墙厚1米，分前后两室，以甬道相连，主室居后，东西深8.3米，南北阔8.7米，顶为穹隆形，内残存一坐佛，高8.2米。前室东西深9.8米，南北阔11.6米。坐佛后墙的南面有一小型穹隆顶建筑，顶已坍塌，通高3.5米，长3.1米，宽2.81米，墙厚0.60米。三面壁上均有小佛龛，旁边原有壁画。其周围还有房屋遗迹11间，残墙最高处为3.5米，墙厚0.45~3.5米。另外还有一直径为3米的中心柱式洞窟。距此主体建筑南行百米有一佛塔残迹，上小下大，残高4.5米，长3.4米，宽2米，内为穹隆顶，高2.7米。塔外尚残存一方形土墩，长2.2米，高2.5米。距主体建筑北部亦有一组石窟，其中在一单窟的甬道中，发现面积不到2平方米的壁画，白底红绿彩，因年代久远已氧化成暗红色，图案系小千佛，佛光已成为黑色。

七、台藏塔遗址

台藏塔遗址，位于吐鲁番市以东约40公里，南距高昌故城约1公里。兴建于高昌王国时期（公元6～7世纪）。充分反映了高昌时期佛教的兴盛。2001年6月成为国务院公布的第五批全国重点文物保护单位。

台藏塔的始建年代为公元6～7世纪（麴氏高昌时期），是当时著名的佛教遗址。14世纪末，察合台汗国统治者强迫高昌地区的居民信奉伊斯兰教之后，台藏塔逐渐毁破。

该塔是高昌三国时期的佛教建筑，塔身高约20米，夯土筑成，基部为正方形，边长20米，塔身为正方体（图5-1-14）。从现存部分看，呈东西方向坐落，塔的南、西部破坏严重，四面有佛龛。佛龛排列整齐，东壁三排，上6中7下8，佛龛内存有佛像和佛教故事壁画。北壁上下两层，上4下5，在塔内西壁正中1米高处凿有长方形纵券顶式壁洞，穿墙而出（墙厚达13米），在壁洞内两侧又有两个深入的壁洞。台藏塔遗址占地面积为939平方米，残高约20米。塔身平面略呈口字形，朝向南偏西。塔基底部外边南北长约36米，东西残长34米，塔壁基部厚8～12米。塔内中空，内边方约15米。南向正中有宽约3米的缺口（图5-1-15、图5-1-16）。

八、丹丹乌里克佛寺遗址

丹丹乌里克遗址，位于策勒县北塔克拉玛干沙漠，距策勒县达玛沟乡北90公里，而佛寺为遗址的一部分。兴建时间未知，佛寺荒废约在唐代开元前后（公元8世纪），废弃原因可能是伊斯兰教传入西域。2006年成为国务院公布的第六批全国重点文物保护单位。

丹丹乌里克遗址内寺庙建筑占相当比重，在发现的不到20处建筑群中，有将近一半是佛教寺庙或是含有寺院的建筑，其中丹丹乌里克佛寺位于遗址区北片西区，佛寺为长方形，南北长82米、东西宽602米，墙基残高20～100厘米不等，其中南墙保存较好（图5-1-17）。墙为胡杨立柱夹芦苇的木骨泥墙。外回廊轮廓保存基本完整，内回廊约5平方米，中心有木质十字框架，或为中心柱支架，门朝

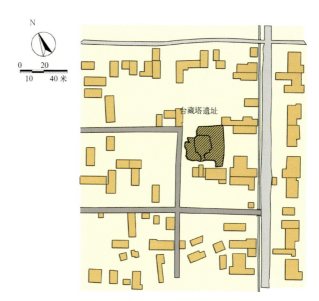

图5-1-14　台藏塔遗址平面图

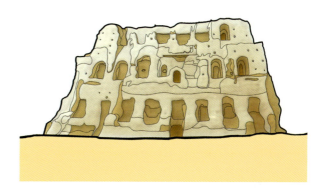

图5-1-15　台藏塔遗址立面图1

图5-1-16　台藏塔遗址立面图2

北。另外，在遗址中出土壁画20余块，有佛像、骑士像、婆罗米文题迹。从佛像和壁画反映的内容来看，当时生活在这里的居民信奉的是大乘佛教。另外出土有木版画、古钱币、众多的汉文、梵文、于阗文、和婆罗米文文书。其中有两幅闻名于世的版画，一幅为一个由光环护持的鼠头神像；另一幅为两组人物。为丝绸之路学原点的重要遗址。

九、达玛沟佛寺遗址

达玛沟佛寺遗址，位于新疆和田地区策勒县达玛沟南部河岸边的托普鲁克墩。由出土造像、壁画与碳14测年确定，佛寺始建于魏晋时期（公元6～7世纪），废弃于北宋（公元10～11世纪）。达玛沟佛寺具有极高的研究价值，所处的于阗是佛教传入我国的必经之地，也是古代西域大乘佛教的中心。2013年成为国务院公布的第七批全国重点文物保护单位。

达玛沟佛寺随大乘佛教在于阗兴盛而建，而至10世纪初，喀喇汗王朝王族成员改宗伊斯兰教，夺取汗位。由此大力推行伊斯兰教，并对佛国于阗进行圣战，大破于阗，就此达玛沟佛寺破败。

达玛沟佛寺大致发现有两座遗址（图5-1-18），位于东北方的1号遗迹，以及位于西南方的2号遗址（图5-1-19），现发掘考古了1号遗址。1号遗址为独立建筑，与其他佛寺有一定距离且不存在任何从属关系。该遗址的平面大致呈方形，门开在南墙中央，须弥像座和坐佛位于北墙内壁中央，坐佛正对门，是典型的殿堂式佛寺。1号遗址内壁画绘有七身大佛，佛寺北壁为三身佛、东壁为两身立佛、西壁也有两身立佛。其中东壁北侧主佛身旁有两尊菩萨像，表现的可能是"西方三圣"，中间为阿弥陀佛，阿弥陀佛左胁侍为观世音菩萨，右胁侍是大势至菩萨。并在遗址处出土了大量唐代的文书，有于阗语文书、汉文文书、梵文文书、吐蕃文文书、婆罗米文书，还有双语文书，汉文的文书旁边所注的是于阗语。

十、克斯勒塔格佛寺遗址

克斯勒塔格佛寺遗址位于新疆阿克苏地区柯坪县城西北约10公里处，遗址为一处规模较大的寺院、僧房和塔庙相结合的建筑群。建筑群依托克斯勒塔格山体前延伸出的缓坡修建，佛寺东侧为苏巴什河，南侧为生长茂密的胡杨林。2013年5月成为国务院公布的全国重点文物保护单位。

佛寺利用山体构建，构思奇妙，技艺精湛，工程浩大。这种佛教寺院的建筑方式在阿克苏地区的佛教寺院建筑中是最神奇、最壮观的一处。站在平地仰望佛寺，其宏伟壮观的身姿、雄踞险关

图5-1-17 丹丹乌里克佛寺遗址近景（图片来源：《新疆传统建筑艺术》P428—图220 作者：张胜仪 出版社：新疆科技卫生出版社．1999．5．）

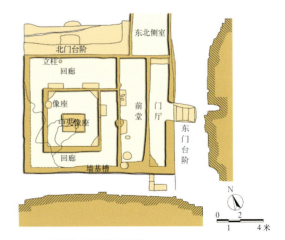

图5-1-18 达玛沟佛寺2号遗址平面图

图5-1-19 达玛沟佛寺2号遗址（图片来源：《新疆维吾尔自治区第三次全国文物普查成果集成——和田地区卷》P116 作者：新疆维吾尔自治区文物局 出版社：科学出版社）

图5-1-20 达玛沟佛寺造像（图片来源：《新疆维吾尔自治区第三次全国文物普查成果集成——和田地区卷》P116 作者：新疆维吾尔自治区文物局 出版社：科学出版社）

的气势，完全可以想象这里在佛法集会时的宏大壮观场面，让人不由慨叹古人的勤劳、智慧与伟大。

佛寺的构建顺应山体的走势，将泥土夯筑于山体表面之上，构筑起大平台，整个佛寺依次构建了三个高低错落的平台，形成自南而北的逐层阶梯状分布。在层叠的平台之上利用夯筑与大土坯垒砌的方式修建寺院的佛堂、禅房、僧房及佛塔，整个佛寺面积14854平方米，佛寺地表与山体最上部的佛堂高差达25米。佛寺南面修筑一条通往顶层佛殿的台阶，现残存有台阶的遗迹、残墙和宽约1.2米、长5米的甬道，甬道上部向北连接寺院的殿宇，殿宇东西长15米、南北宽9米、残高约7米，内部地面铺有厚约1厘米的石膏层。遗址中保存有山门、正殿和残塔身等建筑遗存，墙体均系黄土坯砌筑，在残存的僧房墙体上尚可见有烟道及土坑，为当时僧侣烧火做饭的地方，在佛殿的墙体上仍可见有佛龛（图5-1-20）。

第二节 佛教寺院

至17世纪末清康熙平定噶尔丹叛乱、18世纪中平定大小和卓叛乱后，佛教随着清军统一西域疆界的过程而再次传播，并在满汉人群的聚居地逐渐兴盛起来。新疆的佛教寺院多为这一时期建造，不仅建有藏传佛教的寺院，也建有因汉族地区关公信仰的寺院。

一、巴仑台黄庙古建筑群

巴仑台黄庙，位于天山南麓的和静县巴仑台峡谷之中，1903年由布彦蒙库汗重建，光绪帝赐名"佑安寺"。黄庙为南路旧土尔扈特部落的总庙。因它坐落在巴仑台沟，因此人们习惯称它为巴仑台黄庙，其宗教法名为"夏日布达尔杰楞"，是青海佑宁寺（郭莽寺）却藏昂的属寺。1987年成为国务院公布的重点文物保护单位。

巴仑台黄庙是南路土尔扈特最大的一个综合性的黄教寺庙，有严密的寺院组织和严格的学经制度，由1个大寺庙和却拉庙、哲都巴庙、曼巴庙、却进庙、能那庙、格根拉卜楞庙、乔克斯木都纲、诺颜库热等13个小寺庙组成。寺庙古建筑群占地2.4万平方米，黄庙是主庙，位于寺庙群的中心，其他13个小寺庙错落有致地置于黄庙的四周。黄庙殿堂内珍藏着许多珍贵的经卷和稀世文物，大殿中央供奉着一尊巨大的金身麦德尔佛像。东、西后殿中供奉弥勒佛、观世音菩萨等诸多铜佛像。大殿四壁皆塑有扩法神像，栩栩如生，生动精美，庙内还绘有十三幅宗教壁画，虽已剥蚀，仍依稀可见其真迹。

黄庙常住僧人三四百人，最多时达千余人，每天前来诵经朝圣的教徒络绎不绝，香火极旺。巴仑台黄庙不仅是宗教圣地，还是一处天然森林公园，盛夏季节平均气温在20℃左右，冬暖夏凉（图5-2-1、图5-2-2）。

二、靖远寺

靖远寺，位于伊犁州察布查尔锡伯自治县金泉镇孔扎奇牛录大队，北临伊犁河，南对乌孙山。现存的靖远寺始建于清光绪十四年（公元1888年），光绪十七年（公元1891年）竣工。2006年5月成为国务院公布的第六批全国重点文物保护单位。

靖远寺占地面积为15000平方米，建筑面积为3000多平方米，围墙长480米，宽360米；造型模仿1764年乾隆皇帝为蒙古诸汗王在河北承德修建的安远庙。靖远寺的建筑整体布局严谨，殿堂层次错落有序。寺院门外正南竖一堵高8米、宽2米、厚1.2米的砖砌影壁。寺内殿堂主要有三层，沿中轴线自南向北依次是四大天王殿、如来佛殿和三世佛殿。四大天王殿北侧，路中立有一尊生铁铸狮形大香炉，两侧各建木牌楼一座，东为钟楼，西为鼓楼。位于寺院中央的单层砖木殿堂为如来佛殿，正面屋檐下高挂着清光绪帝御书匾额。殿内正中塑有如来佛像，端坐莲台，金光闪烁。在两边供有宗喀巴等大师铜像。喇嘛们在该殿内礼佛诵经。殿后稍北的东西各建有一座配殿，东殿称"接引殿"；西殿为"菩萨殿"。如来佛殿北部是两层飞檐的三世佛殿，它是整个寺院内最为宏伟的建筑物。琉璃屋顶，飞檐翘角，雕梁画栋，层叠起伏。大殿内一层正堂供奉三世佛的泥塑彩绘坐像，非常生动。殿内存放着藏、蒙、汉文版的数百卷佛经。大殿后面是数十间的生活住房，独立成院。寺院内东南角有一个独立小院，在一座土房里供着天神、地神、人神（又称三皇），称之为"巴扎庙"（图5-2-3）。

三、昭苏圣佑庙

圣佑庙，位于新疆昭苏县城西北2公里处，始建于1889年，是目前新疆保存最完整的喇嘛教四大

图5-2-1　巴仑台黄庙佛寺近景（图片来源：《新疆传统建筑艺术》P365—图45　作者：张胜仪　出版社：新疆科技卫生出版社．1999．5．）

庙宇之一。圣佑庙建筑宏伟壮观，气氛庄严肃穆，是这一带蒙古族牧民诵经祈祷的场所。2001年6月25日，昭苏圣佑庙作为清代古建筑，成为国务院公布的第五批全国重点文物保护单位。

寺庙坐北朝南，占地面积1.19万平方米，建筑面积2000平方米。据记载初建时共有11座主体建筑，现存有8座建筑，错落有致，布局对称。照壁、山门、前殿、大殿、后殿在中轴线上，东西还有两配殿和两个八角形双层重檐的钟鼓楼亭（图5-2-4~图5-2-7）。圣佑庙由北京请来的著名建筑家李照福以及80名技师建造，其建筑采用中原传统汉式风格。大雄宝殿为寺院主体建筑，殿高17米，进深7间，平面呈正方形。大殿脊檩绘有"光绪二十四年五月吉日建修"字样。大出檐，高举折，陡屋

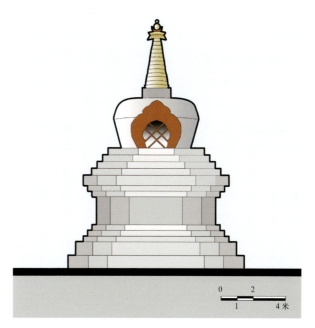

图5-2-2 巴仑台黄庙佛寺喇嘛塔立面图

图5-2-3 靖远寺三世佛殿近景（图片来源：《新疆维吾尔自治区第三次全国文物普查成果集成——新疆古建筑》P103 作者：新疆维吾尔自治区文物局 出版社：科学出版社）

图5-2-4 昭苏圣佑寺立面图

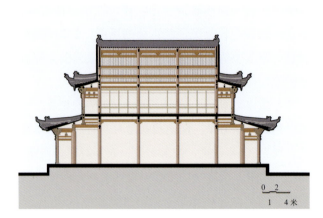

图5-2-5 昭苏圣佑寺剖面图

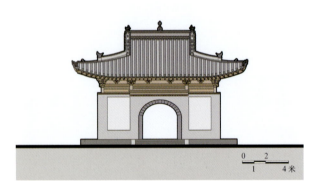

图5-2-6 昭苏圣佑寺山门立面图

顶，四角飞檐呈龙头探海之势，檐下斗栱，为多层挑枋肩之。工程精细，镏金沥粉，雕梁画栋，金碧辉煌，巨柱擎起的殿廊上绘有珍禽异兽，猛虎雄狮，金鹿麒麟，凤凰猕猴，千姿百态。大殿正壁还绘有二龙戏珠、凤凰比翼、子牙钓鱼、苏武牧羊等中国传统风格的壁画。大殿前，高悬着汉书写的"敕建圣佑庙"匾额（图5-2-8）。

四、纳达齐牛录关帝庙

纳达齐牛录关帝庙，位于察布查尔县纳达齐牛录乡北街，建于清光绪三十三年（1907年），系该牛录迁移新址后所建，2013年成为国务院公布的第七批全国重点文物保护单位。

关帝庙体现了新疆关帝崇拜的兴盛。新疆作为多民族聚居地区，在宗教信仰上具有多元化的特点。清代以来随着新疆与中原联系的密切，满汉移民大量进入新疆，关帝信仰亦随之在新疆日渐兴旺。在多元一体的政治格局下，关帝信仰确有凝聚族群向心力的作用。清代新疆关帝显示出崇拜武功、祈求边关安宁的特质，一定程度上发挥出维系边疆民族地区和谐稳定的宗教功能。

纳达齐关帝庙，占地面积约24000平方米，建筑面积约300平方米（图5-2-9）。关帝庙系土木结构单体建筑，庙内原供奉关帝半坐像，左右两侧塑关平、周仓像（均已毁），塑像背后及左右两壁绘制"火龙戏珠"、"苏武牧羊"、"东方朔偷桃"等壁画，清晰可辨。正殿东西两壁上，各绘制有《三国演义》壁画12幅，包含了"桃园结义"等三国主要故事情节。每幅画面右上方都有锡伯文说明。木柱横梁上则绘有"刘邦斩白蛇"等故事画面（图5-2-10、图5-2-11）。

五、惠远钟鼓楼

惠远城，位于新疆伊犁河北岸，距伊宁市38公里。惠远钟鼓楼位于霍城县惠远镇中心的十字街口，建于1893年。

惠远钟鼓楼外观是在一个城墙式的楼台座上建

图5-2-7 昭苏圣佑寺正立面图（图片来源：《新疆维吾尔自治区第三次全国文物普查成果集成——新疆古建筑》P102 作者：新疆维吾尔自治区文物局 出版社：科学出版社）

图5-2-8 昭苏圣佑寺近景（图片来源：《新疆丝路古迹》P160—图165 作者：刘禾田 出版社：中国建筑工程出版社）

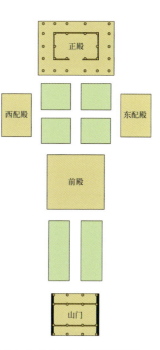

图5-2-9 纳达齐牛录关帝庙平面图

图5-2-10 纳达齐牛录关帝庙正立面图

图5-2-11 纳达齐牛录关帝庙（图片来源：《新疆维吾尔自治区第三次全国文物普查成果集成——新疆古建筑》P64 作者：新疆维吾尔自治区文物局 出版社：科学出版社）

造木结构的三层重檐歇山顶形式的高大建筑。楼台座长与宽各12米，高4.5米，表面没有任何装饰，砖墙为平砌，台子墙面做侧角，非常稳定。四面设拱门，形成十字形通道，在南面通道东侧有一小门，可沿台阶登上台座。楼台上建三层三檐木结构楼阁，总高度大约8米，加上台座共12.5米。中部由四根金柱直达屋顶，每层由12根檐柱构成围廊出檐，挑檐为西北流行木作做法。屋面原为小青瓦，现维修一新，改为绿色琉璃瓦屋面。楼台座的一侧设钟架，悬吊大钟一口，以钟鼓报时，钟在1957年时尚存，但现在未见钟架设置。

钟鼓楼纯系清式建筑，用清代钟鼓楼典型的做法。每间的大额枋彩画，做旋子彩画、箍头，左右各一段，在枋心部位画出占额枋长度三分之一的水平直线，表明"大清一统"的思想。在遥远的新疆伊犁，建造这样一座钟鼓楼，足以证明清代统治已远远到达新疆，但这样纯粹的清式建筑在新疆很少见（图5-2-12、图5-2-13）。

图5-2-12 惠远钟鼓楼近景（图片来源：《新疆丝路古迹》P171—图178 作者：刘禾田 出版社：中国建筑工程出版社）

图5-2-13 惠远钟鼓楼正立面图

新疆古建筑

第六章 伊斯兰教寺院与经文学院

新疆清真寺分布图

1. 伊宁清真大寺
2. 艾提尕尔清真寺
3. 拜吐拉清真寺宣礼塔
4. 哈纳喀及赛提喀玛拉玛勒清真寺宣礼塔
5. 库车大寺
6. 乌鲁木齐陕西大寺

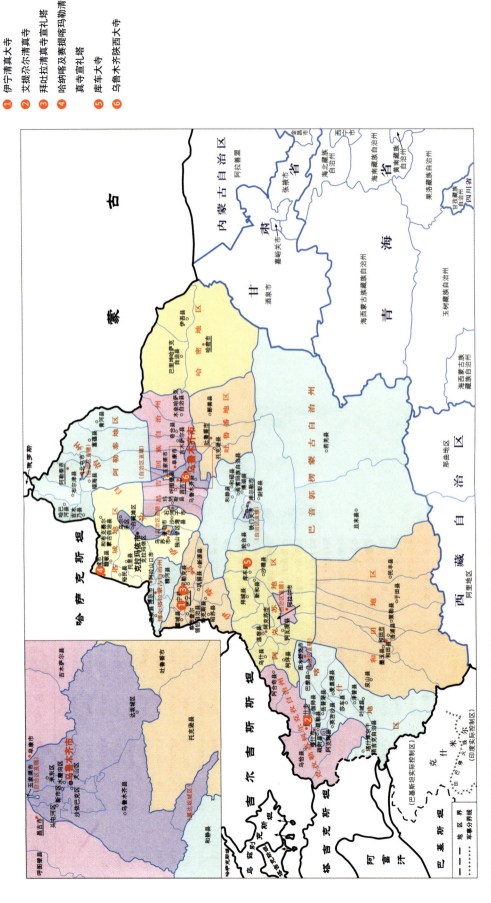

（地图引自：中华人民共和国民政部编. 中华人民共和国行政区划简册2014. 北京：中国地图出版社，2014.）

第一节 清真寺

自公元9~11世纪，伊斯兰教经中亚传入新疆南部地区，信仰伊斯兰教的喀喇汗王朝发动对佛国于阗的宗教圣战。于阗灭国，伊斯兰教推行到和阗地区，佛教势力渐微，从此代表伊斯兰教的清真寺兴建起来。清真寺成为新疆人民宗教生活的一部分，它是伊斯兰教穆斯林礼拜的地方，在阿拉伯语中有"拜倒"之意。

一、伊宁清真大寺

伊宁回族清真大寺，原名为宁固寺，并有凤凰寺、金顶寺等称呼，位于伊宁市新华东路南侧，是伊犁哈萨克自治州境内的一座著名大寺。这座大寺始建于清乾隆十六年（1751年），扩建于乾隆二十五年（1760年），乾隆四十六年（1781年）完工。伊宁清真大寺为新疆维吾尔自治区级文物保护单位。

建寺因由是乾隆二十年（1755年），清政府遣五万清兵征准噶尔，后甘宁地区回族兵丁驻守此地，为照顾其宗教活动需要而建。

该寺面积约6000平方米，其建筑造型与布局是典型的中国宫殿式与阿拉伯装饰相结合的建筑风格。寺前有山门，两侧为双重八字影壁。正中门楼高耸，其二层为四边形，三层为六角尖亭形式，教民称之为宣礼楼。礼拜大殿是这座寺院的主体建筑，青砖对缝，结构严整，造型典雅优美，布局考究，气势宏伟庄严。大殿三个屋顶为勾连搭结构，内部形成一个大空间。里殿是一座外形四层八角的攒尖式建筑，内部为穹隆结构，正前方有领拜人所处的小窑殿（图6-1-1、图6-1-2）。大殿东北侧有大厅讲堂，是掌教和学生们讲解、学习经典的地方。20世纪70年代，修缮大殿与山门。20世纪90年代，修缮里殿。小窑殿前壁有雕刻、绘画，至今仍保留着原来的色彩，前壁上面雕刻的阿拉伯经文是"清真言"，其下是《古兰经》第9章第18节选段；两侧刻的经文是《古兰经》第6章第160节选段，窑殿两侧各有雕花窗棂和门扇，两门内壁上刻《古兰经》第19章；右门外壁上刻着"认主独遵"四个大字，左门外壁上刻的四个大字是"赞主清静"。中

图6-1-1　伊宁清真大寺立面图

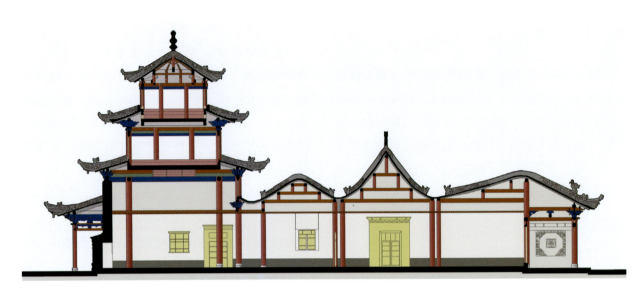

图6-1-2 伊宁清真大寺剖面图

殿两侧也有窗棂，两侧内壁刻的是《古兰经》第89章第27至第30节的经文。中殿与里、外殿，均有玻璃窗隔开（图6-1-3、图6-1-4）。

二、艾提尕尔清真寺

艾提尕尔清真寺，位于新疆维吾尔自治区喀什市的艾提尕尔广场西侧，始建于明正统年间（1436～1449年），后经16世纪上半叶、18世纪末和19世纪中叶的3次修建、扩建，重新规划全寺布局，形成今天的规模和气势，它已是新疆规模最大的清真寺。2001年6月成为国务院公布的第五批全国重点文物保护单位（图6-1-5）。

公元1442年，喀什噶尔的统治者沙克色孜·米尔扎首先在这里建立了一所清真寺，用来祷告他的亲友们的亡灵。到了公元1538年，吾布力阿迪拜克为了纪念他已故的叔父米尔扎孜外力，又将寺院扩建，改为聚礼用的大寺。此为艾提尕尔清真寺前身。

艾提尕尔清真寺坐西朝东，南北长140米，东西宽120米，面积1.68万平方米，由门楼、教经堂、礼拜堂和其他一些附属建筑组成。寺门用黄砖砌成，并以石膏勾缝，门高4.7米，宽4.3米，门楼高约17米。门楼的两旁不对称地各立一个18米高的宣礼塔，塔顶均立一弯新月。门楼后面是一个大拱拜，顶端也托着一个尖塔。进入大门后，是一座巨大的庭院，内有花木与水池。南北墙边各有一排教经堂，共36间，供主教阿訇讲经；礼拜堂位于寺院西侧的高台上，分为内、外殿，外殿面积较大，使用时间长，内殿面积小，较为封闭，以供冬季和夏季做礼拜时分别使用（图6-1-6～图6-1-8）。按照地区传统风格，外殿做成密肋平顶横长的敞口厅形式，柱网排列规整，平面简单，柱身油饰颜色一致，常用绿色或赭色、蓝色，天棚为白色，风格简洁、明快、开敞。另外，礼拜殿的内外殿之间的门窗常装配有棂花格窗，是较为细密的几何纹样。正殿由158根浅蓝色立柱支撑，成方格状。顶棚上与木柱四角装饰有精美木雕与彩绘藻井。正殿内正中墙上有一壁龛，内置轿式宝座，每逢礼拜大毛拉在龛内诵读经文。壁龛周围用维吾尔族特有的石膏花饰装饰起来，四方连续的几何纹是主要的纹样，线路间填绘彩色颜料，造成纤巧华丽的效果（图6-1-9～图6-1-12）。

三、拜吐拉清真寺宣礼塔

拜吐拉清真寺宣礼塔，位于新疆伊宁市新华东路，其所属清真寺建于清乾隆三十八年（1773年），

图6-1-3 伊宁清真大寺近景（图片来源：《新疆丝路古迹》P151—图156 作者：刘禾田 出版社：中国建筑工程出版社）

图6-1-4 伊宁清真大寺斗栱细部（图片来源：《新疆丝路古迹》P156—图161 作者：刘禾田 出版社：中国建筑工程出版社）

图6-1-5 艾提尕尔清真寺模型

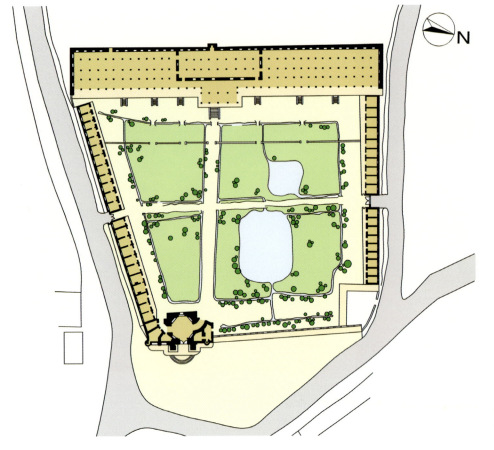

图6-1-6 艾提尕尔清真寺平面图

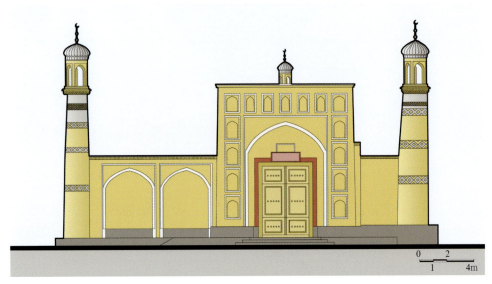

图6-1-7 艾提尕尔清真寺立面图

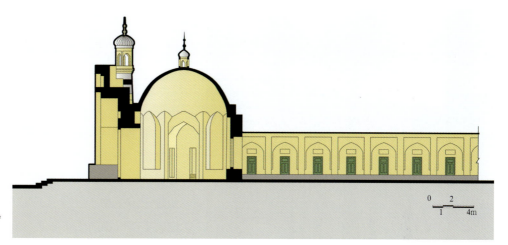

图6-1-8 艾提尕尔清真寺剖面图

图6-1-9 艾提尕尔清真寺外景

拜吐拉意为"天房",是穆斯林朝拜的神圣之地,又称麦的里斯。后因年久失修,除保留了宣礼塔外,礼拜堂、讲经堂已被拆除。原址上建成伊斯兰风格的现代寺院。2013年成为国务院公布的第七批全国重点文物保护单位。

拜吐拉清真寺宣礼塔占地面积约为161平方米,东西长12.7米,南北宽12.4米,高18.3米,共有四层。宣礼塔坐西向东,攒尖顶,其建筑风格采取中国古建筑与中亚民族式相结合的建筑造型,结构严整,造型考究(图6-1-13、图6-1-14)。它对于研

图6-1-10 艾提尕尔清真寺内景

究伊犁乃至新疆历史都有重要的意义。

四、哈纳喀及赛提喀玛勒清真寺宣礼塔

哈纳喀清真寺宣礼塔，位于塔城市双塔公园西南侧，在今广播事业局对面的东南方向，建于清宣统二年（1910年），艾则孜·阿吉为首的各族穆斯林集资，由维吾尔族建筑师孜亚努东设计、监造。赛提喀玛勒清真寺宣礼塔，位于双塔公园东北侧，始建于清光绪十一年（1885年），该塔以第一任毛拉塞提喀玛勒的名字命名。双塔所属清真寺于"文革"时期拆除，只留下双塔。1999年被列为新疆维吾尔自治区重点文物保护单位。

哈纳喀清真寺宣礼塔，塔高25米，底座、塔身、塔顶均为八角形。塔身每面有砖刻5组浮雕，或花卉，或图案，素雅庄重，自成一格。塔顶为尖峭之三角形，吸收了欧洲中世纪哥特式教堂建筑的特色。赛提喀玛勒清真寺宣礼塔，塔高约30米，基部塔座呈四方形，高3米，每面有4根浮雕圆柱。塔身为八角形，装饰有砖雕的几何图案。塔顶观楼为

图6-1-11　艾提尕尔清真寺内景

图6-1-12　艾提尕尔清真寺内景

图6-1-13 拜吐拉清真寺宣礼塔近景（图片来源：《新疆维吾尔自治区第三次全国文物普查成果集成——新疆古建筑》P133 作者：新疆维吾尔自治区文物局 出版社：科学出版社）

图6-1-14 拜吐拉清真寺宣礼塔近景（图片来源：《新疆维吾尔自治区第三次全国文物普查成果集成——新疆古建筑》P133 作者：新疆维吾尔自治区文物局 出版社：科学出版社）

六角圆形拱，墙面和拱顶全为宝蓝色釉砖贴面，顶端为铁质新月。整座塔身由红砖砌筑，白灰勾缝。在19世纪末20世纪初，这些建筑上的砖雕全靠工人手工打磨出来。当时的红砖质地细密，打磨砖雕费工又费时，很见功力。由于塔城市旧属"塔尔巴哈台，"当时与俄国商贸、文化交往甚密。从俄国带来的欧洲建筑风格影响了当地建筑风格，因而双塔的建筑风格与新疆其他地方所见的清真寺宣礼塔迥异，它们既具有伊斯兰风格，也融合了欧式建筑元素（图6-1-15）。

五、库车大寺

库车大寺，全称库车加满清真寺，又称"克戈墩"清真寺库车大寺，为新疆仅次于艾提尕尔清真寺的第二大伊斯兰传统清真寺。位于老城热斯坦大街北侧，北临乌鲁木齐通喀什的314线国道约200米。始建于明嘉靖四十年（1561年），1668年进行进一步扩建，后经多次维修加固。1925年曾遭受火灾，大殿部分木料被烧毁。后经当地乡绅召集进行重建工作，恢复原样，1932年竣工。2013年成为国务院公布的第七批全国重点文物保护单位。

库车大寺占地面积约10000平方米，建筑面积约为3184平方米，其中礼拜堂建筑面积为2061平方米。现存建筑群包括保存下的礼拜殿、门楼、宗教法庭以及20世纪90年代后增建的伊斯兰经文学

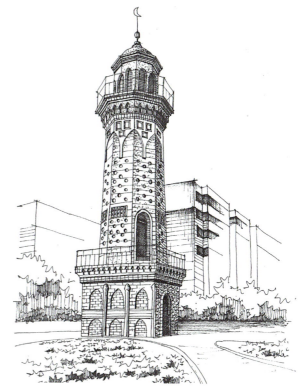

图6-1-15 赛提喀玛勒清真寺宣礼塔近景

校、洗礼间等建筑。建筑群围绕一主庭院布置，礼拜殿坐西朝东，其南面墙体与门楼、宗教法庭相衔接、形成寺院的正立面，绵延100余米。经文学校、洗礼间环绕庭院东、北布置。建筑群保留自由的平面布局，这是新疆地区清真寺典型的平面布局类型，中心院落中原建有一座麻扎，现已迁出

（图6-1-16）。

门楼平面采用将拱门与角塔相结合的"帖木儿"式，此种形制最早见于中亚的帖木儿时期，门楼穹顶直径为6.9米，最高点达15.5米，整个门殿空间从基部的正方形过渡到8边形到16边形最后到圆形穹顶，使整个空间浑然一体。穹顶为单层壳体，外敷绿色琉璃砖。整座门楼以砖砌筑而成，门楼墙面以砖砌出浅浅的尖拱盲龛，以打破平直墙面的单调感。门楼从基本形制到局部构建都可以从中亚伊斯兰建筑寻找到原型，体现了传承关系。礼拜殿的风格则体现了新疆伊斯兰建筑的文化性质。礼拜殿采用适合新疆地缘环境气候的内外殿式，外殿为敞口柱殿，面阔九间，进深十二间；内殿面阔三间，进深三间，整个大殿基地为约45米×45米的方形，可同时容纳3000人礼拜。礼拜殿主体结构承袭新疆传统的平顶样式。砖墙、木柱承重，井梁密肋式屋顶结构。外殿在西北与西南各起两座天窗，跨一间，极大改善了殿内的采光与通风环境。内外殿均布置有圣龛，内殿的圣龛凹进墙壁，周围的石膏浅浮雕饰面，环以植物图案与铭文装饰。宣谕台布置在外殿圣龛左侧。礼拜殿的装饰艺术主要体现在天花藻井的彩绘、柱子、门窗的木雕以及墙面的砖雕。内外殿天花、藻井作为室内空间的装饰重点，皆用彩绘装饰。以红色为基调，紫红色打底，以金线勾勒图案，却并非维吾尔民族喜爱的蓝绿色系。题材既有荷花、牡丹、茶花、梅花、菊花和玫瑰等写实性植物花卉，还有图案化的云头、如意、冬忍等组成的条带状纹样，还有斜万字拐、回字纹等几何纹样并置，色彩浓烈、图案繁复（图6-1-17、图6-1-18）。

六、乌鲁木齐陕西大寺

乌鲁木齐陕西大寺，又称东大寺，位于乌鲁木齐市天山区和平南路永和正巷10号。清真寺始建于清乾隆年间（1736~1795年），重建于清光绪三十二年（1906年），由陕西渭河流域一带各方信仰伊斯兰教回族人士捐资重建。现乌鲁木齐陕西大寺为乌鲁木齐最大的清真寺。2013年成为国务院公布的第七批全国重点文物保护单位。

大寺占地面积为5186平方米，庭院式建筑，全

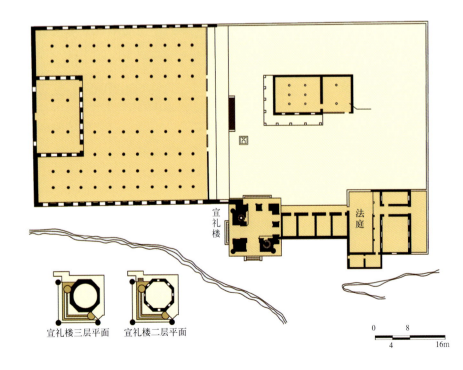

图6-1-16 库车加满清真寺总平面图

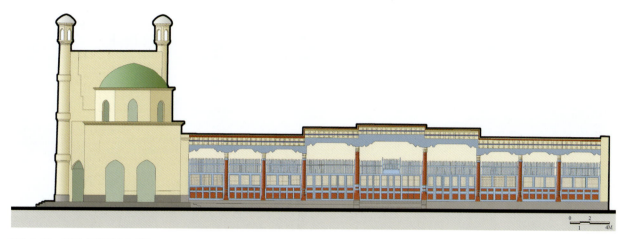

图6-1-17 库车加满清真寺立面图

院建筑布局采用中国传统方式,为中轴对称式。大门、大殿(礼拜殿)建在中轴线上,殿后望月楼也建在中轴线上。大寺面向东方,寺中南厅为浴屋,北厅是讲堂。大殿(礼拜殿)在中间偏西部,为全寺的主体建筑。平面五间,四周有游廊,面阔七间,进深也是七间,殿之四周共有36根廊柱,廊柱为红漆圆木。大殿建在台基之上,台基高度有2.4米,共有16步台阶。殿内四壁和门窗的装饰,雕工精美,砖雕木雕均采用花卉、瓜果等图案,这完全遵循了不使用偶像与动物图饰的伊斯兰教义,又保持了中国传统木结构的建筑风格。大殿后部伸出上八下四的重檐八角亭,与前殿相连(图6-1-19)。

大殿的顶部为大木构架,做出大歇山顶,上铺绿色琉璃瓦,非常庄严、豪华、壮观;大殿柱头安设大额枋、平板枋,但是这两件的比例尺度几乎相等。枋上施用斗栱,斗栱用料大,尺度比例也超常。转角斗栱用三跳麻叶头,两侧还有45度麻叶头伸出,非常奇特;大殿檐柱的柱础做得十分别致,先做八角形石础,础身自地而上,到30厘米高度再加上一层石鼓柱础,这两段似乎是一块石材雕制而成的。鼓肚施以莲花,上部再安装木柱(图6-1-20)。

图6-1-18 库车加满清真寺外景(图片来源:《新疆丝路古迹》P111—图114 作者:刘禾田 出版社:中国建筑工程出版社)

图6-1-19 乌鲁木齐陕西清真大寺外景（图片来源：《新疆传统建筑艺术》P370—图62 作者：张胜仪 出版社：新疆科技卫生出版社．1999.5.）

第二节 经文学院（学堂）

经文学院又称为教经堂，是新疆地区传习伊斯兰教功课和专门培养伊斯兰教教职人员的场所与机构，其建设的目的重在开展宗教文化教育与传授。伊斯兰教经堂教育伴随着伊斯兰教在新疆的传播而兴起，喀喇汗王朝（公元9世纪～13世纪初）是第一个信仰伊斯兰教的维吾尔族王朝，为了其宗旨是传播伊斯兰教学术文化，培养伊斯兰教高级教职人员、学者、教法官和行政官员，喀喇汗王朝时期萨图克·布格拉汗在喀什噶尔兴建的"沙吉耶买德里斯"（意为"高级教经堂"），成为最早的经文学校。"沙吉耶买德里斯"后经穆萨·阿尔斯兰汗的扩建，除教室、宿舍、礼拜寺外，还增建了图书馆等设施，藏书量达数十万册，涵盖宗教、文学、历史、地理、天文、数学等方面的书籍，因而在新疆和中亚地区的伊斯兰教育史上有着重要的影响力。

随着伊斯兰教的传播，经文学校逐渐遍布新疆各地，由于当时信仰伊斯兰教的各民族教育集中为宗教教育，因而经文学院十分兴盛，在信仰伊斯兰教的民族中，尤以维吾尔族和回族的经文学院最

图6-1-20 乌鲁木齐陕西清真大寺建筑细部（图片来源：《新疆传统建筑艺术》P370—图63 作者：张胜仪 出版社：新疆科技卫生出版社．1999.5.）

多。由于伊斯兰教重视经文教育，加之民国初年鼓励和支持阿訇兴办伊斯兰经文学院，伊斯兰经文学校在历史上成为新疆民族教育的主要形式，多数规模较小分布于街坊巷道之中，有的学院就设在阿訇的家中。

一、哈密新麦德尔斯经文学堂

新麦德尔斯经文学堂位于哈密市回城乡吾尔达黑村，又被称为"新文经堂"，始建于1905年的清代末年，是培养伊斯兰教宗教管理人士的学校。2011年3月成为第一批自治区级重点文物保护单位。

整个经文学堂坐西朝东，平面呈规整的长方形，占地面积1353平方米，建筑为土木结构，由门楼、学堂、廊檐和厢房四部分组成。东向正面的学堂大厅，南北两面各有6间厢房，前部均设有敞廊，建筑的檐部、梁柱和天棚等均装饰有图案纹样。入口大门之上砌筑有宣礼塔，其上建木质八角亭，高约15米。整个经文学堂的建筑具有浓郁的中原汉地文化特征。

二、古勒巴格麦得利斯教经堂

古勒巴格麦得利斯教经堂，位于喀什地区泽普县依玛乡托万古勒巴格村东北约1.2公里处，原名土孜鲁克教经堂，始建于1785年的清代，占地面积约为2700平方米，1998年成为县级文物保护单位。

整个教经堂坐西朝东，由礼拜殿、厢房、门楼、守夜室四部分组成，建筑物全部为砖木结构。其中入口门楼高5米、面宽4米，入口门楼的穹顶顶部绘有道教太极图案，两边建砖墙大土台两个，整个门楼由规格为长30厘米、宽30厘米、厚7厘米的方砖砌筑而成。教经堂中主体建筑为长12米、宽15米的礼拜殿，除供经师给学生上课讲经外，也供周围伊斯兰教徒做乃玛孜（穆斯林为增强自己的宗教意识而必须履行的宗教仪式和功课）用。厢房建筑残存为数不多的几间，每间面积约为14平方米，其中门、屋顶、梁柱上雕刻有多种花纹图案，造型精美且具有浓郁的民族特征。

教经堂曾由大经师买买提则喀孜阿訇、玉素甫阿訇、买买提孜阿皮孜阿訇等主持任教，培养出数百名宗教界人士，对当地伊斯兰教的发展产生过深刻影响。

新疆古建筑

第七章 府邸及独立建筑

新疆府邸及独立建筑分布图

1. 苏公塔
2. 伊犁将军府
3. 塔城红楼
4. 乌鲁木齐市公园鉴湖亭

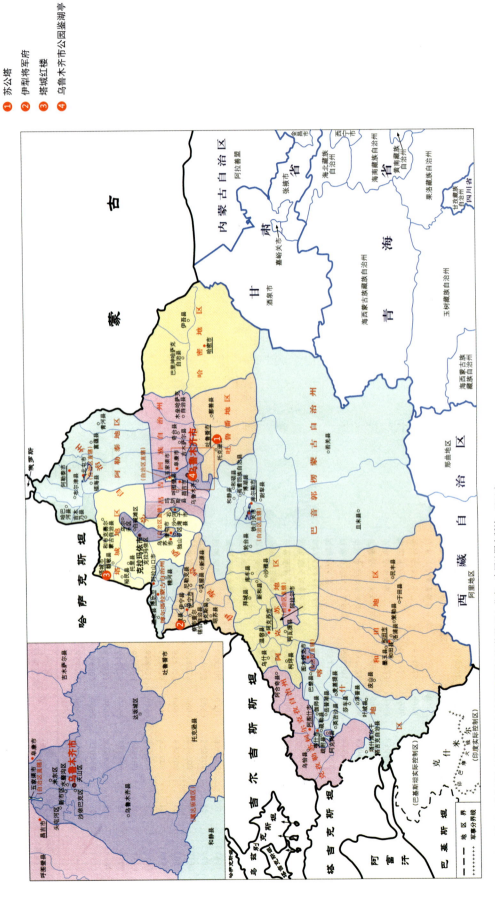

(地图引自：中华人民共和国民政部编. 中华人民共和国行政区划简册2014. 北京：中国地图出版社，2014.)

第一节 府邸建筑

新疆的府邸建筑通常有两类：一类是统辖一方的当地贵族王府；另一类是行政管理官员的衙署，这类府邸建筑为多重庭院式，且建造规模庞大，功能组成复杂。府邸建筑作为一地的重要建筑，在建造形象上反映出当地的民族特征、文化特征和环境特征，并在形态上呈现出统领周边空间的特征，在建造和装饰上呈现出所处地区的最高等级。

一、苏公塔

苏公塔，亦称为吐鲁番塔，位于吐鲁番市东南约两公里，建于1788年，距今已有二百多年的历史，是新疆现存最大的纪念塔，也是新疆伊斯兰教寺塔中最高的一座，是吐鲁番市著名的标志性建筑之一。它是为纪念因帮助清王朝政府，为维护祖国的统一做出过贡献，被册封为镇国公、吐鲁番郡王的额敏和卓而修建的塔。该塔相传是由清代维吾尔族建筑大师伊布拉音等人设计建造。1988年成为国务院公布的全国重点文物保护单位。

额敏和卓是一位杰出的爱国者，在他的影响下，他的七个儿子在平定准噶尔部分裂以及大小和卓叛乱活动中，屡立战功，多次受到清政府的嘉奖和表彰。额敏和卓在晚年时，命其次子苏来曼修建额敏塔。额敏和卓病故后，次子苏来曼继成为第二代吐鲁番郡王。因而，额敏塔被称为苏公塔。

苏公塔建筑群现包括清真寺（即苏公塔），额敏家族的两个较大的麻扎建筑，以及家族其他人的近百个坟墓。苏公塔是具有陵墓建筑和清真寺形制的建筑组合，但却没有采用陵墓建筑的对称手法，也没有采用吐鲁番地区清真寺的常规形制。苏公塔的平面形制也不是清真寺建筑常见的内外殿处理方式，它的特别之处就是在礼拜殿周围有一圈小的侧殿，作为修行的场所。

整座建筑的大体布局是：从台阶先上到一个砖铺地的月台上，正对面就是清真寺的门殿和宣礼塔。门殿是一个过渡性的小过厅，再往里面行进就是一个穹隆顶的房间，在这里穿过正面的门洞就是礼拜大殿，而经过侧面是一个走廊，这个走廊可以到达礼拜大殿、休息厅和宣礼塔。礼拜殿以列柱厅为主，由不同大小的一些空间组成。面宽9开间，有11跨进深，共有32根柱子。大殿后面是圣殿，那里也是圣龛所在，周围就是一些小的礼拜殿环列，建筑面积约为2300平方米。除去礼拜大厅外，其余的一些小殿都起了穹隆顶。礼拜大殿开了一个天窗和高侧窗用以采光通风（图7-1-1）。

宣礼塔是该建筑表现纪念性的标志，形状为类圆柱形塔，塔通高36.5米，塔身高34.48米，自塔基至塔顶开有10个洞口，顶部的小阁楼上有4个棂窗。圆柱体塔身自塔基向上的横截面为半径逐渐减小的圆环即塔体自下逐渐向上收分，而且收分较大，愈上愈加紧缩，以浑圆顶盖收结，顶上有塔刹。塔内有72级螺旋形砖登道，可盘旋至塔顶。顶部有小阁楼，饰以棂窗，登台道采用叠涩砌法。塔内的中心柱由螺旋形梯道与塔体外壁联系，塔内的螺旋楼梯设计巧妙，依靠塔中立柱与塔壁共同叠砌悬挑踏步构成，从而使该塔成为一个螺旋式的旋钮整体结构，整体性和稳定性较强。为了防止作为塔身组成部分的踏步磨损，每一个踏步还加了硬木边框。开窗位置随着踏步旋转采光，不削弱塔身断面。

苏公塔的建筑构图为非对称形式，建筑的视觉焦点为砖砌的宣礼塔。塔下是清真寺建筑门殿和礼拜大殿，它们都位于两层升起的平台上，并且限定了平台下方的广场空间。从广场到门殿前的平台有三个高差变化，可以使朝拜者逐渐感受这里的宗教氛围。由于建筑的入口部分是清真寺形体和装饰的重点之处，所以随着观赏距离的一步步推进，对于建筑体的认识会更加真切，对于建筑细部有更加直观的感受。因此这个外部空间对于清真寺而言，是非常重要的场所（图7-1-2、图7-1-3）。

该寺的门殿处理遵循了清真寺的普遍做法，从

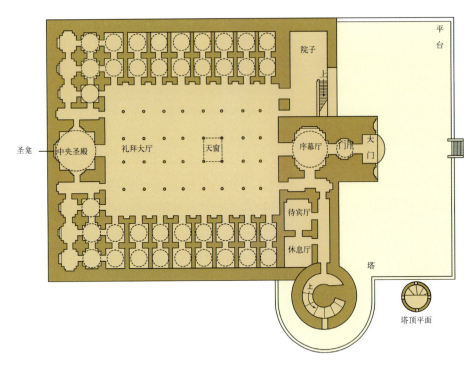

图7-1-1 苏公塔平面图

图7-1-2 苏公塔立面图

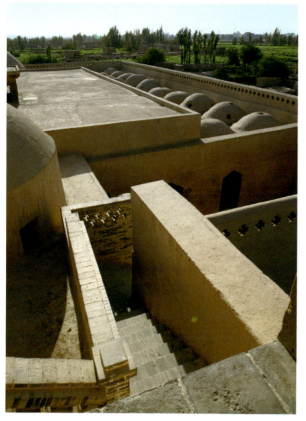

图7-1-3 苏公塔近景

图7-1-4 苏公塔内部

外部看是一个放大的盒形门洞，内部却是两个穹隆顶的建筑空间，下部为方形建筑空间，区别是前小后大，使得空间有一个收放的过程。经过后面的穹顶空间，进入礼拜大殿，这里是由列柱构成的方形空间，上面开天窗采光，空间较为开敞，空间经过第二次收放。建筑最后放置圣龛的圣殿和两旁的侧殿皆是穹隆顶空间，相比礼拜殿都较小，只不过这些殿都是相通的，形成了不同站点的空间序列，具有明显的进深感（图7-1-4）。

苏公塔的建筑色彩主要以土黄色为主，这是因为建筑主要是草泥抹面的原因，并且宣礼塔的砖也呈土黄色。圣殿和礼拜殿大厅没有华丽的建筑装饰，仅以简洁的伊斯兰拱券做连续状的处理。塔体外拼砖图案繁丽多姿，由十几种砖拼砌成几何图案。礼拜殿虽有几十个穹隆顶，但没有作外观暴露处理，而用高墙加以封挡，几十米长的墙面未做华贵装饰处理，而是采用民居围墙做法；门殿为更好地衬托主体面减去了传统小塔、小亭和檐部琉璃花边，仅采用大方形体中间作尖拱龛的基本构图，并加大深度感尺度，以和寺殿体量配合，与塔相呼应。塔的几块不对称的体量设计协调均衡，塔身细致的装饰和礼拜寺简洁的形态采用对比微差的艺术处理，别具匠心（图7-1-5）。

二、伊犁将军府

伊犁将军府是清朝乾隆年间至清末全国六处将军的伊犁将军衙署，现存的伊犁将军府建于清光绪八年（公元1882年），位于新疆伊犁地区霍城县惠远乡境内，南距伊犁河约7.5公里，东南有惠远老城。将军府遗址基本保持了其原有的建筑格局，其城墙、房址道路布局清晰，是新疆清代建筑形式的典范。1996年11月成为国务院公布的全国重点文物保护单位。

18世纪中期，清政府平定西北地区准噶尔部贵族和回部大小和卓的叛乱，以后进一步加强了对西北地区的管辖。清乾隆二十七年（1762年），清政府设立"总统伊犁等处将军"，简称伊犁将军，这是新疆地区的最高军政长官。伊犁将军负责全疆的军政边防事务，各级驻扎大臣都置于伊犁将军的统辖之下。次年在伊犁河北岸今霍城县东南兴建了惠远城，作为伊犁将军的驻地。惠远城在沙俄侵占伊犁后遭侵略者毁灭，伊犁将军府也难以幸免。光绪年间，在清政府收回伊犁后，在惠远旧城北7.5公里处另择新址，修建新惠远城和新的伊犁将军府。

伊犁将军府坐北朝南，东西宽104米，南北长158米，以中轴线建筑为主，中轴两侧建筑对称性排列，主体建筑群为围合或半封闭的合院式布局。主要建筑有军府大门、将军府正殿、将军亭、东西营房、客房、书房等。大门建筑形制为单檐硬山布瓦顶，面阔三间、进深二间，建筑结构形式为抬梁式木结构。大门东西两侧耳房为硬山瓦顶建筑，面阔三间、进深一间，建筑结构也为抬梁式结构。东西营房形制为单檐硬山瓦卷棚顶，面阔十四间、进深一间并前出廊，前檐外其余各面以墙体围护，下槛及两山墙前后墀头使用砖，其他部位均用土坯砌筑，室内用8组土坯墙隔成大小不同九个室。书房面阔五间、进深一间，前后出廊，两山墙体后墀头及下槛使用条砖，廊间墙做拱券门。客房面阔五间、高5.45米，前出廊。正殿面阔五间、进深一间、高7米，前后出廊，建筑形制为单檐歇山布瓦顶。办公室面阔五间、进深一间、高5.2米，前出

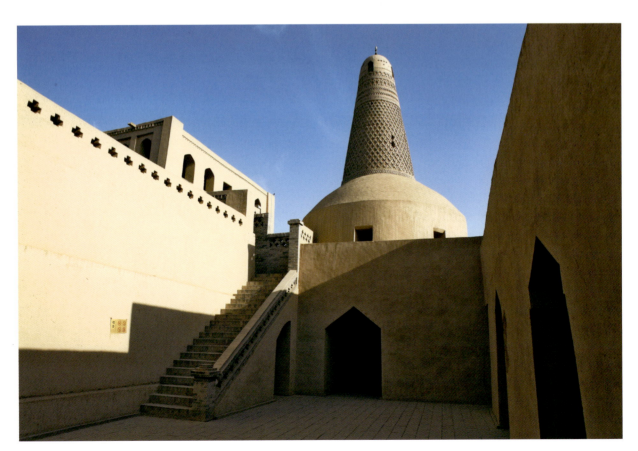

图7-1-5　苏公塔近景

图7-1-6 伊犁将军府（图片来源：《新疆维吾尔自治区第三次全国文物普查成果集成——新疆古建筑》P81 作者：新疆维吾尔自治区文物局 出版社：科学出版社）

图7-1-7 伊犁将军府内亭（图片来源：《新疆维吾尔自治区第三次全国文物普查成果集成——新疆古建筑》P81 作者：新疆维吾尔自治区文物局 出版社：科学出版社）

廊，形制为单檐硬山布瓦顶建筑，梁架均八檩。住室面阔五间、进深一间，前出廊，单檐硬山布瓦顶建筑（图7-1-6）。

院内古木参天，有厅堂、台榭、曲径、回廊，院墙上残留有炮台和枪眼。将军府后院有凉亭，凉亭为六边形，单檐，檐部斗栱为西北地区木作风格，屋顶脊为拱形曲线盝顶，并为透空花纹、琉璃瓦，风格别致（图7-1-7）。

第二节 独立建筑

新疆各地的建筑功能各异、类型多样，且各具特征，有与周边建成环境相融合的建筑，也有与周边建成环境风貌相异或独立的建筑，这类建筑的出现通常是因观景或其他功能而独立建设，如因贸易运输而建的商行，以开设商人所在国家的建筑风貌为建造形象，因而在建筑造型上独立

图7-2-1 塔城红楼（图片来源：《新疆维吾尔自治区第三次全国文物普查成果集成——塔城地区卷》P197 作者：新疆维吾尔自治区文物局 出版社：科学出版社）

于周边的建成环境。

一、塔城红楼

塔城红楼位于新疆塔城市解放路与文化路交叉处的大院内，红砖绿瓦为典型的俄式建筑风格，是由俄罗斯塔塔尔族商人热玛赞·坎尼雪夫出资建设的商行，于1914年建成。建筑物临街的墙全部呈浅红色，故被称之为"红楼"。2006年5月成为国务院公布的全国重点文物保护单位。

1851年《中俄伊犁塔尔巴哈台通商章程》签订后，沙俄在塔城设领事并获得划设贸易圈、通商贸易免税、领事裁判权等特权，塔城成了中俄贸易重要的通商口岸，汇集了众多的俄国商人。清朝宣统二年（1910年）俄国商人热玛赞·坎尼雪夫开始建设其在塔城的贸易中心，历时3年建成塔城市最为高大豪华的商行建筑。红楼建筑面积885平方米，地上地下两层共有大小房屋16间，上层为起居室和商务会客用房，分别布置在拱形走廊的两侧；下层为商行的储藏室。红楼铁皮屋顶、木框屋架，屋顶上耸立壁炉烟囱，红色外墙上装饰有壁柱、门框窗棂砌有精美的砖砌图案（图7-2-1）。

二、乌鲁木齐市公园鉴湖亭

乌鲁木齐市公园鉴湖亭坐落在新疆乌鲁木齐市人民公园的鉴湖之中，又名湖心亭。于清光绪二十五年（1899年），由被贬于新疆的张荫桓捐资修建。建成百余年的鉴湖亭现已成为人民公园的重要景观建筑（图7-2-2）。

鉴湖亭三面环水，建筑面积约为149平方米，为重檐歇山顶形制的木构建筑，铺以小青瓦（1984

年翻建改为绿色琉璃瓦），并由24根木柱形成两层回廊。其斗栱、枋、檩，飞檐起翘，透空砖雕屋脊，屋顶坡度陡等，都具有西北地区的传统建筑风貌（图7-2-3）。

图7-2-2　乌鲁木齐市公园鉴湖亭（图片来源：《新疆维吾尔自治区第三次全国文物普查成果集成——乌鲁木齐市卷》P76　作者：新疆维吾尔自治区文物局　出版社：科学出版社）

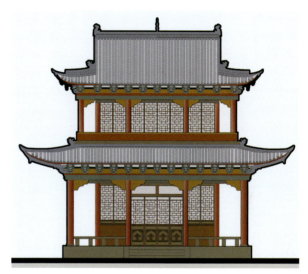

图7-2-3　乌鲁木齐市公园鉴湖亭正立面图

新疆古建筑

第八章 民居建筑

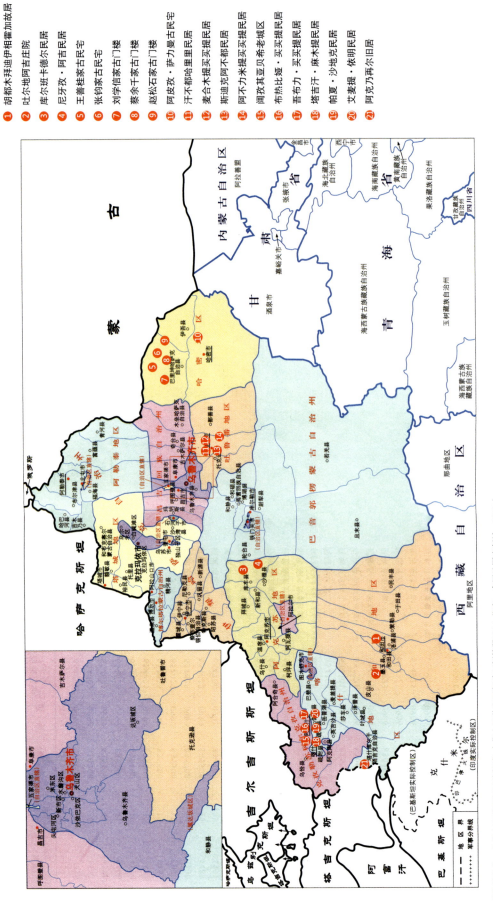

传统民居是中国各地古建筑中最为量大面广的建筑类型，最为直接地反映出地区自然环境的条件和人文环境的特征。传统民居在建筑的原型、建构方式和建构材料等方面，直接对应于所在地区的地形地貌以及气候条件、建造资源；传统民居在建筑的格局和建筑形态等方面，直接对应于所属民族的生产生活方式；并由此构成了地区建筑和民族建筑的构筑源流和建成环境。新疆地域辽阔，拥有丰富的地貌类型和多样的气候条件，居住生活着多个民族，并由此造就出了各地各民族丰富多样的民居建筑。

第一节 和田地区

一、胡都木拜迪伊相霍加故居

故居位于洛浦县杭桂乡欧吐拉艾日克村，由东西两座土木结构建筑组成。西面故居面积360平方米，共有大小8间屋。据继承人胡皮丁汗说，其由买买提·热依木·艾孜热提木修建，有300多年的历史。东故居有100多年的历史，修建人为胡都木拜迪·伊相霍加，共大小3间房，面积180.84平方米，墙上有彩绘，墙壁上有石膏壁龛和壁炉。该建筑造型美观，装饰华丽，建筑技艺精湛，反映了传统伊斯兰建筑风格，对研究伊斯兰建筑具有重要意义（图8-1-1）。

图8-1-1 胡都木拜迪伊相霍加民居建筑（图片来源：《新疆维吾尔自治区第三次全国文物普查成果集成——新疆古建筑》P33 作者：新疆维吾尔自治区文物局 出版社：科学出版社）

二、吐尔地阿吉庄院

位于皮山县兵团农十四师农场七连驻地，建成已有90余年，原占地2500平方米，初建时为72间房屋，分别有冬夏居室、客厅、厨房、浴室、库房、清真寺、仆人宿舍等。后由于人为破坏，庄院损毁严重，现仅存10间房屋保存较完好。2004年国家投资40万元，对庄院进行修缮，为自治区级文物保护单位。屋主说，祖先吐尔地阿吉曾在中原经商，并去过一些中亚国家，故庄园的建筑形式与布局吸收并融合了佛教文化与中亚文化元素，如窗棂花格的图案、天窗藻井的纹饰、墙面上的壁画与彩绘。但建筑还是和田地区维吾尔族"阿以旺赛莱"。吐尔地阿吉庄院从建筑、装饰风格上具有很强的地域代表性，因而成为和田地区重要的人文景观资源。

第二节 阿克苏地区

一、库尔班卡德尔民居

位于库车县城塔尔阔恰巷10号。民居为庭院式建筑，土木结构，面积约392平方米。南面二层小楼距今已有130多年；北面房屋为一层，有一小地下室作为储藏室。院落四周均有廊柱，客厅、卧室、厨房等环绕一周。客厅和卧室有壁龛和壁橱，门窗多采用双层，内扇为玻璃，外扇是木质护板，饰黄、绿、蓝三色，古朴雅致。院落东面有木制楼梯通向南面小楼和北面屋顶。楼梯及房屋破旧，南面建筑已成危房（图8-2-1）。

二、尼牙孜·阿吉民居

位于库车县城试验城路斯迪克卡拉吉巷12号，1890年建。民居主人尼牙孜·阿吉为哈密商人，在哈密和库车之间往来经商，建造该住宅。其子依米提汗继承住宅，曾担任过警察局长，民居亦被称为"依米提汗局长住宅"。民居为传统的庭院式建筑，土木结构，面积300平方米。庭院中间有天井，四周有廊柱，客厅、卧室等5间房屋环绕一周。客厅

图8-2-1 库尔班卡德尔民居建筑（图片来源：《新疆维吾尔自治区第三次全国文物普查成果集成——新疆古建筑》P28 作者：新疆维吾尔自治区文物局 出版社：科学出版社）

和卧室均置壁龛和壁橱，门扇、窗扇雕刻几何形图案和花纹，客厅铺设木地板。民居带后院，后院有一廊亭，顶部倾斜，为典型的中原风格。该民居融维吾尔、中原等多种文化因素为一体，是库车有名的古建筑之一。

第三节 哈密地区

一、王善桂家古民宅

位于巴里坤哈萨克自治县巴里坤镇汉城南街榆树巷，东临汉城南街，始建于清乾隆年间，原名王氏三槐堂院，王氏祖先于雍正七年（1729年）随岳钟琪来巴里坤平定准噶尔叛乱，平叛后王氏先祖官封四品留守巴里坤，并修建此宅院。院落整体为传统的四合院布局，坐南面北，由正房及东西厢房组成，正房面阔五间，一进，厢房与正房不相连。门楼极有特色，三层雕版，并有木制影壁（亦可开合）。现已向游人开放，陈列了征集的古旧家具、生产、生活用品。院内古榆树也是一大特色（图8-3-1）。

二、张钧家古门楼

位于巴里坤哈萨克自治县巴里坤镇汉城南街七道巷，建于清光绪年间。原为四合院建筑，坐北朝南，有上房、东西厢房、门楼等。因年久失修，在房屋改建中只留有古门楼，其余建筑不存。古门楼风格古朴，面朝南，由人字架、两面坡顶构成，面宽2米，进深4米。前为门楼梁柱，高3米，后有两根檐柱。梁柱之间开双扇木门，单扇门高1.8米，宽0.8米（图8-3-2）。

三、刘学信家古门楼

位于巴里坤哈萨克自治县巴里坤镇汉城刘家巷，建于清光绪年间。门楼坐北朝南，由人字梁架、两面坡顶构成，面宽4.2米，进深4米，两侧各有3根立柱支撑起梁架，中间为梁柱，高4.5米。四角各有一檐柱，梁柱之间开两扇木门，单扇木门高2.2米，宽1.6米。整体风格大气、古朴（图8-3-3）。

四、蔡余千家古门楼

位于巴里坤哈萨克自治县巴里坤镇汉城西街西北巷，建于清光绪年间。门楼面南，人字梁架、两面坡顶。砖木结构。宽3米，进深4米，高4.3米，四角各有一根檐柱。门楼彩绘各种花草图案，雕刻精细（图8-3-4）。

五、赵松石家古门楼

原位于巴里坤哈萨克自治县巴里坤镇汉城东街魁顺和巷，建于清道光年间，后因城市建设迁至汉城南街榆树巷。民居坐北朝南，四合院布局，有上房、东西厢房。重建时仅修复了门楼，门楼

图8-3-1 王善桂家古民宅建筑（图片来源：《新疆维吾尔自治区第三次全国文物普查成果集成——新疆古建筑》P6 作者：新疆维吾尔自治区文物局 出版社：科学出版社）

图8-3-2 张钧家古门楼建筑（图片来源：《新疆维吾尔自治区第三次全国文物普查成果集成——新疆古建筑》P9 作者：新疆维吾尔自治区文物局 出版社：科学出版社）

图8-3-3 刘学信家古门楼建筑（图片来源：《新疆维吾尔自治区第三次全国文物普查成果集成——新疆古建筑》P12 作者：新疆维吾尔自治区文物局 出版社：科学出版社）

图8-3-4 蔡余千家古门楼建筑（图片来源：《新疆维吾尔自治区第三次全国文物普查成果集成——新疆古建筑》P19 作者：新疆维吾尔自治区文物局 出版社：科学出版社）

图8-3-5 赵松石家古门楼建筑（图片来源：《新疆维吾尔自治区第三次全国文物普查成果集成——新疆古建筑》P15 作者：新疆维吾尔自治区文物局 出版社：科学出版社）

面南，宽1.7米，进深3.2米，高3.3米，木构梁架，青瓦覆顶。檐部翘起，雕花精美，工艺精湛（图8-3-5）。

六、阿皮孜·萨力曼古民宅

位于哈密市二堡镇二堡乡四队，系维吾尔族巴依（地主）阿皮孜·萨力曼于1903年所建。民宅坐北朝南，土木结构，由前院和三间居室组成，整体占地面积216平方米。前院面阔三间，阔约18米，进深一间，深约6米，飞檐，直栏窗，正间开有双扇木门，门上方有圆形门簪。前院北墙开有双扇四抹红底木板门，其上施有篮彩花卉几何图案，通过此门可以进入三间居室。居室屋顶均施有彩绘，彩绘墨迹少许脱落，可以辨认出荷、菊等花卉图案。居室地面均用长方形石砖铺设（图8-3-6）。

图8-3-6 阿皮孜·萨力曼古民宅建筑（图片来源：《新疆维吾尔自治区第三次全国文物普查成果集成——新疆古建筑》P20 作者：新疆维吾尔自治区文物局 出版社：科学出版社）

第四节 吐鲁番地区

一、汗不都哈里里民居

位于鄯善县吐峪沟乡吐峪沟村，建于清代，德国探险家冯·勒柯克曾在此居住。民居坐西向东，两层建筑，占地面积约220平方米。土木结构，土坯墙外抹草泥，半地下部分减地掏挖。房屋主要有居室、储物间、厨房等，居室均置土炕，装菱格木窗，冬暖夏凉。民居经多次修葺，门面房系后来增建，整体保存较好（图8-4-1）。

二、麦合木提买买提民居

位于鄯善县吐峪沟乡吐峪沟村，约有300年历史。民居坐南面北，两层建筑，占地面积约200平方米。土木结构，土坯墙外抹草泥，半地下部分减地掏挖而成。民居由廊道、主屋、厨房、储物间等组成，居室内置土炕。二层房屋均双层窗户，外层菱格木窗，内层玻璃窗，楼顶置储物间。民居大方实用，冬暖夏凉，是吐鲁番地区的典型民居之一，现对外开放（图8-4-2）。

三、斯迪克阿不都民居

民居位于鄯善县吐峪沟乡吐峪沟村，建于清代。民居坐西向东，土木结构两层建筑，占地面积约400平方米。一楼有居室、厨房、储物间、畜棚等，二楼房屋带前廊、扶手，装菱格木窗，楼梯造型别致。民居古朴实用，体现了吐鲁番传统民居的特征。门牌上书"麦西来甫"，现对外开放（图8-4-3）。

四、阿不力米提买买提民居

位于鄯善县吐峪沟乡吐峪沟村，系当地大阿訇阿不力米提·买买提修建，距今已有300年历史。民居坐北朝南，土木结构，两层平顶建筑，占地面积约380平方米，半地下部分系减地掏挖而成。房屋有居室、储物间、厨房等，居室均置土炕。房屋经多次修葺，门面房为后来增建。民居将中原风格与当地传统建筑巧妙融合，坚固耐用，冬暖夏凉，地域特征明显（图8-4-4）。

第五节 喀什地区

一、阔孜其亚贝希老城区

又名高台民居，位于喀什市老城东北部，吐曼河西岸一处高约30米，长、宽约400米的黄土高台上，面积57000平方米。据考证至少在汉代就开始有人在此聚居，现逐渐发展为维吾尔民众的聚居之地。"阔孜其亚贝希"有高崖土陶之意，这里的土陶作坊有近800年的历史，至今还保留有一处四五百年前的土陶作坊，在制陶中所用的泥土、工

图8-4-1 汗不都哈里里民居建筑（图片来源：《新疆维吾尔自治区第三次全国文物普查成果集成——新疆古建筑》P23 作者：新疆维吾尔自治区文物局 出版社：科学出版社）

图8-4-2 麦合木提买买提民居建筑（图片来源：《新疆维吾尔自治区第三次全国文物普查成果集成——新疆古建筑》P24 作者：新疆维吾尔自治区文物局 出版社：科学出版社）

图8-4-3 斯迪克阿不都民居建筑（图片来源：《新疆维吾尔自治区第三次全国文物普查成果集成——新疆古建筑》P25 作者：新疆维吾尔自治区文物局 出版社：科学出版社）

图8-4-4 阿不力米提买买提民居建筑（图片来源：《新疆维吾尔自治区第三次全国文物普查成果集成——新疆古建筑》P22 作者：新疆维吾尔自治区文物局 出版社：科学出版社）

具、配料和工艺设备，以及拉胚成型、彩绘上釉、入窑烧造和经窑变后出窑等手艺工序，都有浓厚的地方特色和历史价值。民居群落的建筑群依高崖土坡的地势而建，错落有致，既有平房亦不乏楼房。因受人口增加等因素的影响，民居逐渐向高空发展，其中不乏"过街楼"、"半截楼"、"悬空楼"等独特的建筑景观。建筑的庭院布局、室内装修风格均体现出浓厚的维吾尔族风格（图8-5-1）。

二、布热比娅·买买提民居

位于喀什市阔纳代尔瓦扎路，1860年前后建造。民居坐东向西，分前后院，共有8间房屋，占地面积375平方米。前院西面、北面有房屋，呈曲尺形，屋外均带回廊，檐部雕刻精细。客厅屋顶圈梁有精美的木雕和"万字"图案，室内置壁炉，北墙有一大尖券拱龛，两侧对称分布3个小龛。民居建筑巧妙融合维吾尔传统风格与中原风格，是喀什地区典型的民居之一（图8-5-2）。

三、吾布力·买买提民居

位于喀什市萨合亚社区艾格来克其巷，建于清代。民居坐北朝南，三层建筑，西为土木、东为砖木结构，占地面积190平方米。房屋带敞廊，二层置凉亭，敞廊、檐柱和屋顶饰雕花或彩绘图案。客

图8-5-1 阔孜其亚贝希老城区建筑群（图片来源：《新疆维吾尔自治区第三次全国文物普查成果集成——新疆古建筑》P35 作者：新疆维吾尔自治区文物局 出版社：科学出版社）

厅置壁炉、大拱形龛，石膏雕花异常精美，东、西墙面壁龛造型别致，精巧华丽。民居装修精美，工艺精湛，是喀什地区典型的古民居之一。

四、塔吉汗·麻木提民居

位于喀什市艾维热希木喀巷59号，建于19世纪80~90年代，面积约1200平方米。坐南向北，有东西两向的3间屋子，屋北部是形状不规则的院子。其中最有特色的西屋是客厅，东西长6.2米、宽4.4米，四周墙壁均有壁龛，壁龛大小不一，均为尖拱形，共有53个，最大的高1.9米、宽2.5米、进深0.5米，用来存放被褥等物品，屋顶为密梁平顶，横梁的两头均雕刻有相同的花纹，墙头和墙基都有方木框架，墙头木框架上刻有18种不同的花纹，具有浓郁的民族风格（图8-5-3）。

五、帕夏·沙地克民居

位于喀什市喀日克代尔瓦扎路艾维热希木喀巷，1870年前后建。民居坐南面北，土木结构，占地面积约130平方米。房屋位于南面，带"L"形回廊，廊柱、檐部雕刻花纹。房屋带储藏室，院内有木楼梯通往屋顶。客厅置壁龛和壁炉，横梁雕刻图案，墙壁上部饰石膏雕花。民居布局紧凑，装饰精美，体现了喀什传统民居的特点。

六、艾麦提·依明民居

位于喀什市喀日克代尔瓦扎路阿扎提巷，1890年前后建。民居是坐西面东，砖木结构的两层建筑，共有房屋11间，布局紧凑，占地面积120平方米。房屋门扇、窗扇、廊亭、栏杆等处镶嵌几何图案或雕花。客厅置壁炉和大小龛，装饰以白、蓝、湖蓝为主色调，石膏雕花和艺术字点缀其间，古朴精致（图8-5-4）。

七、阿克乃再尔旧居

位于塔什库尔干塔吉克自治县提孜那甫乡提孜那甫村，1870年前后建，为塔吉克民居建筑。民居坐西向东，土木结构，占地面积约400平方米。分前后院，有客厅、卧室、厨房等共15间房屋，屋顶有一小阁楼。客厅位于前院南部，天井由三层木框叠砌，造型别致，雕花精美。檐部及梁柱雕刻各种图案，工艺精细（图8-5-5）。

图8-5-2 布热比娅·买买提民居建筑（图片来源：《新疆维吾尔自治区第三次全国文物普查成果集成——新疆古建筑》P42 作者：新疆维吾尔自治区文物局 出版社：科学出版社）

图8-5-3 塔吉汗·麻木提民居建筑（图片来源：《新疆维吾尔自治区第三次全国文物普查成果集成——新疆古建筑》P44 作者：新疆维吾尔自治区文物局 出版社：科学出版社）

图8-5-4 艾麦提·依明民居建筑（图片来源：《新疆维吾尔自治区第三次全国文物普查成果集成——新疆古建筑》P49 作者：新疆维吾尔自治区文物局 出版社：科学出版社）

图8-5-5 阿克乃再尔旧居建筑（图片来源：《新疆维吾尔自治区第三次全国文物普查成果集成——新疆古建筑》P52 作者：新疆维吾尔自治区文物局 出版社：科学出版社）

新疆古建筑

第九章 古墓群与麻扎

新疆古墓群及麻扎分布图

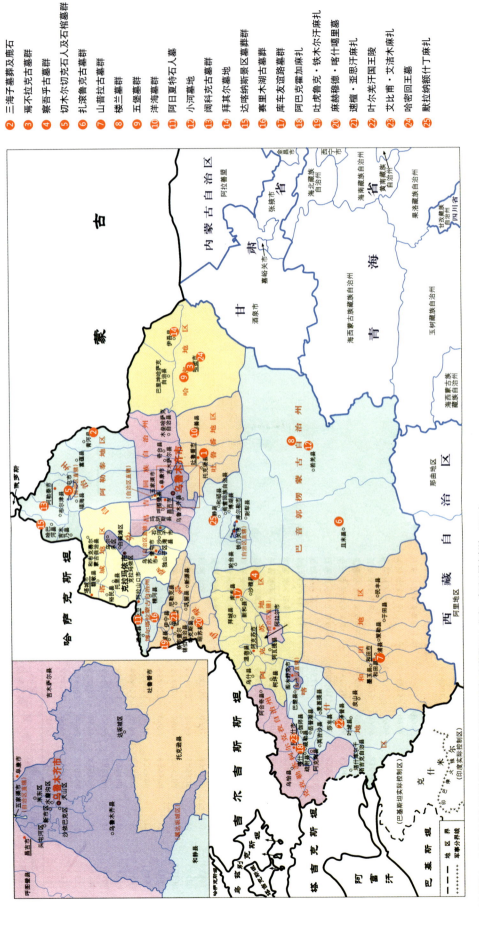

1. 阿斯塔纳古墓群
2. 三海子墓葬及鹿石
3. 焉不拉克古墓群
4. 察吾平古墓群
5. 切木尔切克石人及石棺墓群
6. 扎滚鲁克古墓群
7. 山普拉古墓群
8. 楼兰墓群
9. 五堡墓群
10. 洋海墓地
11. 阿日夏特石人墓
12. 小河墓地
13. 阔科古墓群
14. 拜其尔墓地
15. 达喀纳斯景区墓葬群
16. 赛里木湖古墓葬
17. 库车友谊路墓群
18. 阿巴克霍加麻扎
19. 吐虎鲁克·铁木尔汗麻扎
20. 麻赫穆德·喀什噶里墓
21. 速檀·歪思汗麻扎
22. 叶尔羌汗国王陵
23. 艾比甫·艾洁木麻扎
24. 哈密回王墓
25. 默拉纳额什丁麻扎

(地图引自：中华人民共和国民政部编. 中华人民共和国行政区划简册2014. 北京：中国地图出版社，2014.)

第一节 古墓群

墓葬是人类建造活动的基本内容之一，特别是对于早期的氏族部落或民族而言，墓葬不仅具有特殊的信仰方面意义和价值，而且还具有文化标识的作用。新疆地区因聚居着多个民族，且民族聚居发展的历史悠久，加之地理气候环境的不同、建造年代的不同和民族文化的差异，从而形成了多种多样的墓葬形式，有石人墓、积石冢、石棺葬、木棺葬、砖墓室等。

一、阿斯塔那古墓群

阿斯塔那古墓群，位于新疆吐鲁番市东南约40公里的阿斯塔那和哈拉和卓附近，南邻高昌故城，具体位置是东经89°31′44″，北纬42°51′57″，平均海拔高度为25米。阿斯塔那古墓群是古代高昌城乡官民的公共墓地，大约形成于公元3~8世纪，距今有1700多年的历史。墓室主人大多数是居住在当地的汉族人，少数为兄弟民族。阿斯塔那墓地的发现，为研究西晋至唐代高昌城居民的经济、文化、民俗等方面的发展、演变，提供了重要的实物资料，被誉为"地下博物馆"。1988年，该墓群成为国务院公布的全国重点文物保护单位（图9-1-1）。

阿斯塔那墓葬群从古城东北一直延伸到城西北，东西长约5公里，南北宽2公里，占地10平方公里。该墓群共有古墓葬500余座，皆为土洞墓，墓葬形制为斜坡墓道洞室墓，平面形状如"甲"字；墓室前方，是一条10米长的斜坡墓道，墓道尽头连着墓室，即死者安息的地方；墓内一般为夫妻合葬，有的一男二女或三女；此外还有少量的单人葬墓室，顶为平顶或穹隆形，一般高为2米以上，长宽4米见方。

墓葬群中有的墓室内绘有壁画，绘制了人物、鸟兽、花卉、山水等，形象逼真，线条流畅。随葬品主要有陶（泥）器、木质的俑和器皿、绢画、墓志及装饰品、丝织品。

二、三海子墓葬及鹿石

三海子墓葬及鹿石，位于新疆维吾尔自治区青河县查干郭楞乡三海子夏牧场。该墓葬为青铜时代的一处墓葬，距今约4000年，对于研究欧亚草原地区从畜牧经济向游牧经济的转变具有重要的意义。2001年6月成为国务院公布的第五批全国重点文物保护单位。

墓葬的总面积约16.25平方公里。遗址分为四个大的区域，即什巴尔库勒（"海子"及"库勒"均为湖泊的意思）、却尔巴里库勒、托也勒萨依、阿腊勒托拜。在这四个分布区内共计有石围石堆墓、石棺墓30余座，鹿石19通（图9-1-2）。

图9-1-1 阿斯塔那古墓群 远景（图片来源：《新疆维吾尔自治区第三次全国文物普查成果集成——吐鲁番地区卷》P115 作者：新疆维吾尔自治区文物局 出版社：科学出版社）

图9-1-2 三海子墓葬及鹿石鸟瞰（图片来源：《新疆维吾尔自治区第三次全国文物普查成果集成——阿勒泰地区卷》P106 作者：新疆维吾尔自治区文物局 出版社：科学出版社）

| 1号墓封堆近景及4号鹿石 | 1号墓1号鹿石 | 2号墓4号鹿石背面 |

图9-1-3 三海子墓葬及鹿石近景（图片来源：《新疆维吾尔自治区第三次全国文物普查成果集成——阿勒泰地区卷》P107 作者：新疆维吾尔自治区文物局 出版社：科学出版社）

墓葬形制主要有环石围石堆墓（为一种墓葬地表标识，墓葬主体为砾石或片石堆积而成的石堆，外部围有以砾石或片石铺砌成的石围）、石堆墓、石棺墓（即石堆上有以四块片石围砌成的框形）等。其中，什巴尔库勒石围石堆墓，石堆直径78米，残高25米；石围直径210米，宽3～5米；石堆与石围之间有四条片石铺成的通道，最宽的通道达1.6米，墓环水而建，气势宏伟，结构独特，是欧亚草原少有的特大规模墓冢之一（图9-1-3）。

鹿石即是人工敲凿、雕刻加工而成的一种碑状石刻，最早因其上雕刻有鹿的图案而得名，基本分为典型鹿石及非典型鹿石两种。典型鹿石除了雕刻图案化鹿纹样（喙状咀，梳状角）为最典型外，还雕刻有牛、马、羊、熊等动物；而非典型鹿石只是雕刻了圆环、联珠、刀、剑、弓、弓囊、盾牌等纹样。

三、焉不拉克古墓群

焉不拉克古墓群，位于新疆维吾尔自治区哈密市柳树泉农场焉不拉克村，是新疆东部最重要的一处青铜时代的墓地，可分为早、中、晚三期：早期大约相当于西周早、中期，上溯可能到商晚期；中期相当于西周晚期和春秋中晚期；晚期可能相当于春秋中晚期，距今约2500～3000年。该墓群对研究新疆与内地的文化联系有极为重要的意义，2001年6月成为国务院公布的第五批全国重点文物保护单位（图9-1-4）。

在建造上，该古墓群总面积达8000平方米。墓地表面为沙砾层，第二层为饶乱层，墓地开口多在第二层下。墓葬形制有竖穴二层台墓、竖穴土坑墓；有单人葬、多人葬。

焉不拉克古墓地出土陶器较多，常见有单耳豆、腹耳壶、双耳罐等，彩陶纹饰多S纹、竖线纹、云雷纹、双钩纹，这些与甘肃地区辛店文化和四坝文化的同类器型和彩陶纹饰有着较大程度的一致性。

四、察吾乎古墓群

察吾乎古墓群，位于和静县境内的天山南麓中段山前的察吾乎沟口附近的洪沟台地上。除3号墓地为东汉早期外，主要墓葬的年代大概在公元前1000～公元前500年。察吾乎古墓群是新疆目前发现的最大一处氏族公共墓地。墓葬的形制、出土遗物及文化内涵表现出鲜明的地域文化特征，并且已

图9-1-4 焉不拉克古墓群远景（图片来源：《新疆维吾尔自治区第三次全国文物普查成果集成——哈密地区卷》P144 作者：新疆维吾尔自治区文物局 出版社：科学出版社）

图9-1-5 察吾乎墓群墓远景（图片来源：《新疆维吾尔自治区第三次全国文物普查成果集成——巴音郭楞蒙古自治州卷》P100 作者：新疆维吾尔自治区文物局 出版社：科学出版社）

被命名为"察吾乎文化"。2001年6月墓群成为国务院公布的第五批全国重点文物保护单位（图9-1-5）。

察吾乎古墓群在方圆5平方公里的范围内有五片较大的墓地，共二千余座古墓葬。其中：

一号墓地位于察吾乎沟口西南2.5公里处一山前台地上。台地略呈南北向的长方形，南北长250米，东西宽50米，共分布墓葬约700座。墓室形制均为竖穴石室，并且密集紧连，排列有序，均有石围，且石围以弧腰三角形为主。

二号墓地位于察吾乎沟口向南约3公里处。分布墓葬约100座。墓室形制均为竖穴石室，较少见盖板。墓室在地表层有圆形或椭圆形石围。葬式上以合葬墓为主，数量上约占4/5；并有少量单人葬墓。葬俗基本是一次葬，并存二次葬。

三号墓地位于察吾乎沟口西南山前，砾石戈壁滩与绿洲交接处的两片黄土台地上，北距一号墓地约1公里。墓地略呈长圆形，南北长200米、宽65米。分布约255座墓葬。墓室形制基本为竖穴土坑墓和竖穴土坑偏室墓。墓葬在地表起石堆，无石围。葬式基本是单人葬墓。葬俗方面以一次葬为主。

四号墓地位于察吾乎沟口北侧的台地上。台地北高南低，大体呈西北—东南向的长方形，南北长约165米，东西宽约65~80米。墓室形制均为竖穴石室，并且密集紧连，排列有序，均有石围，且石围以弧腰三角形为主。

五号墓地位于察吾乎沟西南方向的台地上，南距沟口约2公里。台地呈不规则状，长95米，宽50~70米。其中共有墓葬约150余座。墓室形制均为穴石式。墓室在地表紧密连接，并且均有石围，但是大多残缺简陋。葬式基本是单人葬墓，有少量合葬墓。葬俗基本是一次葬，并存二次葬。

五、切木尔切克石人及石棺墓群

切木尔切克石人及石棺墓群，位于新疆阿勒泰市西南16公里的切木尔切克乡（原称克尔木齐）境内山间盆地中的县城西北六十一团场七连处。因其在考古史上所占据的重要地位，而被众多考古专家

六、扎滚鲁克古墓群

扎滚鲁克古墓群，位于新疆维吾尔自治区且末县托格拉克勒克乡扎滚鲁克村西2公里处绿洲边缘地带的台地，距且末县城西5公里处，地理位置坐标是北纬38°26′9″，东经85′3′28″。2001年，该墓群作为青铜时代至魏晋时期的宝贵文化遗迹，成为国务院公布的第五批全国重点文物保护单位。墓葬区南北长100米，东西宽750米，由5个墓地组成。在建造上，墓葬形制主要以竖穴土坑墓、长方形棚架墓和单墓道长方形竖穴棚架墓为主。墓群地表无任何植被，以沙质土壤为主。但部分墓葬地表有迹象，有凹形陷坑或露出棚木的菁草（图9-1-6）。

图9-1-6 扎滚鲁克古墓群1号墓地上建筑（图片来源：《新疆维吾尔自治区第三次全国文物普查成果集成——巴音郭楞蒙古自治州卷》P143 作者：新疆维吾尔自治区文物局 出版社：科学出版社）

一号墓地位于且末县城西南6公里处的荒漠与绿洲接壤地带的砾砂堆积阶地上。墓葬的形制主要有五种类型：长方形竖穴土坑墓、长方形竖穴土坑棚架墓、单墓道长方形竖穴棚架墓、方形竖穴土坑棚架墓和洞室墓。

二号墓地位于一号墓地西约1.5公里处的小沙梁上，其西、南面与沙漠和风蚀地貌相接，北部为英吾斯塘乡的农耕区。墓地共有约50座墓葬。其墓葬形制与扎滚鲁克一号墓地的第二期文化墓葬相同（图9-1-7）。

图9-1-7 扎滚鲁克古墓群古尸（图片来源：《新疆维吾尔自治区第三次全国文物普查成果集成——巴音郭楞蒙古自治州卷》P144 作者：新疆维吾尔自治区文物局 出版社：科学出版社）

三号墓地位于一号墓地东北方向约800米的一处黄土台地上，台地面积约10000平方米，四周为农田和村庄。其地表多被取土破坏，墓葬的数量难以统计。

四号墓地位于扎滚鲁克一号墓地东北方向，在扎滚鲁克村与兰干村之间的一处堆积阶地上，形制与扎滚鲁克一号墓地的第二期文化墓葬相同。遗存的墓葬数量不详。

五号墓地位于四号墓地东约300米处的戈壁平滩上。地表为沙砾层，无植被，四周为村落、道路和农田。该墓地具有扎滚鲁克古墓群第二、第三期文化的特征。

称之为"切木尔切克文化"，它是阿尔泰山草原文明史上最具代表性的一处文化遗产，具有较高的历史价值、科学研究价值和独特的文化艺术价值。2001年6月墓群成为国务院公布的第五批全国重点文物保护单位。

切木尔切克石人及石棺墓群是以切木尔切克乡境内的乡政府为中心，南北宽12.5公里，东西宽3.5公里，总面积达43.7平方公里左右的墓葬分布区，共形成四条遗址分布线，即：北线，提依尔敏、科克舍木老克木齐、阿克托别、阔克托别古墓点；北偏西线，谢天尔德、海依那尔、喀腊希力克古墓点；西线，阿克希古墓点；西南线，喀腊塔斯、喀腊希力克别特古墓地。该墓群分布着数量较多的石雕人像及古墓葬。墓葬形制多样，以大型茔院制石棺墓、环石围石堆墓和石棺墓居多。

同时该墓群也出土了大批精美的陶器、石器和金属器，其中的29尊墓地石人大致代表了阿勒泰地区墓地石人发展的各个序列。

图9-1-8 山普拉古墓群远景（图片来源：《新疆维吾尔自治区第三次全国文物普查成果集成——和田地区卷》P176 作者：新疆维吾尔自治区文物局 出版社：科学出版社）

七、山普拉古墓群

山普拉古墓群，位于新疆维吾尔自治区和田地区洛浦县城西南约14公里处地形较平坦的戈壁台地上，地理坐标为东经80°07′421″，北纬36°59′940″。山普拉古墓群是和田绿洲分布面积、保存状况最好的一处战国至南北朝时期的古墓群。2001年6月墓群成为国务院公布的第五批全国重点文物保护单位。

墓葬由东、西两部分组成，分布在东西长6公里，南北宽1公里，面积6平方公里的地域内。如今依据先后发掘的位置将墓葬群由东向西编为Ⅰ号、Ⅱ号、Ⅲ号三个墓地。在墓群建造上，除了1座墓葬形制不明外，其余可分为两种类型：刀形竖穴土坑墓和长方形竖穴土坑墓。其特殊的木构建筑形式和葬俗，使得山普拉墓群为研究古代于阗国的经济、政治和文化提供了充分的实证材料。在该墓葬群中发现了公元四五世纪的佛教遗址和现代墓葬，采集到了墨书古和田文的残片。墓葬西部已开垦出不少耕地，建有沟渠、道路和田园等。目前已发掘墓葬38座，马坑2座。该墓群出土文物丰富，为东西文化交流的典型例证（图9-1-8）。

此外，在发掘过程中还发现63座墓中有葬具。根据葬具的形制分为6类。木尸床、柳条编席、原木棺（桶形棺）、半原木棺、箱式木棺、毛毡、毛毯等，有些墓葬的葬具非常简单，或裹毛毡、毛毯，或铺盖芦苇、蒲草，也发现用芦苇、蒲草捆扎垫和编织垫的葬具。

八、楼兰墓群

楼兰墓葬，位于新疆巴音郭楞蒙古自治州的若羌县罗布泊西北荒漠中。该墓群年代久远，文化内涵丰富，上限年代距今约3800年，下限年代为汉晋时期，是新疆重要的早期古人类文化遗存。楼兰墓群2006年5月成为国务院公布的第六批全国重点文物保护单位（图9-1-9）。

墓群分布在南北约30公里，东西约26公里的范围内，面积约250平方公里，墓葬数量达500余座。

图9-1-9 楼兰古墓群近景（图片来源：《新疆维吾尔自治区第三次全国文物普查成果集成——巴音郭楞蒙古自治州卷》P169 作者：新疆维吾尔自治区文物局 出版社：科学出版社）

楼兰墓群主要由铁板河墓群、楼兰城郊墓群组成。墓葬的形制一般为长方形竖穴土坑墓、单墓道长方形竖穴棚架土坑墓、斜坡墓道洞室墓等。

此外，部分汉晋时期的斜坡墓道洞室中有中心柱，个别墓室中有彩绘壁画和彩棺，很有特色。随葬物品主要有丝、毛、棉织品、钱币、项珠、铜镜、木器、漆器、铜器、铁器、草编篓等，其中最具特色的是织有隶书文字的汉代织锦。由于特殊的地理环境和气候等因素，随葬品中的木漆器、丝毛织品等保存较好，部分墓葬还出土保存完好的干尸。

九、五堡墓群

五堡墓群，位于新疆哈密市屋堡乡西北方向约2公里的戈壁深处。五堡墓群是个原始社会晚期的氏族公社墓群，距今3200多年，经三次发掘共清理墓葬113座。该墓群不仅在青铜时代的文化研究方面有着重要意义，同时对研究新疆民族起源和发展上，也起着不可替代的作用。该墓群2006年5月成为国务院公布的第六批全国重点文物保护单位（图9-1-10）。

五堡墓群面积约5000平方米，内部的墓葬十分密集，鳞次栉比，排列有序。墓葬均为长方形土圹墓，近墓室底部有生土或土坯二层台，二层台上铺弧形盖木，墓室大都埋葬一人，均侧身屈肢，身上所着的毛布、毛带是中国发现最早的彩色毛织品。

墓群的出土随葬品除墓主随身鞋帽、衣服外，大多是日常用品和生产工具，具体种类有陶罐、木桶木勺、木梳、青铜刀、牌、锥等，并在部分陶罐及木桶上施黑彩或红彩，主体纹饰均为倒三角形图案。生产工具为石磨、木耜、木质三角形掘土器、木柄铜砍、纺轮、骨针等。另外，古时狩猎、驯服牲畜所用的石球、笼头、马镫、鞭及作盖木入葬的木质实心无辐车轮等也均有出土。

十、洋海墓群

洋海墓群，位于新疆吐鲁番地区鄯善县吐峪沟乡洋海夏买里村向北约1.5公里的火焰山南坡的戈壁地带上。墓地主要分布在相对独立的三块略高出周围地面的台地上，台地内出土了大量文物，并且具有浓郁的地方文化特征，有较高的历史价值、科学价值和独特的文化艺术价值。2006年5月，洋海墓群成为国务院公布的第六批全国重点文物保护单位（图9-1-11）。

洋海古墓葬所在的台地总体呈现长条形，南北走向，南高北低，略微有缓坡，总面积5.4万平方米。

根据分布，可将其分为东西两片墓地，墓葬形制包括了长方形竖穴墓、土坯墓室或二层台墓、斜坡土洞墓。其中东片墓群的形制为竖穴墓及竖穴偏室墓，属青铜时代后期至早期铁器时代，出土的文物较为丰富，主要有石器、陶器、木器、毛织等生

图9-1-10　五堡墓群远景（图片来源：《新疆维吾尔自治区第三次全国文物普查成果集成——哈密地区卷》P137　作者：新疆维吾尔自治区文物局　出版社：科学出版社）

图9-1-11　洋海墓群远景（图片来源：《新疆维吾尔自治区第三次全国文物普查成果集成——吐鲁番地区卷》P89　作者：新疆维吾尔自治区文物局　出版社：科学出版社）

图9-1-12 阿日夏特石人墓远景（图片来源：《新疆维吾尔自治区第三次全国文物普查成果集成——博尔塔拉蒙古自治州卷》P89 作者：新疆维吾尔自治区文物局 出版社：科学出版社）

图9-1-13 阿日夏特石人立面图

活用品及狩猎工具，晚期墓葬中有壁画、文书等物品。西片墓群规模较大，形制以斜坡墓为主，反映了不同的文化特征，出土的文书反映当时的民族、宗教、政治、文化及民间交易、生活习俗等。

十一、阿日夏特石人墓

阿日夏特石人墓位于新疆博尔塔拉蒙古自治州温泉县境内，位于哈日布呼镇西北约25公里的阿日夏特草原上，墓葬时间在公元6~7世纪之间，为隋唐时期突厥墓。温泉县阿日夏特石人墓由阿日夏特河西畔正围阵古墓群、阿日夏特科克阿德尔根古墓群两处自治区文物保护单位及温泉县文物保护单位阿日夏特库夏乔鲁石翁仲古墓群三个部分组成。2006年5月成为国务院公布的全国重点文物保护单位（图9-1-12）。

阿日夏特石人墓占地面积0.32平方公里，平面为长方形，南北长800米，东西宽400米，海拔1310米。有石堆墓、石围石堆墓葬100余座，形制不一，有圆阵、方阵。有的圆阵为双层的大圆阵或小圆阵，在大、小圆阵之间有用卵石摆成放射状的卵石甬道。其中石围石堆墓巨大，由内围和外围两部分组成，内围是古墓的主体。墓基由大小不等的单层卵石均匀排列围成的圆阵，墓基至顶部斜高16.5米，分布着17个由双排卵石砌成的甬道，内、外围均由宽1米的双排卵石砌成的双层圆阵，外围的甬道长12.1米。石堆墓位于圆阵中央，高出地面7米，整个石堆墓布局呈放射形状，直径70米，周长219.8米。

在阿日夏特牧业队夏草场的阿德尔根山梁上，有阿日夏特科克石围及石堆墓群遗存，分布有比较集中且完整的墓葬57座。墓葬地表形制有石堆墓、石围石堆墓，有的墓葬前立一石柱，似石人的初制模型。推测可能为突厥族以前，或突厥族早期的文化遗存。2013年5月成为国务院公布的全国重点文物保护单位（图9-1-13）。

十二、小河墓地

小河墓地位于罗布泊地区孔雀河下游河谷南约60公里的罗布沙漠中，东距楼兰古城遗址175公里。小河墓地整体由数层上下叠压的墓葬及其他遗存构成，外观为在沙丘比较平缓的沙漠中突兀而起的一个椭圆形沙山。小河墓地给人的第一强烈印象就是

图9-1-14 小河墓地远景（图片来源：《新疆维吾尔自治区第三次全国文物普查成果集成——巴音郭楞蒙古自治州卷》P161 作者：新疆维吾尔自治区文物局 出版社：科学出版社）

图9-1-15 小河墓地近景（图片来源：《新疆维吾尔自治区第三次全国文物普查成果集成——巴音郭楞蒙古自治州卷》P162 作者：新疆维吾尔自治区文物局 出版社：科学出版社）

墓地沙山上密密麻麻矗立的140多根多棱形、圆形、桨形的胡杨木桩，都4米多高，很粗壮，多被砍成7棱体到11棱。小河墓地，被评为2004年中国十大考古发现（图9-1-14）。

墓地沙山高出地表7.75米，东西长74米，南北宽35米，总面积约2500平方米。沙山上所竖木桩均为胡杨木材，形状都是人为加工所成，现存140多根。菱形和圆形立木高出地面2～4米不等，直径多在20厘米以上。而一种形似大桨的立木，矮而宽大，数量不多，却格外引人注目。除立木外，沙山上还有东西两道木栅墙，似乎把墓地分成了区域。发掘墓葬33座，其中成人墓25座、儿童墓8座，服饰保存完好的干尸15具、男性木尸1具、罕见的干尸与木尸相结合的尸体1具，发现两组重要的祭祀遗存，发掘和采集文物近千件，不少文物举世罕见（图9-1-15）。

在墓地，考古人员还发现了象征男女生殖器官的立木、高大的木雕人像、小型的木雕人面像；雕刻有花纹的木箭、冥弓、木祖、麻黄束、涂红牛头、蛇形木杆、木构上嵌铜片、木器上相同数目的刻划纹等，神秘的原始宗教气息充斥其中。

十三、阔科克古墓群

阔科克古墓群位于布尔津县冲呼尔乡东北山区，冲呼尔乡春秋牧场上。主要由阔科克Ⅰ、Ⅱ、Ⅲ号墓地组成。墓葬分布范围广，面积约32平方公里。地表无植被，土质为淡褐色沙、土混合土质。阔科克古墓群共发现石人2尊、鹿石8通，均保存较为完好，其中1尊石人被评定为国家三级文物。2013年墓群成为国务院公布的第七批全国重点文物保护单位（图9-1-16）。

墓葬分布面积80000平方米，相对集中，墓葬达135座以上，墓葬形制包括石堆墓、石棺墓、石围墓、石圈墓，其中有2座石圈墓形制较为特殊，共分为内外三圈。经自治区考古专家组初步考察、论证，确定阔科克古墓群为青铜时代早期古代人类文化遗存之一，是研究阿勒泰草原文化、古代部族社会生产活动的实物资料，具有很高的研究价值。

在阔科克古墓群看到，石人和鹿石保存完好，雕刻十分清晰。此墓群属青铜时代早期古代人类文化遗存之一，是阿勒泰地区规模较大、包括墓葬较多且埋葬形制较为丰富的古文化遗存。年代久远，文化内涵丰富，对研究阿勒泰草原文化、古代部族的社会生产活动提供了详细、科学的实物资料。同时对研究原始宗教、图腾崇拜、祭祀活动、古代民族埋葬制度及原始艺术有着重要意义（图9-1-17）。

图9-1-16 阔科克古墓群远景（图片来源：《新疆维吾尔自治区第三次全国文物普查成果集成——阿勒泰地区卷》P36 作者：新疆维吾尔自治区文物局 出版社：科学出版社）

石围　　　　　　　　鹿石

图9-1-17 阔科克古墓群近景（图片来源：《新疆维吾尔自治区第三次全国文物普查成果集成——阿勒泰地区卷》P37 作者：新疆维吾尔自治区文物局 出版社：科学出版社）

十四、拜其尔墓地

拜其尔墓地位于伊吾县伊吾镇东4.2公里拜其尔村向南1公里的平坦处。南北长1000米、宽500多米的山梁上，北临伊淖公路，东西南均为山坡，是一处青铜时代的与四坝文化有联系的墓地，面积极大，自西向东分为3处，在这3处墓地表面采集到许多陶片，均为夹砂红陶，以素陶为主。2013年墓地成为国务院公布的第七批全国重点文物保护单位（图9-1-18）。

经考古调查初步推测，共有墓葬500余座。由于建筑施工需要目前已对其中的92座进行了抢救性发掘。出土了"北山羊"铜饰品、陶器、青铜器、铁器、金器等随葬品，其中陶器最为丰富（图9-1-19）。

图9-1-18 拜其尔墓地远景（图片来源：《新疆维吾尔自治区第三次全国文物普查成果集成——哈密地区卷》P180 作者：新疆维吾尔自治区文物局 出版社：科学出版社）

图9-1-19 拜其尔墓室内部（图片来源：《新疆维吾尔自治区第三次全国文物普查成果集成——哈密地区卷》P179 作者：新疆维吾尔自治区文物局 出版社：科学出版社）

图9-1-20 达喀纳斯景区墓葬群远景（图片来源：《新疆维吾尔自治区第三次全国文物普查成果集成——阿勒泰地区卷》P44 作者：新疆维吾尔自治区文物局 出版社：科学出版社）

十五、达喀纳斯景区墓葬群

达喀纳斯景区墓葬群，位于哈纳斯禾木乡图瓦新村附近，距离喀纳斯湖面直线距离不到5公里，根据位置也将其命名为图瓦新村古墓葬群。经考古研究院考古专家初步判断，古墓葬群年代大致为战国到两汉时期，距今2000年左右，墓葬分布范围广，以大型土堆墓为主，墓葬数量达130座以上。经过国家文物局批准，新疆文物考古研究所考古人员对选出的8座墓葬进行发掘。2013年成为国务院公布的第七批全国重点文物保护单位（图9-1-20）。

由北向南依次是吐鲁克岩画、图瓦新村古墓群、鸭泽湖Ⅲ号墓地、鸭泽湖Ⅱ号墓地、鸭泽湖Ⅰ号墓地、鸭泽湖岩画、神仙湾墓地、肯吐别克墓地，占地面积合计为246055平方米，墓葬达数量170座以上。海流滩墓葬群由海流滩Ⅰ号墓地、海流滩Ⅱ号墓地组成（图9-1-21）。

这处古墓葬群在阿勒泰地区的发掘史上比较少见，但在欧亚草原上曾有过类似发现。欧亚草原是指在欧亚大陆上自欧洲多瑙河下游起，呈连续的带状东伸，经罗马尼亚、俄罗斯和蒙古，直达中国，所构成的世界上最宽广的一个草原地带。

十六、赛里木湖古墓葬

赛里木湖古墓群分为两部分。一部分位于新疆博乐市赛里木湖西边草原上，地表为半荒漠草原植被，墓葬地表形式多样，保存完好。于2008年被勘探发现。另一部分则是位于赛里木湖东侧的开阔谷地上，继西侧古墓群之后于2009年勘探发掘。2013年成为国务院公布的第七批全国重点文物保护单位。

西侧古墓群共有50余座形式各异的古墓。古墓紧邻赛里木湖西岸，坐落在湖边草地上，目测距离湖水仅百米左右。大部分古墓呈南北向排列，有土墩墓、石堆墓、方形石围石堆墓、圆形单层石围墓、圆形双层石围石堆墓。还有一处有不规整的砾石堆积的呈"山"字形遗迹。方形石围石堆墓东西14.7米，南北14米，圆形石封堆直径9米，高0.3米。石堆墓均为河卵石和砾石堆积而成，封堆呈丘

石堆墓

土堆墓

图9-1-21 达喀纳斯景区墓葬群近景（图片来源：《新疆维吾尔自治区第三次全国文物普查成果集成——阿勒泰地区卷》P44 作者：新疆维吾尔自治区文物局 出版社：科学出版社）

图9-1-22 赛里木湖古墓葬近景（图片来源：《新疆维吾尔自治区第三次全国文物普查成果集成——博尔塔拉蒙古自治州卷》P131 作者：新疆维吾尔自治区文物局 出版社：科学出版社）

图9-1-23 赛里木湖古墓葬石刻（图片来源：《新疆维吾尔自治区第三次全国文物普查成果集成——博尔塔拉蒙古自治州卷》P131 作者：新疆维吾尔自治区文物局 出版社：科学出版社）

状（图9-1-22）。

东侧墓群各种类型的古代墓葬总数达70余座。古墓大多呈南北向链状排列，有土墩墓、双层石围土墩墓、方形土墩墓、双层石围石堆墓、单层石围石堆墓、石围墓、石堆墓。墓葬大者直径43米，高2米；小者直径6米，高0.4米。土墩墓用青石和黄土堆积而成，石堆墓用河卵石和砾石堆积而成，剖面呈丘状。较为特殊的是方形围沟土墩墓，在博乐市首次发现这种形制的土墩墓。整个方形围沟土墩墓呈"北斗七星"状，十分壮观（图9-1-23）。

赛里木湖形成于7000万年前的喜马拉雅造山运动时期，地质学称为"地堑湖"。由于丝绸之路北道经过此湖，因此湖区文化遗存和底蕴丰厚，历史遗存有岩画、乌孙国古墓群、寺庙遗址、鄂博、碑刻、古代驿站遗址等。

十七、库车友谊路墓群

库车友谊路墓群，位于新疆维吾尔自治区库车县友谊路地下街施工区南端，西距龟兹古城东墙约500米；较为集中分布在距地表3~10米的戈壁沙砾层中。戈壁沙砾层上部为厚2~3米的晚期洪淤土层；墓葬系在原戈壁沙砾层上下挖而成。2013年成为国务院公布的第七批全国重点文物保护单位（图9-1-24）。

库车友谊路以砖室墓为主体文化特征的考古发现，对深化认识公元3~4世纪为主要阶段的龟兹绿洲城邦历史、文化研究，探讨晋十六国时期中原王朝经营西域的历史，准确阐明汉晋时期中原王朝和西域绿洲城邦国家间政治、经济、文化关系及丝绸之路历史，具有重大历史考古价值（图9-1-25）。

发现的砖室墓，数量较多，规格高，分布密集，表明是一处规模较大的墓地，墓群可能有茔区的区划。发掘的墓葬分为竖穴墓（3座）和砖室墓（7座）。砖室墓分为长方形单室砖墓、斜坡墓道单室穹隆顶砖室墓和斜坡墓道双室穹隆顶砖室墓。穹隆顶砖室墓由斜坡墓道、墓门、甬道、墓室、耳室等构成；部分墓门上部有照墙，壁面上有砖雕的成排椽头、斗升、承兽、天禄（鹿）、四神、菱格、穿壁纹等建筑雕饰。部分墓室墓砖上残存红、黄色

图9-1-24 库车友谊路墓群 墓地外景（图片来源：《新疆维吾尔自治区第三次全国文物普查成果集成——阿克苏地区卷》P140 作者：新疆维吾尔自治区文物局 出版社：科学出版社）

图9-1-25 库车友谊路墓群 砖石斗栱线图

彩绘；墓葬为多人多次葬，有砖砌的棺床；残存一些髹漆贴金木棺的漆皮和贴金残片痕迹。墓内多撒有五铢钱，随葬陶罐、灯盏、铁镜、铁镞、骨博具、铜带钩、金箔饰物、五铢钱、剪轮五铢、龟兹小钱等。

第二节 麻扎

麻扎是新疆地区穆斯林独特的墓葬形式，作为圣徒的墓地而成为后世信徒的"参拜之处"，因而具有特殊的功能构成和建造样式。麻扎大体分为两类，一类是对伊斯兰教的传播做出过重大贡献的人或家族的墓葬；另一类是伊斯兰的宗教领袖的墓地。以上两种麻扎通常规模较大而成为庭院式墓园，内建有装饰精美的陵墓、供参拜的清真寺和教经堂、宿舍以及院门等附属的建筑。此外新疆各地还有大量的普通穆斯林麻扎墓地，其中体量高大的圆拱顶建筑为参拜功能之用。

一、阿巴克霍加麻扎

阿巴克霍加麻扎，即阿帕克和卓麻扎，是新疆喀什的一座伊斯兰式家族陵墓，相传是埋葬清乾隆皇帝爱妃香妃家族的墓地，位于喀什市东北5公里处的艾孜热特村。1988年成为国务院公布的全国重点文物保护单位。

在建造上，陵墓由墓祠、礼拜寺和讲经堂等构成，总面积约50100平方米（图9-2-1、图9-2-2）。

墓祠在陵园最东部，面阔35米，进深29米，通高26米。中部为土坯砌成的大穹隆顶，直径17米，顶上置亭状建筑，四面以小型尖拱支撑。四周为厚墙，四角建半嵌在墙体中的圆柱形塔楼，直径约3.5米，内设楼梯。圆拱外表铺饰绿色玻璃砖，塔楼、墙面以黄、绿色玻璃方砖与白色墙面和谐组合。门上绘有精美图案，两侧墙壁装饰米黄色的石膏花饰，雕刻精细。整个建筑造型稳重简练。墓祠内全部粉刷成白色，气氛庄严、静穆（图9-2-3）。

陵园的西端为大礼拜寺，是节日期间前来朝觐的教徒们进行礼拜之处。外殿为敞廊式，正面15间，廊檐由70多根雕镂不同图案的木柱支撑，显得宽敞壮观，后部则由19个低矮的圆拱组合而成，显得幽暗神秘。小礼拜寺在大礼拜寺与陵墓之间，供宗族成员平日礼拜。前殿为面阔四间、进深三间的平顶式敞廊。后殿为覆盖绿琉璃砖的穹隆顶，直径11.6米，高16米（图9-2-4～图9-2-7）。

二、吐虎鲁克·铁木尔汗麻扎

吐虎鲁克·铁木尔汗麻扎，位于新疆阿力麻里故城遗址。它建于公元14世纪中叶，距今已有600余年的历史，是新疆现存的唯一元代建筑，是研究考证元代以后新疆地区宗教变迁、民族关系、建筑艺术的重要遗迹，具有较高的历史价值。2001年6月，吐虎鲁克·铁木尔汗麻扎成为国务院公布的第五批全国重点文物保护单位。

该陵墓占地14667平方米，建筑面积为160平方米。坐西朝东，墓室建造形制为方形建筑体，其南北长度为10.7米，东西长度为15米，高度7.9米，墓室的拱顶高度为13.35米。墓室顶部为穹庐形，无立柱横梁；室内有暗梯可登临其顶（图9-2-8）；墓室的正面墙壁用紫、白、蓝三色琉璃砖镶成各种美术图案，精致华丽，装饰面积为85平方米；拱形

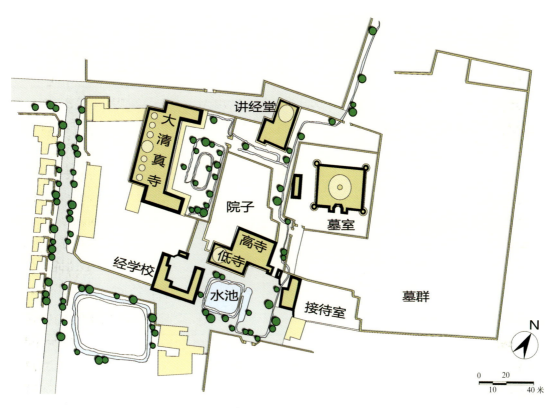

图9-2-1　阿巴克霍加麻扎平面图

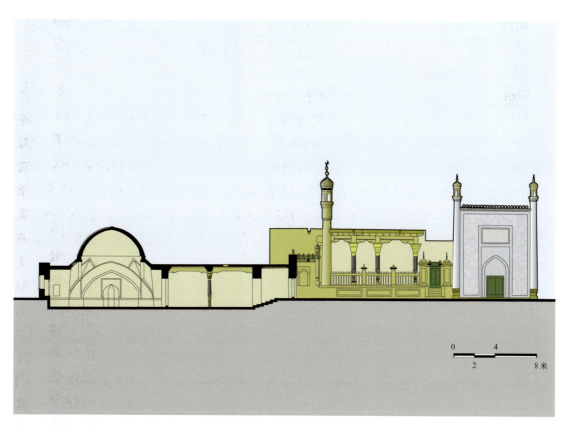

图9-2-2　低清真寺剖面、高清真寺、墓院门立面图

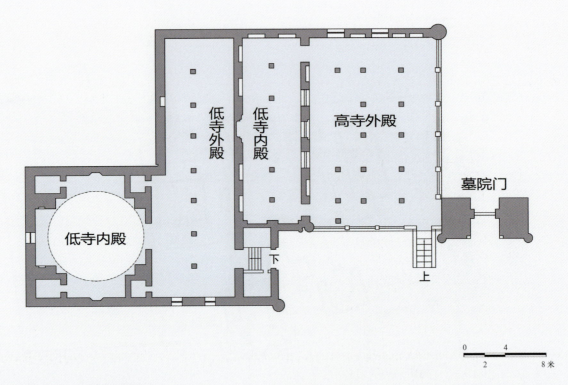

图9-2-4 低清真寺剖面、高清真寺平面图

图9-2-3 阿巴克霍加麻扎内部墓祠

图9-2-5 阿巴克霍加麻扎大礼拜寺内景

图9-2-6 阿巴克霍加麻扎外景

图9-2-7 阿巴克霍加麻扎

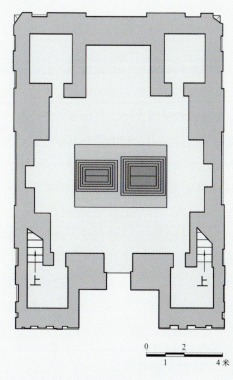

图9-2-8 吐虎鲁克·铁木尔汗麻扎一层平面图

的门额上两侧有阿拉伯文颂辞，亦构成美术图案（图9-2-9）。

与此墓并列的还有一座穹隆式陵墓，但规模稍小些，据称是吐黑鲁克·铁木尔汗之妹的陵寝，保存也较完好。2001年6月被国务院公布为第五批全国重点文物保护单位（图9-2-10）。

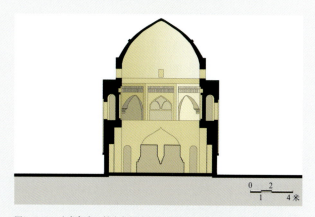

图9-2-9 吐虎鲁克·铁木尔汗麻扎剖面图

图9-2-10 吐虎鲁克·铁木尔汗麻扎（图片来源：《新疆丝路古迹》P168—图174 作者：刘禾田 出版社：中国建筑工程出版社）

三、麻赫穆德·喀什噶里墓

麻赫穆德·喀什噶里墓位于喀什市西南45公里的疏附县乌帕尔乡艾孜来特毛拉山山冈上，紧邻我国西部年代最早的乌帕尔新石器遗址。陵墓按伊斯兰传统建筑形式建在一座70余米高的小山上，朴素无华，掩映于绿树丛中，周围还起建了陵殿与礼拜寺。陵园背后还有该陵墓主人麻赫穆德·喀什噶里后裔的墓葬群，总占地面积达1200平方米。在将近一千年的岁月里，这里一直是当地群众顶礼膜拜的圣地。1985年陵墓被正式确定为新疆维吾尔自治区重点文物保护单位后，各级政府相继投入资金，对陵墓进行保护性修缮建设，对外开放。

麻赫穆德·喀什噶里是11世纪中国维吾尔族著名的语言学家。他在突厥语系的各民族各部落中收集了大量的语言资料，用阿拉伯文写成百科知识性辞书《突厥语大词典》，其学术价值倍受各国学者重视。他的这部巨著被许多国家用十多种文字出版发行，成为中国和世界文化艺术宝库中的珍品。

现今的陵墓于1985年地震后重建，并对外开放。重建后的陵园保持旧有规模：登着上山的台阶，坐北朝南的陵园分外高大肃穆，以米黄色雕花墙壁为主调，分正门的礼拜寺与北部的墓室、纪念馆两部分。礼拜寺四角的塔楼与穹顶上的小塔楼之上，都各有一弯新月徽标。正殿前悬挂着麻赫穆德·喀什噶里的巨幅画像，白须低垂，慈祥中蕴含着刚毅，深邃的目光中显示出学识的宏大与一派学者风范。陵墓东侧的清真寺，供信奉伊斯兰教的游客和附近村民祈祷之用。北侧的物品陈列室，陈列着《突厥语大词典》和麻赫穆德·喀什噶里的生平介绍等有关书籍与资料。陵墓的正前方有一眼清泉，人们称之为"神泉圣水"。泉边有一丛古杨，树干苍老遒劲，枝繁叶茂，被视为一大奇观。其陵园深受新疆人民的景仰，伊斯兰学者往往将自己喜爱的书籍及专著奉献给这一陵园，使它成为别具特色的图书馆，人们尊称之为海孜里提·毛拉姆（意为尊敬的学者的陵墓）（图9-2-11）。

四、速檀·歪思汗麻扎

速檀·歪思汗麻扎，位于伊宁县麻扎乡麻扎村，距伊宁县城60公里。速檀·歪思汗麻扎是一座带有强烈中原风格的庭院式建筑，周围种植有白杨。该麻扎坐北朝南，建于19世纪后叶，是后人为纪念成吉思汗第11代孙歪思所建。目前是伊犁州文物局直接管理的全国重点文物保护单位，是展示中国古代建筑艺术的陵园。

速檀是阿拉伯文"Sultan"的音译，意为"君主"或"统治者"。"麻扎"是阿拉伯语的音译，意思是"圣地"、"圣徒墓"。有些地方历史上的宗教名人或汗王的坟墓成为具有宗教意义的麻扎和一方信教群众朝拜的圣地，速檀·歪思汗麻扎就是其中闻名遐迩的麻扎之一（图9-2-12）。

速檀·歪思汗麻扎现已成为教民朝拜的著名麻扎。该麻扎为土砖木结构，其一、二、三层为方形，四角垂檐，第四层呈六角形，飞檐斗栱，散水覆盖琉璃瓦，顶楼为月牙形塔尖。两面窗户为圆形雕棂，中间榜出砖刻阿拉伯文铭文。底层流檐有20根立柱支撑，顶为拱形。歪思麻扎北20米，是歪思母之墓。陵园内南北排列着伊斯兰教徒的坟墓，整个陵园深邃、幽静、肃穆，具有浓重的宗教色彩和气氛（图9-2-13）。

图9-2-11 麻赫穆德·喀什噶里墓（图片来源：《新疆丝路古迹》P64—图61 作者：刘禾田 出版社：中国建筑工程出版社）

图9-2-12 速檀·歪思汗麻扎近景（图片来源：《新疆维吾尔自治区第三次全国文物普查成果集成——伊犁哈萨克自治州卷》P153 作者：新疆维吾尔自治区文物局 出版社：科学出版社）

图9-2-13 速檀·歪思汗麻扎西侧面（图片来源：《新疆维吾尔自治区第三次全国文物普查成果集成——伊犁哈萨克自治州卷》P153 作者：新疆维吾尔自治区文物局 出版社：科学出版社）

五、叶尔羌汗国王陵

叶尔羌汗国王陵位于新疆喀什地区莎车县老城和新城之间的阿勒屯德尔瓦兹以北，是叶尔羌汗国时期的王陵，它最早是在1533年为悼念赛义德王朝第一个汗王苏里唐赛义德而修建的。2006年5月成为国务院公布的第六批全国重点文物保护单位。

叶尔羌汗国王陵又称阿勒屯麻扎，"阿勒屯"汉语意为"金子"，"麻扎"则为"坟墓"。陵内葬有叶尔羌汗国创始人等11代王室成员。叶尔羌汗国王陵在布局和图案装饰等方面，别具风格，是伊斯兰教优秀建筑艺术，为了解当时的政治、经济状况、生活习惯、埋葬方式等具有重要的历史价值。目前其保存完好，对外开放。

叶尔羌汗国王陵及清真寺由三部分组成，西边是"阿勒屯鲁克清真寺"，东边是"阿勒屯水池"，中间是"阿勒屯麻扎"，总占地面积15000平方米。"阿勒屯麻扎"又分为几个单独部分。埋葬汗王和他们的宗教信徒的墓地，由砖墙和木栅栏围起来，筑有琉璃砖装饰的大门，大门内是全用砖砌成的一排排坟墓，墙和坟墓外面，是用各种纹样图案的石膏花和有各种铭文的花砖装饰。前方插着各种彩旗。居室单另修建，整个麻扎有浓郁的宗教色彩（图9-2-14～图9-2-16）。

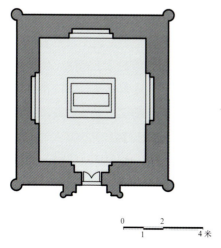

图9-2-14 叶尔羌汗国王陵平面图

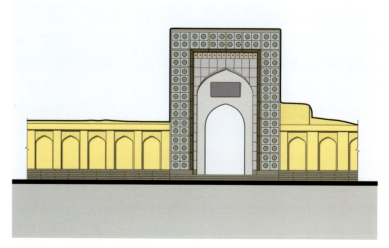

图9-2-15 叶尔羌汗国王陵大门立面图

图9-2-16 叶尔羌汗国王陵（图片来源：《新疆维吾尔自治区第三次全国文物普查成果集成——喀什地区卷》P150 作者：新疆维吾尔自治区文物局 出版社：科学出版社）

六、艾比甫·艾洁木麻扎

艾比甫·艾洁木麻扎位于上阿图什乡依克萨克村，距离阿图什市区30公里。陵墓最早修建于公元19世纪60年代，是新疆古建筑艺术的集中体现。同时又是保存较好的典型的伊斯兰式琉璃面的麻扎建筑。整座麻扎的布局，建筑构造和花纹图案等都具有浓厚的地方特色和民族风格，是维吾尔建筑艺术的精华和维吾尔人民宝贵的历史文化遗产。对研究新疆古建筑具有重要的科学、艺术价值。2006年5月成为国务院公布的第六批全国重点文物保护单位。

麻扎建筑为伊斯兰式，顶部呈圆形，琉璃砖覆盖，下部为长方体，由砖、石膏、沙、泥等建成，未用任何木料和金属材料。结构和彩花装饰都具有浓郁的地方特色和民族风格，具有典型的维吾尔民族建筑特征。建筑物宽13米，纵深17.5米，主体高17.5米，艾比甫·艾洁木麻扎由大门、院子、主墓室、堂室等部分组成，占地面积为227.5平方米（图9-2-17）。

艾比甫·艾洁木麻扎外形平面呈方形，砖木结构，顶部圆拱形，四隅和门两侧修建有塔楼。建筑物顶部用彩色琉璃砖装饰。琉璃砖是当地所造，规格和标准在当时都是一流的，色彩至今未褪，依然鲜亮，对于研究清朝时期琉璃制造工艺有着很高价值。麻扎外部和内部石膏雕花工艺精湛，制作复杂的花窗体现了那个时代的建筑特征。艾比甫·艾洁木麻扎在1902年发生的大地震中多处裂缝，但整体建筑保存仍然完好（图9-2-18）。

七、哈密回王墓

哈密回王墓位于新疆哈密市区西南1公里，有环城路相通，地理坐标东经93°29′10″；北纬42°28′47″，海拔740米。维吾尔族称之为"阿勒同

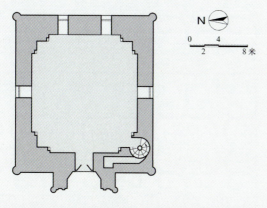

图9-2-17 艾比甫·艾洁木麻扎平面图

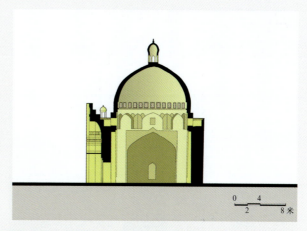

图9-2-18 艾比甫·艾洁木麻扎墓室剖面图

勒克"（意为黄金之地）。1709年第一代哈密王——扎萨克额贝都拉死后便葬于此。从此这里便成为清代哈密历代回王的墓葬建筑群。2006年5月成为国务院公布的第六批全国重点文物保护单位。

陵墓建筑群占地面积约1.3公顷，四周有围墙。建筑群共分三部分：第一部分是大拱拜（即回王坟），埋葬着七世回王伯锡尔及其大小福晋，八世回王穆罕默德及其王妃、王族40人。该墓为新疆著名的伊斯兰建筑，下方上圆，通高17.8米，建筑面积1500平方米，雄伟壮观素雅庄重。第二部分是南边的五座亭式木结构小拱拜，东西排列，为历代回王陵墓，现完整保存的只有两座。第三部分为艾提卡大礼拜寺，该寺东西长60米，南北宽36米，占地2280平方米。大寺顶棚内由108根雕花木柱承重，四壁饰花卉图案及阿拉伯文《古兰经》，是哈密地区最大的清真寺（图9-2-19）。

现在的回王陵建筑群由大拱拜、小拱拜和大清真寺（艾提卡清真）等三部分组成。大清真寺殿高大宽阔，可容纳5000人同时礼拜，史料记载，该寺修建于一世回王额贝都拉时期（即康熙年间）。四世回王玉素甫时（1740～1760年间）和六世回王额尔德锡时（1740～1813年间）曾两次扩建。同治六年（1867年）七世回王白锡尔死后，清廷追封他为硕亲王，并拨专款修建大拱拜（即回王坟）（图9-2-20）。

八、默拉纳额什丁麻扎

默拉纳额什丁麻扎，位于库车县新城西约700米，库车新、老城交界处。麻扎初为伊斯兰教传教士默拉纳额什丁陵墓，后扩建为综合宗教场所，由宣礼塔、礼拜大厅、宗教法庭、陵寝及亲属坟场组成。2013年成为国务院公布的第七批全国重点文物保护单位。

麻扎院落东西走向边界约140米，南北走向边界约100米，总面积：1.4公顷。保护区边界向北40米至卡鲁库水渠，向南65米与哈拉墩建设控制地带相接，向东80米抵乌恰干渠分支，总面积：5.1公顷。麻扎曾经几次重修，现存建筑重建于清同治六年（公元1867年）（图9-2-21、图9-2-22）。

清真寺在西部为四方形，宣礼楼在东南方向，高约12.5米，顶部呈拱形。楼体饰玻璃花纹方砖，上有龛10个，礼拜大厅内雕梁画栋，宏伟高大，整个建筑为典型的伊斯兰教风格，礼拜大厅西廊墙上挂有清朝光绪年间李藩所题"天方列圣"木匾。麻扎在东部陵寝位于坟场中心，为正方形平顶有檐式建筑，边长约16米，高约4.5米，四周用木制暗窗格为墙，其间有走廊环境，墓冢上覆盖有各色布幡，檐下刻有阿拉伯铭文（图9-2-23、图9-2-24）。

图9-2-19 哈密回王墓 近景（图片来源：《新疆传统建筑艺术》P454—图332 作者：张胜仪 出版社：新疆科技卫生出版社. 1999.5.）

图9-2-20 哈密回王墓墙面纹饰

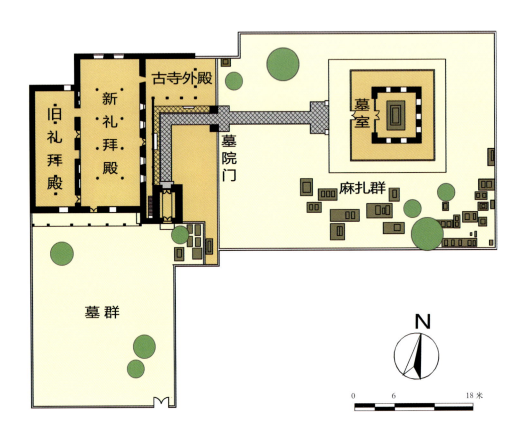

图9-2-21 默拉纳额什丁麻扎总平面图

图9-2-22 默拉纳额什丁麻扎清真寺宣礼楼剖面图

图9-2-23 默拉纳额什丁麻扎（图片来源：《新疆丝路古迹》P109—图111 作者：刘禾田 出版社：中国建筑工程出版社）

图9-2-24 默拉纳额什丁麻扎（图片来源：《新疆丝路古迹》P110—图112 作者：刘禾田 出版社：中国建筑工程出版社）

新疆古建筑

第十章 烽燧及其他构筑

新疆烽燧及其他构筑分布图

1. 克孜尔尕哈烽燧群
2. 孔雀河烽燧群
3. 昌吉州烽燧群
4. 哈密烽燧遗址
5. 古代吐鲁番盆地军事防御遗址
6. 奴拉赛铜矿遗址
7. 坎儿井地下水利工程
8. 骆驼石旧石器遗址
9. 岳公台—西黑沟遗址群
10. 石人子沟遗址群

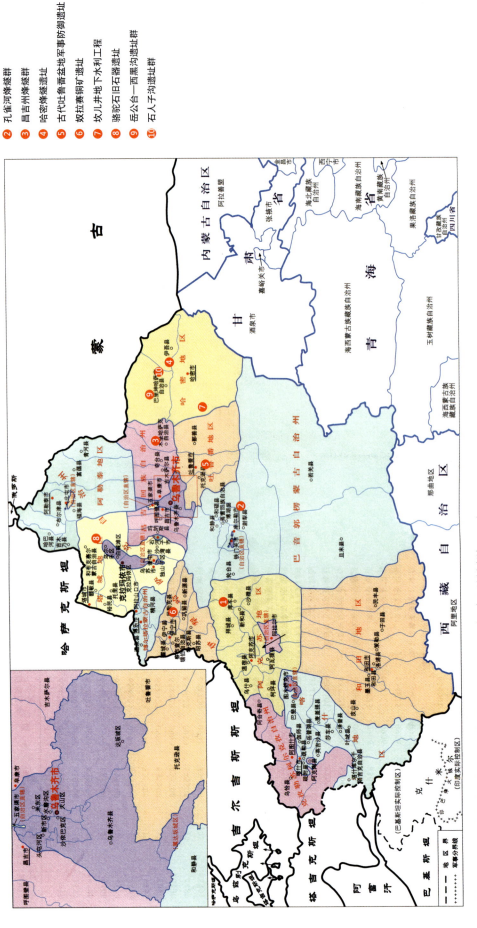

(地图引自：中华人民共和国民政部编. 中华人民共和国行政区划简册2014. 北京：中国地图出版社，2014.)

第一节 烽燧

烽燧又称烽火台，为古代重要军事防御设施体系中的一种构筑物，用于点燃烟火传递军情消息，这种白天放烟为"烽"、夜间举火为"燧"的消息传递方式可追溯到商周时期。烽火台的建造早于长城，由于当时西北边境战事的需要，汉代非常重视烽火台的建设。现新疆区域内的烽火台多建于汉唐时期，遍布于天山南北，与古丝绸之路的中道与北道走向相一致，其军事预警的功能起到了护卫丝路安全和畅通的重要作用。烽火台在汉代称为烽堠、亭燧，唐宋时期称作烽台，明代称作烟墩或墩台。烽火台多沿交通道路并择地形高处独立构筑，也有三五个成犄角配置建设成烽堠群的状况。

汉代西北烽燧通常筑有一独立的高台望楼，作为瞭望敌情、传递消息之用。望楼即烽火台，一般为方形锥体，高多在10米以上，顶部多搭有供值守的建筑空间，"居延汉简"中有"广丈四尺，高五丈二尺"的记载。有的烽火台附近筑有障墙，围合出供守烽燧的戍卒居住的范围，并在外部周边埋设称为"虎落"的小木桩以利守卫，面积大的障墙范围内还建有羊马圈、仓库、武器库等建筑。唐代的烽燧建设形成了成熟定制，在烽燧的设置、烽火的种类、烽火的程度和传警的方法等方面都有详细规定。烽火台通常选址在易守难攻的高起山丘上，间距根据地形环境在15公里左右，并根据所处地点对于边防的重要性进行不同的配置。宋代编撰的《武经总要》中记载："唐法，凡边城候望，每三十里置一烽，须在山岭高峰处，若有山冈隔绝，地形不便，则不限里数。要三烽燧相望。若临边界，则烽火外围筑城障……凡置烽火，置帅一个，副一人。每烽置子九人，并取谨信有家口者充副帅。往来检校烽子九人，分更刻望视。一个人掌牒符，并二年一代。"唐代的烽火台在建构方式上，为生土垒筑，平面为圆形或方形高台，高台之上搭建有外挑木廊的圆形屋。据唐《通典·拒守法》中记载："烽台，于高山四顾险绝处置之，无山亦于孤迥平地置。下

图10-1-1 克孜尔尕哈烽燧远景

筑羊马城，高下任便，常以三五为准。台高五丈，下阔二丈，上阔一丈。形圆。上建圆屋覆之。屋迳阔一丈六尺，一面跳出三尺，以板为。"烽火台下的障墙内凿井、建屋，供戍卒生活和值守，划分有堆积杆草等可燃材料的地方，并在堆积材料的四周开挖出堑壕，以防止燃放烽火时不慎而导致大面积的野火蔓延。

一、克孜尔尕哈烽燧

克孜尔尕哈烽燧建于汉代，位于现库车县依西哈拉乡境内，坐落于却勒塔格山南麓盐水沟沟口的冲积台地上，其东南距库车县城12公里，海拔1200米。烽燧处丝绸之路北道的核心地段，是新疆丝绸古道上建造时代最早、保存最为完好的烽燧遗址。2001年成为国务院公布的全国重点文物保护单位。

克孜尔尕哈烽燧是汉宣帝年间西域都护府移设至乌垒时，建设起来的军事设施。烽燧基底平面呈长方形，东西长6米、南北宽约4米，由底部向上逐渐收分呈梯形，残高约13米。烽火台由黄土夯筑而成，每层夯土厚为12～15厘米，上部夯层中夹有木骨层。烽燧顶部建有望楼，以胡杨木柱为骨架土坯垒砌，现仅存胡杨木栅残留物，烽燧本体长期受自然侵蚀和风蚀作用，南侧的中上部呈向内凹陷状（图10-1-1～图10-1-3）。

图10-1-2 克孜尔尕哈烽燧近景

图10-1-3 克孜尔尕哈烽燧细部

图10-1-4 孔雀河烽燧群 脱西克烽燧遗址

图10-1-5 孔雀河烽燧群 沙鲁瓦克烽燧遗址（图片来源：《新疆维吾尔自治区第三次全国文物普查成果集成——巴音郭楞蒙古自治州卷》P54 作者：新疆维吾尔自治区文物局 出版社：科学出版社）

二、孔雀河烽燧群

孔雀河烽燧群坐落于巴音郭楞蒙古自治州尉犁县境内，孔雀河沿岸的荒漠地带，为从汉代直到晋代不同时期建设起来的楼兰地区军事防御设施，烽燧群由11座烽火台组成，相距5～30公里不等，整个烽燧群东西方向绵延长达150公里。2001年成为国务院公布的全国重点文物保护单位。

多数烽燧的建造方式为土坯垒筑，土坯层间夹有胡杨木、芦苇及红柳枝等纤维层进行加固；少量烽燧为夯土版筑。生土构筑的烽燧受长期的风蚀，倒塌程度不同、残高不等，部分烽燧已呈土墩状。孔雀河烽燧群由营盘西南烽燧、兴地山口烽燧（Ⅰ）、兴地山口烽燧（Ⅱ）、兴地山口烽燧（Ⅲ）、脱西克吐尔烽燧、脱西克吐尔西烽燧、卡勒塔烽燧、沙鲁瓦克烽燧、萨其该烽燧、孙基烽燧、亚克仑烽燧11座组成。2003年又在孔雀河北岸地区发现苏盖提烽燧、库木什烽燧、克亚克库都克烽燧、阿克吾尔地克烽燧4座烽燧，并统归入孔雀河烽燧群（图10-1-4、图10-1-5）。

三、昌吉州烽燧群

昌吉州烽燧群由22个烽火台组成，东起昌吉回族自治州最东边的木垒县，西至昌吉州最西边的玛纳斯县，东西向绵延300多公里，贯通在由碎叶经庭州到哈密的丝绸之路北线上，为北庭大都护府辖区核心城市周边军事防御系统中的重要设施。2013年5月成为国务院公布的全国重点文物保护单位。

昌吉州烽燧群中位于呼图壁县的两座相距10公里的烽火台，分别建于唐代早期和清代晚期，建造的时间跨度近1000年。22座烽火台之间有五里、十里和三十里不等的距离，其中距离呼图壁三十里的大墩烽火台为清朝盛期建造。三十里大墩烽火台的主体为四棱台形，底边长5.1米、顶边长约2米、高5米，占地26平方米，整个台体以黄土夯筑并周边插入木楔，夯层厚十多厘米并叠压芨芨草，以加固夯土墙体。三十里大墩烽火台与附近的芦草沟古城，同为1777年建成，构成了相互协同的军事防御设施（图10-1-6）。

四、哈密烽燧遗址

哈密烽燧遗址由63座烽火台组成，在现新疆维吾尔自治区哈密地区范围内均有分布：哈密市域内分布有25座、巴里坤县域内分布有35座、伊吾县域内分布有3座。哈密地区处于古丝绸之路北线的中端，保存的烽燧最多且较为完整，哈密烽燧群是由唐代直到清代持续建设的军事防御设施遗址。2013年5月成为国务院公布的全国重点文物保护单位。

哈密烽燧群遗址中有4座建于唐代的烽火台，分别为地处哈密二堡的拉克苏木烽燧、柳树泉的下马不拉克烽燧、巴里坤三塘湖烽燧和伊吾前山阔吐尔肖纳烽燧，其他绝大多数的烽燧为清代构筑，烽燧群建造的时间跨度近1000年。自现今巴里坤县城向西至萨尔乔克一带，烽火台之间的间距平均2~3公里，13座烽火台连绵相望，是哈密烽燧群中分布密度最高的地带。其中萨尔乔克烽燧与巴里坤湖滨烽燧形制基本相同，同为正方形平面、燧体向上收缩的棱柱形，夯土中夹有红柳枝并穿凿圆木构架。萨尔乔克烽燧长宽各8米、高7米多，夯土燧体上穿架有四层直径8厘米左右的木棍。巴里坤湖滨烽燧燧体高大完整，长宽各10米、高9米多，夯土燧体中穿凿直径25厘米的圆木，烽燧东南存有积薪院落遗址（图10-1-7）。

图10-1-6　昌吉州塔西河古堡烽火台近景（图片来源：《新疆维吾尔自治区第三次全国文物普查成果集成——昌吉回族自治州卷》P79　作者：新疆维吾尔自治区文物局　出版社：科学出版社）

图10-1-7　哈密十五里墩烽燧遗址远景（图片来源：《新疆维吾尔自治区第三次全国文物普查成果集成——哈密地区卷》P105　作者：新疆维吾尔自治区文物局　出版社：科学出版社）

五、古代吐鲁番盆地军事防御遗址

吐鲁番盆地共有军事防御与交通类遗址62处，其中烽燧遗址42处、驿站遗址9处、戍堡遗址7处、军屯遗址4处。烽燧遗址自汉代开始修建，唐代发展为成熟时期，清代逐步退出历史舞台。2013年5月成为国务院公布的全国重点文物保护单位。

吐鲁番盆地地处丝绸之路中道的要冲之地，东面连接敦煌、南西北三面贯通西域全境，与伊吾、楼兰并称西域门户，是重要的交通枢纽和拥有重要的战略价值。吐鲁番盆地通往外部的交通路线共有11条，有"白水涧道"：高昌故城—交河故城—白杨沟—乌鲁木齐；"银山道"：高昌故城—交河故城—托克逊—干沟—焉耆盆地；"他地道"：交河故城—桃树园子—亚尔乡—庭州；"大海道"：鄯善—迪坎—大阿萨—敦煌。盆地周边沿交通孔道构筑报警烽燧的方式，经汉代与魏晋时期逐渐建设，至唐代发展为完备的军事防御及馆驿制度，烽燧、戍堡等与干道、支路组合形成多条警戒护卫线。吐鲁番盆地军事防御设施依托水系进行建设，烽燧之间的分布大致在20～30公里不等，大多分布在河流和沟渠中下游的冲洪积扇上，以高昌、交河、柳中和蒲昌等城为中心，形成呈放射状向外延伸状的交通线路的防御体系。

吐鲁番盆地烽燧以泥土、杂草制成的土坯垒砌而成，或以生土夯筑而成，平面呈方形、菱形和不规则等多种形态，燧体造型呈向上收分的梯形，设有阶梯以供戍卒登台观察瞭望。烽火台燧体的建造方式分为实心和空心两类建构。

实心燧体建构以色格孜库勒烽燧和汉敦夏大墩烽燧为典型，其类型的特点为：① 整个燧体夯土筑成，顶部平台建有房屋建筑，燧体的一侧建有阶梯可达顶部；② 燧体的基底夯土筑成，上部以土坯砖垒砌而成；③ 燧体内部夯土筑成，外围则叠砌一层土坯，同样在燧体的一侧有可攀登的阶梯。

空心燧体建构以煤窑沟戍堡和七泉峰萨依烽燧为代表，其类型的特点为：① 燧体基底为夯土筑

图10-1-8 古代吐鲁番盆地军事防御遗址（二塘沟烽火台）（图片来源：《新疆维吾尔自治区第三次全国文物普查成果集成——吐鲁番地区卷》P49 作者：新疆维吾尔自治区文物局 出版社：科学出版社）

成，上部以土坯砖围砌出空间；② 整个燧体为土坯垒砌，基础以上用土坯垒砌出券顶式空间，外部设有台阶可达顶部；③ 燧体为土坯垒筑的上下二层建筑，攀登的阶梯设在燧体的内部，由房屋内贯通顶部（图10-1-8）。

第二节 其他构筑

新疆各地自古就有人类的活动，各地人们的生产生活行为也因自然环境资源的不同而呈现多种多样，有绿洲农业生产活动、有金属冶炼生产活动等等，并由此形成相应的建造行为和建造遗存。这些构筑物标示出新疆地区的经济文化发展脉络、聚居人群的生存智慧和建造方面的科技水平，如有着与长城、运河并称中国古代三大工程的"坎儿井"水利工程。

一、奴拉赛铜矿遗址

奴拉赛铜矿遗址是一处春秋战国时期的采矿冶炼遗址，位于新疆维吾尔自治区尼勒克县城南约3公里的喀什河南岸、阿吾拉勒山北坡的天山奴拉赛沟中，矿脉顺东西走向的沟谷展开，遗址面积约6.6公顷，距今约2500年。2001年6月成为国务院公布的全国重点文物保护单位。

奴拉赛铜矿遗址含采矿和冶炼两部分，包括圆头山古铜矿遗址和奴拉赛古铜矿开采、冶炼遗址。

图10-2-1 奴拉赛铜矿遗址远景（图片来源：《新疆维吾尔自治区第三次全国文物普查成果集成——伊犁哈萨克自治州卷》P43—图1 作者：新疆维吾尔自治区文物局 出版社：科学出版社）

图10-2-2 奴拉赛铜矿通道（图片来源：《新疆维吾尔自治区第三次全国文物普查成果集成——伊犁哈萨克自治州卷》P44—图2 作者：新疆维吾尔自治区文物局 出版社：科学出版社）

采矿遗址部分，在圆头山古铜矿遗址中有露天采掘矿坑和大型石器；在奴拉赛铜矿采矿区有10余处竖井洞口，每个洞口5米见方，洞口都已坍毁，并被碎石、沙砾和草丛所覆盖。其中山腰的一处采矿竖井深达20余米、宽约5米。采矿的井壁陡峭，两侧有水平方向的圆木层层加以支撑，圆木两端楔入矿壁。多数撑木已塌折并与矿石石器和泥土混杂，形成厚达4~6米的堆积层。从地面井口的分布状况看，采矿竖井在地下可能相互连通，从而形成网络状采矿巷道，构成规模较大的开采矿区。冶炼遗址位于奴拉赛沟谷内较平坦的地方，距离竖井不远的沟谷中，因被山洪冲刷，现仅存长20米、宽1.5米、厚0.5米的冶炼炉渣堆积带，堆积层中含矿石、炉渣、兽骨、碎陶片以及经过粗炼的呈圆龟形白冰铜锭。在竖井和洞口周围有大量的矿石和石器，石器为圆形和扁圆形大石锤，一头圆钝、一头尖锐，石锤一端大都凿有纵横凹槽，为平衡和提升工具（图10-2-1、图10-2-2）。

二、坎儿井地下水利工程

坎儿井是新疆特有的通过地下渠道引导高山融雪灌溉农田的水利设施，这一荒漠地区特殊灌溉系统，位于新疆吐鲁番和哈密地区。新疆地区共有坎儿井1400多道，总长度达5000多公里。其中吐鲁番市为538道，鄯善418道，托克逊180道，年径流量达2.94亿立方米，占吐鲁番总灌溉面积的30%以上。2006年5月成为国务院公布的全国重点文物保护单位。

坎儿井开凿的历史久远，在《史记·河渠书》和《汉书·沟洫志》即有相关记载。坎儿井是干旱荒漠地区，利用开发地下水，利用重力自流通过地下通道将地下水引导至地面，进行农田灌溉和满足生活用水的水利设施。坎儿井由竖井、暗渠、明渠和"涝坝"（蓄水池）四部分组成，在其构筑时于高山雪水融化入地的潜流处寻找水源，间隔一段距离下挖深浅不等的竖井，然后根据地形的起伏走向在井底修建暗渠加以沟通，并将引水下流地下渠道的出水口与地面渠道相连接，形成整个灌溉和生活用水系统。竖井是开挖或清理坎儿井暗渠时运送地下泥沙或淤泥的通道，兼具送气通风的功能。竖井越靠近地下水源处井深越大，最深的竖井可达90米，竖井通常间隔20~70米，井口呈长方形或圆形，面积约1平方米。暗渠通过地表的木棍定向和地下油灯定向方法全部在地下挖掘，通常1.7米高、1.2米宽，长度从几百米到几十公里不等。明渠为在地表上修筑的沟渠，通过"龙口"与地下暗渠相衔接。涝坝为沿渠道修建起具有蓄水和调节水作用的池塘（图10-2-3、图10-2-4）。

吐鲁番盆地是极度干旱的地区，酷热少雨，年蒸发量约为降雨量的200多倍，盆地北部的博格达山和西部的喀拉乌成山，每年夏季有大量融雪和雨

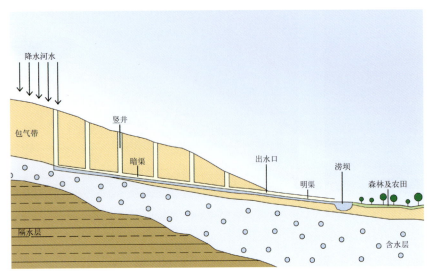

图10-2-3 坎儿井地下水利工程纵断面示意图

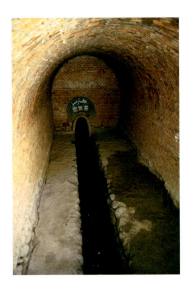

图10-2-4 坎儿井地下水利工程

水流向盆地,渗入戈壁汇成潜流,为坎儿井的修筑提供了丰富的地下水源,这些自然条件使得新疆的坎儿井主要集中在吐鲁番和哈密一带。

三、骆驼石旧石器遗址

骆驼石旧石器遗址地处塔城地区的和布克赛尔蒙古自治县境内,位于和什托洛盖镇的和什托洛盖村,是一处大型的石器制造场。遗址面积约20平方公里,与交河古城沟西台地同为新疆地区旧石器文化的典型代表,遗址年代可追溯至距今10~2万年区间。2013年5月成为国务院公布的全国重点文物保护单位。

遗址中有石核、石片和加工过的石器,石器的原料为黑色页岩,采用勒瓦娄哇技术打制。通过在打制石片之前对石核进行修理,预制出呈倒龟背状的石核,以使得打下的石片薄而规整,石片背面布满石片疤痕,具有旧石器时代中、晚期的鲜明技术特征(图10-2-5)。

四、岳公台—西黑沟遗址群

岳公台—西黑沟遗址群位于新疆哈密地区巴里坤县城西南3公里处东天山北麓的山前缓坡地带,呈西南向东北的分布状况,南北宽约3公里、东西绵延长约5公里,遗址群占地面积约10平方公里。

骆驼石遗址局部

骆驼石遗址地表

图10-2-5 骆驼石旧石器遗址(图片来源:《新疆维吾尔自治区第三次全国文物普查成果集成——塔城地区卷》P32 作者:新疆维吾尔自治区文物局 出版社:科学出版社)

遗址区内分布有石筑高台、石围基址、石筑墓葬以及岩画等遗迹，数量多、规模大。2013年5月成为国务院公布的全国重点文物保护单位。

作为保存完整的游牧部落史前遗址群，有石筑高台3座、大型石围墙基址1座、石筑高台周围分布有十几座或几十座石围居址，石围居址共有126座，其中最大的单座石围居址面积达900平方米以上，为游牧民族搭建帐篷修筑的平台。遗址群中有平面方形或长方形的石结构墓葬300余座，另有岩画1000余幅。

石筑高台建在地势较高、视野开阔的平缓山坡上，平面为圆形或近圆形，由卵石堆砌而成，高度在3～5米之间。岳公台—西黑沟遗址群有石筑高台共3座，自西向东分别为：双闸鄂博、高家鄂博、倪家鄂博。高台周围分布着数量较多的卵石砌筑的石围基址，石围基址以石筑高台为中心，排列有序，与石筑高台构成成组的建筑遗迹群。遗址群范围内都有石筑墓葬分布，其中大多数墓葬密集分布在山谷口附近，形成了墓葬群，其中东区弯沟口外的墓葬群有墓葬二百余座。遗址群中的岩画大多刻在黑色的岩石上，岩画的颜色、内容和表现形式有所不同，为不同时代、不同文化的作品。岩画的内容以动物类图像为主，也有狩猎、骑马、车辆等活动场面和太阳、植物等反映自然界的图像；在表现形式上有静态剪影式、动态剪影式和粗线条式三种岩画（图10-2-6）。

五、石人子沟遗址群

石人子沟（东黑沟）遗址西距巴里坤县城约23公里，位于石人子乡石人子村南的东天山北麓强倾斜地带。遗址分布范围大，东西方向长约10公里、南北方向宽约5公里，有建筑遗址区、墓葬区和岩画区，由青铜时期延续至隋唐时期，是一处规

图10-2-6 岳公台—西黑沟遗址（图片来源：《新疆维吾尔自治区第三次全国文物普查成果集成——哈密地区卷》P64 作者：新疆维吾尔自治区文物局 出版社：科学出版社）

模宏大、内涵丰富的古代游牧文化大型聚落遗址。2013年5月成为国务院公布的全国重点文物保护单位。

遗址群范围内分布有大型石筑高台3座，石围居住基址140余座，墓葬1666座，刻有岩画的岩石2485块。3座石筑高台从南至北呈倒品字等腰三角形分布，其中中部高台位于遗址南部山坡上的最高处，为遗址群的中心，东、西两座高台分别位于遗址东西两侧的山坡下，距中高台约4公里。中高台周围有多座方形石围居址，与高台形成组合关系，西半部和南部的5座石围居址保存得较为完好。

遗址群中墓葬沿东天山北坡由上向下分布，上部分布的早期墓葬地表形式多为圆形石封堆，有封堆直径在10米以下的小型墓和封堆直径为10～20米的中型墓，有少量封堆直径达数十米的大型墓。墓葬的墓坑开于山前坡地冲积形成的沙土、卵石混合的堆积上，多呈长方形或椭圆形竖穴。岩画主要分布在山前坡地冲击形成的大型石块上，岩画的形式以动态剪影式为主，用石器密点垂直敲凿和用金属工具刻画。岩画形象有人物、动物、马车等，内容表现有祭祀、战争、放牧、狩猎等场面。

新疆古建筑

第十一章 建筑营造与装饰

新疆由于地域辽阔，使得各个地区的自然环境条件和社会经济状况等方面存在着较大的差异，使得可便捷获取并用于建筑营造的材料有着地区间的差别，并由此带来了相应的建构体系和营造技术有着地区的特征。各种类型的建筑由于使用空间和功能用途的不同，在建构方式与装饰方面也有其对应的特征。加之各民族在生活方式、建造方式和审美价值等方面的文化传承，使得在营造技术尤其是在建筑装饰方面带有强烈的民族特征。正是由于多民族聚居所形成的人文环境和自然环境的丰富多样，造就了与多种建造材料相对应的营造技术，并由此汇集而成了新疆丰富多彩且极具民族性和地方性的建筑营造与装饰。

第一节 建构体系

新疆由于各个地区有其独特的气候条件、物质条件、环境资源状况和经济基础等，在建筑的建构体系上因地制宜而形成了多种多样的方式，从大的分类上可简略概括为两大类，即在单一建材基础上形成的建构体系、复合建材基础上形成的建构体系。两大类建构体系之中因材料使用状况的不同，产生建造技术的不同，又分为多种建构方式。

一、单一材料建构体系

单一材料的建构体系，即指建筑的主体承重结构和围护结构以某一种材料为主或采用同一种类型的材料，其他的建造材料在整个营建中仅起到次要辅助作用的一类建构体系。在新疆地区因气候条件的原因，可用于建造的材料资源相对匮乏且受制于运输条件，多以当地可便捷获取资源的为建造材料，如生土和相应的建造技术所形成的建构体系。

1. 生土材料建构体系

新疆尤其是吐鲁番、哈密以及南疆等地区，利用生土建造房屋的情况普遍，各地根据资源状况的差异而有生土窑洞建构方式、生土夯筑建构方式、湿土垒砌方式和土坯砖砌筑方式等（图11-1-1）。

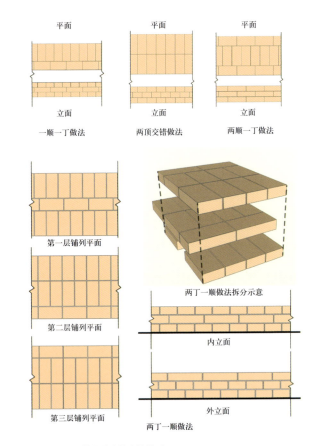

图11-1-1 土坯的各种砌筑方法模型

（1）窑洞建构方式

窑洞建构方式是利用所在地区丰富的黄土资源，通过开凿和挖掘的方式建构起佛窟、僧房以及居住等功能的使用空间。这类掘穴为室、凿壁为屋的"负型"建构方式大多是依靠土质厚深的山坡或断崖，依山就势地进行开凿横向空间形成窑洞，开凿出的窑洞空间有用于礼佛的支提窟、毗诃罗窟以及僧侣修行居住的洞窟，如唐代开凿的克孜尔千佛洞、胜金口石窟等。同为"负型"建构方式的还有从地面向下挖掘竖穴空间，在其上部架设棚架以获取生活空间，由此形成当地俗称的"地窝子"、"地窨子"（图11-1-2）。

窑洞建构方式受制于所在地区的土质特性，如土质的黏结度、生土的节理等，其挖掘获得的空间通常不大，窑洞顶部通常为拱形，以形成相对宽的洞窟开间和支撑上部生土的重量（图11-1-3）。

图11-1-2 位于车库县北部某千佛洞的洞窟（图片来源：《新疆民居》P66-图3-1a 作者：陈震东 出版社：中国建筑工程出版社.2009.）

图11-1-3 自挖窑洞（图片来源：《新疆民居》P67-图3-1b 作者：陈震东 出版社：中国建筑工程出版社.2009.）

（2）生土夯筑方式

生土夯筑方式即是通过将加入适量水的湿土，倒入预先锚固好的木质模板中进行夯打压实，由下向上分层构筑起墙体的做法。生土夯筑方法多用于墙基、墙体、台座、佛塔、城墙等，并因所在地区土质情况的不同、依所构筑对象的不同，而分为夯筑素土或骨料土、夯筑混合土和夯筑加筋土等几种（图11-1-4）。

生土夯筑方式通常在潮湿的土中加入适量的沙子、碎石等骨料，以增强夯筑墙体的强度和防止开裂。在砂土地区，由于当地土质的黏结性较差，在夯筑时向土中加入石膏、石灰和石子，形成混合土以提高夯土墙体的强度和整体性。为提高夯土墙的整体稳定性，墙体中每隔一段高度铺设一道草筋、芨芨草或红柳枝，通过加筋提高墙体的抗剪和抗裂性能。

夯土木质模板通常为高约50厘米左右的侧壁板与斜向支撑和竖向拉结的木杆构成，模板的长度不一。生土倒入模板中，以木质夯锤分层夯实，每层的夯实厚度不等但多在10厘米左右，夯实厚度约为生土的60%。夯土模板每隔40~50厘米上移一次，形成夯土墙体上架层的痕迹。生土夯筑的墙体通常下宽上窄，以利墙体的稳定，墙体上的门窗洞口为预先留出，待墙体晾干固结后再凿出沟槽嵌入门窗框。

（3）湿土垒砌方式

湿土垒砌又称"土疙瘩墙"，即将黄土、沙子、少量植物纤维和水充分搅拌，待达到一定的干湿度时塑成疙瘩块状，由地面或墙基向上层层堆叠，形成下宽上窄的垒砌墙体。这种建构方式因土疙瘩湿软，需在垒砌到一定高度时待其干硬后方可继续垒砌，同时为增强下层干燥墙体与上部垒砌墙体之间的黏接，在墙体垒砌高度的层与层之间增加泥浆。泥浆选择较为细密的黏土为原料，经加水浸泡和草茎拌和后形成，在这层黏结力较强的泥浆之上，再垒砌湿土。依照这样的工序反复垒砌直至所需墙体高度，然后用工具平整墙面、刮除压溢而出的泥浆，凿出所需的洞口（图11-1-5）。

湿土垒砌的方式通常为院墙建构，墙体下部墙厚约60厘米，顶部墙厚约40厘米，下宽上窄的形态为垒筑方式所致，且有利于墙体的稳定。

（4）土坯砌筑方式

土坯砖是将生土加水拌和秸秆、麦草等纤维草茎等材料，经切割晒干后做成土块；或是将拌和后的土倒入预先放置好的木制模具中，经刮压平整及晾干后制成体积相同的土坯砖。土坯砖的

图11-1-4　由干垒法夯筑的土墙

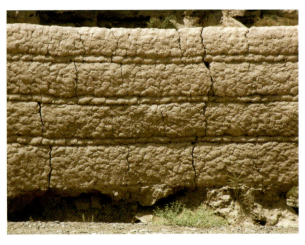

图11-1-5　由湿垒法夯筑的土墙

几何尺寸各地不一，但各地的土坯砖有其常用的规格，如库车苏巴什的土坯砖尺寸普遍为420毫米×260毫米×80毫米。土坯砖作为砌体普遍用于院墙和建筑墙体的砌筑，也有与夯土混合砌筑墙体的做法，作为承重结构的墙体和拱墩为平砌，围护院墙多为混合砌。在土坯墙体的平砌方法上有一顺一丁、二顺一丁；立丁砌方法上有一平一立丁、一顺一丁一立丁，并由砌筑方式的不同产生相应的墙体厚度。通常外墙厚度为45～60厘米，内隔墙因非承重墙而通常为单层土坯砌筑，墙体厚度多数在15～30厘米之间。

在土坯砖的材料基础上，发展出拱券砌筑技术和穹隆顶砌筑技术，在新疆各个生土资源丰富的地区都有运用，尤以吐鲁番地区居多。吐鲁番地区的无模砌筑方法为在后墙上画定拱线、由拱墩向上砌筑土坯砖，土坯砖之间用草泥浆加以黏结，拱脚部分的草泥较厚、拱顶部分的草泥较薄，配合宽厚的拱脚以抵抗拱体的侧推力。以交叉拱建构穹隆顶的砌筑方法，是在四角出挑肋砖之上逐层砌筑，以后部的拱砖压住出挑砖以平衡悬挑的力量，一圈圈一层层向上收缩砌筑，直至收顶形成穹隆空间。穹隆顶砌筑技术要求较高，多见于新疆各地的清真寺建筑和麻扎建筑的建构之中。

2. 石质材料建构体系

由于气候环境差别巨大，导致新疆各地可利用的建造材料大不相同，如在西部的帕米尔高原由于木材和黄土的缺乏，人们即以当地较为丰富的石材来砌筑房屋。由于石材资源分布较广，各地都有以石头作为建造资源的做法，但存在着在建造部位、建造用量上的差别，并相应地发展出不同的建造技术。新疆各地根据用于建设的石材类型可分为三种建构体系：第一种为卵石垒筑，多在临近河谷的地方，人们收集因山区洪水冲刷而堆积在河床上的卵石，多以泥浆垒砌的方式建构墙体的基部、院墙；第二种为毛石叠筑，多在山区环境之中，人们利用页岩或风化剥落的石块作为建造材料，由于以大小形状不一的天然石块来叠砌，建筑墙体通常厚达50厘米以上；第三种为块石砌筑，即对开采的天然石材进行打制加工，形成几何尺寸相对规整的石块，将石块以泥浆砌筑而构成建筑墙体（图11-1-6、图11-1-7）。

3. 木材结构体系

木材结构体系在新疆各地的建筑建造中多有所运用，普遍以木材作为房屋的承重结构，其他材料作为围护结构。即使在土坯墙和夯土墙体中也立有木柱、墙体下端设有木质地圈梁、上端设有木质梁枋，形成木构框架支撑建筑的屋顶，形成建筑的内部空间。建筑的屋顶木质结构大致分为以下三种：第一种是以南疆维吾尔族梁柱平檩式建筑为典型的密设小梁，上铺小椽，再以草泥覆盖平屋顶的建构方式；第二种是以汉族和回族建筑为代表的大梁、檩、椽和飞檐的小青瓦或草泥单坡屋面；第三种是以俄罗斯、乌孜别克族建筑为代表的人字屋架、檩条、椽子两坡或四坡顶，草泥屋面或木望板铁皮屋面。在楼层的建构上，以木梁上架木楼板，或木梁上搁密檩，再铺土坯草泥建构楼面。这样的梁柱平檩式建筑，在新疆各地多有建造（图11-1-8）。

图11-1-6 塔吉克族在石头城下用卵石砌筑的石屋

图11-1-7 哈萨克族牧民在冬窝子内用石块砌筑的石屋（图片来源：《新疆民居》P71-图3-8b 作者：陈震东 出版社：中国建筑工程出版社.2009.）

图11-1-8 位于大库仕台的井干式木屋（图片来源：《新疆民居》P71-图3-9 作者：陈震东 出版社：中国建筑工程出版社.2009.）

二、复合材料结构体系

复合材料结构体系即承重结构和围护结构分别由多种建筑材料组成，通常为木质材料架立起承重梁柱，当地的砖瓦土石等材料建构起围护墙体，这种建构方式最为量大面广且为各地所普遍采用。新疆的传统木框架建筑即为复合材料结构体系，其建造根据各地材料资源的状况因地制宜、就地取材、因材而建，在建构中以与材料相对应的技术，发挥出不同材料各自的性能优势，并且施工简便、经济和易于维护。

因自然环境资源状况和经济条件，新疆地区传统木框架建筑以木梁柱为承重结构，多以生土材料建造围护墙体。即建筑的柱基、地圈梁、柱、梁、枋、檩、椽和楼面、屋面结构等均为木质材料，与土坯或夯土墙相互配合建构起建筑空间。在木材参与围护墙体的建构方式上可分为两种，一种是用土坯将木质地圈梁和立柱等承重骨架包砌起来，木材的用料不大但设置较为密集，不承重土坯墙体厚实起到隔热、保温作用，此做法常见于喀什、莎车等地区；另一种是建筑物的墙体采用红柳树枝或板条编成笆子，再抹上草泥的做法，这种当地称为"笆子墙"的墙体通过绑扎的方式与木质梁柱之间进行锚固，因当地降雨导致的对墙体冲刷侵蚀较轻，笆子墙通常两三年需修补一次墙体。

复合材料结构体系由于新疆地区森林资源的缺乏和交通运输条件的制约，在木梁柱的构造上有其独特的方法，如木柱的上下两端均开凿榫头，上端插入木梁或托木的卯眼内、下端插入地梁内，形成闭合的木框架。由于新疆多地均缺乏大规格的木材，为解决建筑空间的跨度问题，通常使用小断面木材，在梁下形成托木以缩小跨度；在屋顶和楼面采用密小梁的方式以保证受力均匀。梁柱、密小梁、椽子叠放架立，木柱下设置地圈梁以及梁柱之间设斜撑拉结，以构成整体性和抗震性很强的稳定结构。屋顶的椽子上铺苇席保温、外抹草泥面，形成平屋面的建筑形态，如喀什地区的高台民居建筑。

图11-1-9　井干式木屋结构节点特写（图片来源《新疆民居》P71-图3-9a　作者：陈震东　出版社：中国建筑工程出版社.2009.）

将木材既作为承重结构又作为围护结构的"井干式"建筑在新疆也有建造，主要见于北疆的森林资源丰富地区。如在北疆的布尔津县喀纳斯，井干式建筑为矩形平面的坡屋顶形式，木材是粗大笔直的红松木，通过砍、削、锯，成为梁、柱和檩，将木头两端挖槽后，相互嵌扣，一根根向上垒搭而成墙体。搭接墙体每一根木头缝隙的连接处，用"努克"的草填满缝隙，草吸水后膨胀将缝隙填实以抗寒风侵入室内。北疆地区的气候多雨潮湿，建筑多为坡顶，木屋内部以木柱架设檩木，檩木上放置椽子形成人字坡屋面，椽子上覆盖树枝或涂抹草泥（图11-1-9）。

第二节 建筑装饰

新疆地区建筑装饰艺术的形成,包括装饰种类、造型手法和装饰纹样等,均与当地特殊的人文环境及地理环境有着密切的关系,特别是各民族独特的文化习俗和宗教信仰多以装饰的方式赋予建筑形态之上。由于新疆地区多个民族与中原汉文化以及与欧洲、印度、波斯及阿拉伯等文化的碰撞和交融,加之在历史进程中受到佛教、伊斯兰教等多种宗教在信仰观念上的深刻影响,从而形成了建筑装饰艺术的多元化特征和强烈的民族性及地区化特征。

一、维吾尔建筑柱式装饰

维吾尔族建筑柱式是新疆地区传统建筑装饰艺术的典型样式,作为支撑屋顶形成空间的柱子是建筑中最为普遍使用的构件,也是建筑装饰处理通常着重的部位。因气候环境和生活习俗的原因,维吾尔建筑的柱廊空间在新疆各地均有建造。在南疆地区,建筑前部的柱廊和内部的高侧窗构成"阿以旺空间"解决了采光、防风沙等问题;在北疆地区,建造房屋的柱廊空间以应对风雪的侵袭。柱廊所形成的室内外过渡空间,适合于穆斯林信徒的集会礼拜活动、适合于家庭起居活动的习俗要求,因此柱廊空间被普遍营建于清真寺和围合院落中。由于柱廊空间在维吾尔建筑中具有重要的地位,而成为建筑装饰的重点,并逐渐发展成熟形成传统的柱式装饰体系。

维吾尔族建筑中的传统柱式由檐头、檐梁、托梁、柱头(或无柱头)、柱身、柱裙、柱脚、柱础等多个部件组成(图11-2-1)。

1. 柱式檐头

柱式中的檐头由封檐和檐托两部分构件组成。封檐板普遍以通长的矩形方木做成,亦有砖砌封檐板的做法;檐托由小断面木梁密置并外挑而成,用以承托建筑的封檐板。封檐板上的装饰图案、花纹和线脚繁简不一,木质贯通的长线脚多为曲线,有枭混线(线脚上半部内凹为枭、下半部外凸为混)、

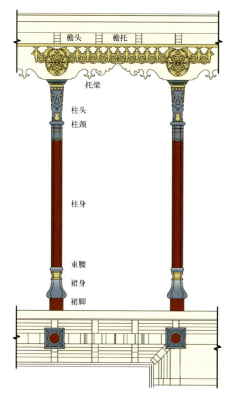

图11-2-1 喀什某古清真寺柱式

半圆线、方形线等。砖砌封檐板有普通砖、型砖和花砖之别,其中型砖上普遍为"S"形、"卍"字形以及几何形等图案纹样。檐托上的装饰是对木质小梁的端部进行加工而成,通常的造型为不同大小的弧形相接所形成的连贯曲线。

2. 檐梁与托梁

檐梁为架设在柱顶之上、横跨柱间距之间的横木,其位置处于外挑的檐托之下,连接柱子形成稳定的梁柱框架结构。檐梁之下为托梁,相当于缩小梁跨的柱间托木,托梁架设在檐梁和柱端之间,其长度约占柱跨间距的1/3~2/3,多数檐梁下托梁长度为柱跨长度的2/3,当建筑柱廊之间距离较小时,柱上的两个托梁会连接成一体。托梁的作用是增大梁柱之间的架设稳定性,减少檐梁承受的剪切力,同时也有利于小规格木梁的拼接。柱间托梁的形态

多雕刻为流畅的曲线，产生丰富的梁柱空间轮廓，与檐托的曲线风格相对应，形成连贯的装饰纹样。

3. 柱头与柱身

维吾尔传统柱式中的柱头，截面形式丰富多样、装饰形态复杂，具有浓郁的民族文化特征。柱头作为柱身上部的承托檐梁或托木的部分，在断面和装饰上较柱身部分有所不同，经济条件好的地区，即使是民居建筑的柱头部分也雕刻有花纹装饰，有些更是柱头与柱身通体刻有装饰纹样。柱头的雕刻装饰与曲线形态的托梁进行组合，形成柱式上部的装饰主体，典雅秀丽且独具民族和地区特色。相较民居建筑而言，清真寺等宗教建筑多在外檐柱和室内柱子上设柱头，柱头通常为柱身总长的1/6，并且在柱头上有多种雕刻装饰。其中装饰繁华者由若干个木质雕刻的钟乳拱龛层层堆叠并外挑而成，形态和彩绘图案独树一帜。维吾尔传统柱式的柱头样式多样、形态样式丰富、优美华丽，具有独特的伊斯兰风格，是柱式装饰系统中重要的组成部分。

柱式中柱头下的柱身也是装饰的主要部位，在维吾尔的传统柱式中，柱式的断面形态有方形、圆形、八边形、十六边形等多种，柱径多为上小下大，少数为上大下小，普遍有收分状。清真寺建筑的外檐柱身，通常满雕花饰，并且在同一柱身的上下断面形态上有多种形态，断面形态之间通过雕刻和花式过渡，整体柱身呈现出几何结构基础上的丰富变化。

4. 柱裙与柱础

柱裙普遍位于柱高下部1/3处，因其与建筑空间使用人群贴近，其作用于视觉和触觉的印象最为直接，而在维吾尔柱式中是装饰的重要组成部分。维吾尔柱式的柱裙与木质柱身为一体，在装饰形态上由束腰、上裙边、裙身、下裙边和裙角五个部分组成，截面形态多为八边形或弧形八边形。其中，束腰是柱身和柱裙的过渡部分，多为如意头形态，面层上刻有花纹图案；上裙边部分呈八面长方形，雕刻花纹；裙身部分呈现对接的"漏斗状"，其中部多收窄；下裙边多为如意头纹组成；裙角部分通过切边的方式产生装饰图案的同时，将八边形转化衔接方柱，并通过方柱衔接木质的圈梁。维吾尔的柱式与其他地区以及其他民族的做法有较大差异，特别是体现在柱裙部分的装饰做法上，主要侧重在近人尺度上的形态变化和精雕细刻，产生出独特的柱式形象而带有浓郁的民族特色。

柱式中的柱础部分在建造材料上有石制、木制之别，在做法上分为地坪之上和地坪之下两种，两种材料的柱础都以埋入地坪之下居多。石质柱础多为鼓状，柱础中开设榫眼，以便与柱底的出榫相接，以增强结构的稳定性；木质柱础为长方形卧木，木纹横向形成与木柱的纵向纹理相垂直，这种柱础横向垫木的做法可避免地面湿气沿柱上侵。

二、拱廊柱式

新疆地区的拱廊式柱式与中亚、西亚的石柱拱柱式有着密切的关联，其在建设上与伊斯兰教传入新疆地区时间相对应，由于地区建筑材料资源的不同，新疆地区的拱廊柱式为木制。因拱廊柱式非主体受力构件，其在建筑中装饰作用是其重点，拱脚有置于柱顶之上也有凌空起拱，凌空起拱的做法类似中原地区传统建筑中垂莲头的样式。在东西方文化交流的历史进程中，新疆传统建筑的拱廊柱式接受和吸收了中原地区拱券的造型、伊斯兰建筑尖券拱的形象，并与各民族建筑的装饰处理形式，成了多样化的建筑拱廊和装饰样式。在造型上，有半圆拱、椭圆拱、尖券、火焰券、透空花饰拱券等，有设于柱间的拱券，即在一个柱距内设两个弧形拱或多个小的拱券，形成连续的拱券装饰形态（图11-2-2）。

拱廊柱式在檐部有设外挑檐托的做法，也有不设檐托的做法。不设外挑檐托的，则是从檐梁到封檐处层层外挑，在装饰做法上是由砖或木板制作的鹰唇线、枭混线、半圆线等形态的线脚，各线脚分层衔接形成线条流畅的曲线檐头，形成与各种拱券形式相配合的柱廊装饰样式。

图11-2-2　各种拱式的图示

三、内外墙面

1. 内墙装饰

建筑内部装饰除木雕柱式外，内墙面的装饰是面积最大且能渲染表达室内空间气氛的部分。新疆地区传统建筑的内墙装饰可分为两大类：第一类是与墙体结构有关的装饰方式，通常为在墙体之上砌筑壁龛，这类内墙装饰以大小不同的壁龛相互组合而成，如清真寺内的墙体；另一类为墙体饰面的装饰方式，即在墙体结构表面附贴瓷砖、木雕、石膏等装饰材料，或以彩绘等图案纹样进行装饰，也有在内墙做附墙木质壁龛和挂设壁毯的装饰做法（图11-2-3）。

2. 外墙装饰

新疆地区建筑的外墙装饰有其浓郁的民族性和地域性特征，依据建造和装饰方式可大体分为两类：一类是利用墙体的建造材料和建造方式所形成的装饰；另一类是在墙体之上附加外贴装饰材料和图案所形成的装饰。

前一类外墙装饰如利用新疆多个地区普遍使用的砌体材料，如土坯和砖块，通过采用丁、顺、立、卧和斜等砌筑方法的不同，形成不同样式的砌体组合形态、图案样式，在阳光阴影的作用下形成丰富和强烈的装饰效果。如土坯墙层叠、错拼的外墙或院墙建造，砖砌体采用多样化的砌筑方式所形成的镂空院墙和外墙图案化装饰等。后一类外墙装饰如利用拼花砖、瓷砖和彩绘等装饰材料，以已砌筑起的墙体为基面，拼贴出装饰图案或描摹出花卉植物、几何纹样，并通过色彩的组合形成丰富多彩的装饰效果（图11-2-4、图11-2-5）。

图11-2-3　围墙、花墙、短垣实例

图11-2-4　围墙、花墙、短垣实例

图11-2-5 围墙、花墙、短垣实例

四、天棚、藻井

建筑物的顶界面如天棚、穹隆和藻井等,均是建筑室内装饰的重点部分,其装饰纹样与风格不仅与建筑的建造方式存在着紧密的关系,也与宗教信仰和民族审美、建筑功能类型密切相关,并与建筑内部的空间形态和建造材料相对应,体现出浓郁的地区和民族特色。新疆地区建筑的天棚、藻井装饰深受东西方文化交流和宗教信仰的影响,在装饰纹样图案题材上为植物、几何和阿拉伯书法,根据具体的建筑类型和顶界面建造材料的不同而有所变化(图11-2-6~图11-2-10)。

1. 建筑类型与顶部装饰

新疆地区的古建筑多数为梁柱平檩的建造方式,即以柱网承托梁檩,梁檩之间密置水平方向的小断面梁椽,其上铺望板或枝条苇笆构成平屋顶建筑木构架。梁柱平檩的建构方式造就了顶界面平整的室内空间,也有因建造材料和建成方式不同所构成的穹隆顶和坡屋顶建筑的室内空间等类型,平顶的室内空间多见于民居建筑或寺院的前廊;穹隆和坡顶的室内空间多见于清真寺或庙宇的主体建筑。建筑类型的不同,使得天棚和藻井在装饰上也呈现出不同的精细与繁复程度。

平顶空间的天棚通常在材料截面较大的梁枋上绘有彩画,其他小规格的构件部分通常饰以色彩油漆,有整体单色、两种或多种颜色组合的装饰方式。多柱网空间的平顶空间,如清真寺前廊的天棚有间隔柱网的不同装饰方式,形成色彩纹样华丽与色彩单纯清素之间的对比。

穹隆顶或坡顶空间多见于清真寺建筑之中,以大小穹隆顶的组合支撑起建筑内部的大空间,也烘托了作为精神中心的大殿空间。与大殿内空间的变化相对应,天棚和藻井的装饰在图案和工艺造型上有所区别,通常大殿中间建构上凸的藻井并装饰以植物花卉纹样的彩画,图案和线脚与藻井的形式之间形成了顺畅的衔接。

图11-2-6 顶棚的各种式样（1）

图11-2-7 顶棚的各种式样（2）

图11-2-8 顶棚的各种式样（3）

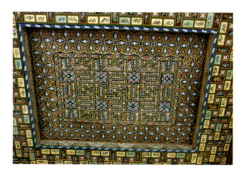

图11-2-9 藻井的各种式样（1）

图11-2-10 藻井的各种式样（2）

2. 建造材料与顶部装饰

建筑内部空间天棚和藻井的装饰与建造材料有着紧密的关联，加之不同地区和民族在文化上的差异、在装饰材料上的差异，形成了新疆各地风格多样的天棚、藻井装饰形式。由于建筑普遍以木头作为室内空间顶界面的建造材料，加之木质材料既易雕刻又适合彩绘，彩绘油饰也可防止木质材料遭受侵蚀，所以木质天棚和藻井多以满覆盖彩画进行装饰，同时也弥补了木材表面疤痕及色泽纹理不均等方面的缺陷。之后以拼花砖为材料装饰藻井的方式，即将预先烧制好的砖，按照藻井的形状，经过锯、磨后制成所需的形状，将花砖拼合起来形成藻井的装饰。

木结构藻井的搭建方式有多种，有方木层层向上收缩叠建所形成的藻井，也有梁枋之间密铺木椽的藻井，在建造上有直梁和斜梁搭接之分，由此形成正方形或菱形的装饰面。在木质装饰面上施以彩画、平绘或木雕等装饰手法，就形成了清真寺中壮观且华丽的藻井。木质藻井还有运用木拼花与彩绘相结合的装饰手法，即将井心部分预先以木材制成花格状骨架，再进行色彩的打底和彩绘，使得整个藻井的装饰显得富丽堂皇。用纯木雕工艺进行装饰的木结构藻井，其井心雕刻有巨大的团花纹样，花瓣的纹理由植物茎蔓等纹样组成，其中心部位则多为盛开的波斯菊纹样，并在团花的四周雕刻茎蔓植物角饰，形成富丽典雅的装饰效果。

用拼花砖工艺进行装饰的藻井，大多见于宗教建筑或是纪念性建筑中，经过锯、切、打磨后的花砖拼贴成各种图案，纹样繁复且变换有序，常见的花砖造型有鱼鳞片形、八角形、米字形、人字形、八瓣菱形等。整体的图案通常是以井心为一朵用花砖特别烧制的波斯菊造型，井心外部用十字形花瓣砖做装饰，或以三角纹几何砖装饰，藻井装饰效果大器简洁、庄严宏伟。

五、门窗及门楣、窗楣

建筑或院落的入口大门以及门窗装饰作为形象标识，在各个民族和各个地区都是建筑装饰的重点部位。在建筑门窗的形制和装饰样式上，不仅反映出生活居住的功能需求，更反映出一个地区的建筑艺术、聚居人群的民族文化特征、信仰与审美观念、地区自然环境条件等等，具有鲜明的民族特征、文化特征、工艺特征和地理环境特征。

1. 建筑大门

由于新疆各地自然环境条件的不同，导致了生活模式和建造资源的差别，进而体现在各地和各民族的建筑大门形象上。吐鲁番地区因气候的炎热，维吾尔族传统民居大门多数为门洞式，有拱形和矩形门洞，较深的门洞利于凉爽穿堂风的形成。伊犁地区受汉文化和俄罗斯文化的影响，建筑大门多为门楼形式，在功能上起到遮风挡雨的作用。喀什地区院落的入口大门普遍带门斗，门斗空间较深且在门两侧带有供人就座和休息聊天的门墩。和田地区因干旱风沙的原因，矩形砖砌院落大门并装饰有压门条，门垛两侧切角形成可供人就座的门墩。新疆地区汉族、满族、锡伯族等各个民族在建筑的大门上也显示出各自不同的装饰特点，如汉族建筑的大门檐下有各种出挑构件以支撑上部的门楼，其做法与中原关内的建筑处理方式相似，而锡伯族往往在大门西侧墙上设置祭祀祖先的龛台。

尽管新疆各地和各民族在建筑大门上的形态表现各异，但都将装饰的重点放在大门之上，门框顶部檐口及框两侧往往装饰以各式图案的雕花砖饰或增贴各色瓦砖的关键部位，在具体做法上有木雕大门和彩绘大门两种类型。木雕大门往往有雕花门簪、木棂花格和直棂格等雕刻；彩绘大门往往是以彩画的方式在门楣、门板之上绘制图案，与门扇上的镶板、拼板相配合形成丰富的形态。各地区在大门的装饰上有其各自特点，如喀什地区大门上的镶板龛形、方形和矩形多种形态，以浅浮雕和贴雕的方式装饰有植物图案。入口大门的门框和门扇上的装饰及彩画雕刻的风格、色彩和题材，形象化地反映出当地人群的经济状况和文化特征。

2. 门楣、窗楣

新疆地区建筑门楣、窗楣的装饰做法，体现出了各民族的个性，又因各自的宗教信仰不同，展现出风格迥异的形象特征。如和田地区在建筑的门楣处多采用石膏镂空花窗，门楣下部装饰有镂空花板、木棂花格和镂空木雕花纹；大门的压缝条为木雕装饰重点，用线刻、浅浮雕和圆雕的手法通体雕刻，有菱形、波形和连珠等多种装饰纹样。吐鲁番地区门楣和窗楣上多有彩绘，通常以浅蓝、中黄、绿及土红的颜色绘制装饰，装饰线条延展流畅、色彩对比强烈。喀什地区门楣和窗楣上彩绘图案丰富，多以绿色、蓝色和黄色等结合白色进行勾绘和平绘，也在重点部位以浅浮雕方式装饰植物纹和几何纹，有的部分上加金色和银色以突出主体图案。新疆地区天山南北，因自然环境资源条件以及文化交流的不同，形成了丰富的装饰样式，也体现出所在地区的人文环境特征（图11-2-11～图11-2-24）。

3. 木棂花窗

运用花饰装饰木格窗栅古亦有之，以木料做出间距较为密集的栅栏，其目的是为了解决建筑的采光与通风，以及内外部空间之间的分隔问题。随着新疆地区与中原汉地之间的文化和商业交流，丝绸之路沿线的地区在木棂花窗的使用上较为普遍，在气候炎热的地区整片落地木棂花窗隔断的应用尤为突出，如在吐鲁番、喀什等地木棂花格纹样用于大门和窗栅之上。为满足建筑美观的需求，漏窗和花棂格窗的拼搭图案逐渐丰富，木棂花窗的纹样有步步锦、万字纹、回字纹、冰裂纹、双交四碗菱花以及几何图案等，反映出新疆地区在东西文化交流中的融汇作用，也反映出当地民族文化的特征。

图11-2-11 门以及门楣的大样与形式

图11-2-12 门与门楣（1）

图11-2-13 门与门楣（2）

图11-2-14 门与门楣（3）

图11-2-15 门与门楣（4）

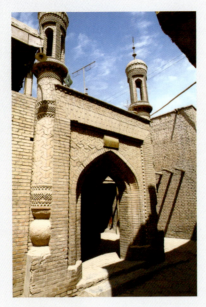

图11-2-16 门与门楣（5）

图11-2-17 门与门楣（6）

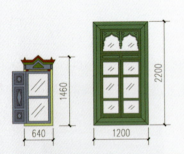

图11-2-18 窗以及窗楣的大样与形式

图11-2-19 窗与窗楣（1）

图11-2-20 窗与窗楣（2）

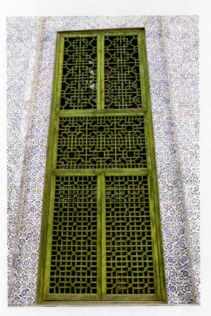

图11-2-21 窗与窗楣（3）

图11-2-22 窗与窗楣（4）

图11-2-23 窗与窗楣（5）

图11-2-24 窗与窗楣（6）

第三节 装饰纹样

一、木雕刻装饰纹样

新疆地区木质雕刻用于建筑装饰的历史悠久，最晚可上溯到汉、晋时期，早在尼雅遗址中出土的建筑梁柱上就有了动物与花卉纹样的木雕；楼兰遗址中也发现有梁枋和家具上的精美木雕。木雕装饰多以木材本色或略施素色为主，其雕刻风格随着雕刻装饰部位的不同而异，装饰标准以及题材的繁复程度更多的是反映出经济条件的状况和建筑功能重要程度上的差异。

维吾尔族古建筑的木质柱身、梁枋上的雕刻，多以线刻和浅浮雕等满布构件为其特点，随着装饰艺术的发展，木雕常与石膏雕花、平绘彩画等装饰手法相结合，丰富了宗教建筑装饰艺术的表现力。因宗教信仰的原因，新疆地区古建筑在雕刻题材方面普遍不出现动物形象纹饰，多以植物花卉、几何图案作为雕刻纹饰。

建筑上木雕刻的处理方式多以花带、组花、透雕和贴雕为主，用于各种装饰部位的圆雕、浮雕、透雕、贴雕并加以彩绘装饰。新疆地区建筑木雕装饰，应用广泛、装饰性强，在构图、部位、刀法等均具有鲜明的民族特点（图11-3-1、图11-3-2）。

1. 花带与组花

木刻花带以二方、四方连续纹样和图案为主，将植物、花卉和几何图案通过中断、互换、交错等手法加以变化，取得横长或纵长的带状装饰构图，形成富有韵律变化的装饰纹样。

木刻组花多用于建筑的梁枋、柱身、柱裙和门板上，其装饰特征侧重突出整体的艺术效果。木刻组花根据装饰部位的大小规模，选择相应的纹样图案，形成的效果几何纹样严谨对称、植物枝蔓连接缜密、花卉则自由灵动。植物题材以花卉、芽蕾、藤蔓为主，花卉题材以杏、桃、葡萄、石榴、西番莲、牡丹、荷花等为主并加以形变，形成丰富多样的题材综合。

2. 浅浮雕

浅浮雕装饰是在木料上雕刻深度较浅的装饰纹样而不影响被雕物的坚固性，多雕刻在建筑的圈梁、横檩、木柱、木门等部位，以线刻和浅浮雕满布为特点。浮雕的内容多为花卉、芽蕾、果实、枝叶、藤蔓、几何图形等，有时将几何纹样与植物纹样相结合，而圈梁上主要以几何纹样为主。新疆地区的浅浮雕具有纹饰语言的鲜明特性，形态自然、流畅，装饰性强。

图11-3-1 木雕刻装饰纹样（1）

图11-3-2 木雕刻装饰纹样（2）

3．圆雕

圆雕装饰即为立体雕刻，形成可从多方位、多角度欣赏的三维立体雕塑。圆雕的手法与形式多种多样，有写实的与装饰的，也有具体的与抽象的，有户内与户外的装饰，有着色的与非着色的等。新疆地区圆雕的内容与题材多为花卉、芽蕾、果实、枝叶、藤蔓等，装饰部位多为建筑前廊的吊柱。

4．透雕

透雕装饰是将木板上图案以外的部分去掉，形成透空状雕饰，以镂空部分烘托木质的实体图案，并且形成强烈的阴影效果。所雕花饰纹样可以是二维平面，也可以是有起伏的表面，并且雕出藤蔓之间相互穿插的凹凸关系，该种装饰效果空透玲珑、秀丽典雅。透雕装饰多用于建筑窗户，纹样上有曲线与直线的组合对比，也有透雕与浮雕不同雕刻方式的配合，形成造型活泼多变的装饰形态。

5．贴雕

新疆地区的贴雕装饰分为两种：一种是将图案透雕后贴于平板上，形成浅浮雕状；另一种是将雕刻成的多种形体拼贴成立体或凹凸的装饰，如清真寺中用立体钟乳拱拼合而成的层次丰富、形态繁复的柱头。透气窗的贴雕装饰则是双层贴雕的制作方式，经过底层透雕在纹样形态和色彩上的烘托，使上面一层的贴雕纹样更加突出，形成微微起伏、多种变化的装饰效果。这类装饰是由贴雕、浅浮雕、透雕共同构成，并以贴雕为主的装饰方式。

二、砖花饰纹样

砖花饰的部位常用于清真寺宣礼塔的塔身、建筑物墙面的花带、线脚、礼拜殿台基座侧壁、屋顶檐口、台阶边、窗间墙等位置。砖花饰有拼砌砖花饰、异形砖、印花形砖、砖雕和透空雕花砖等几种；在砖缝上存有无缝、凸凹缝和平缝的分别，砖缝的颜色有黑、白、墨绿等色彩区别。

新疆建筑的外墙多直接使用黄褐色砖作为装饰，如邦克楼砖雕装饰用砖砌成十几种纹饰，远远望去凸凹起伏，细部更是精美，整体感觉雄伟壮观。模具印花砖的纹样多为带状花边式软花纹；拼砖花的纹样有几何花卉纹、方格纹、六边形纹、锁子甲纹、鳞纹、十字纹、带纹、立体方纹、长方蜂窝纹等。民间工匠用普通砖或装饰型砖，相互穿插、交错、重叠，组合成各种二维和三维的几何图案与花饰，在新疆地区强烈的阳光下，砖花饰产生了对比鲜明的光影变化，以光影衬托出极富立体感的墙面装饰造型。砖花饰和花带装饰效果在各民族建筑艺术中独树一帜，并不同于中亚、西亚的装饰形态，成为

图11-3-3 砖饰与砖拼花实例

新疆地区建筑装饰的独特样式（图11-3-3）。

1. 拼砌砖花饰

拼砌砖花饰是由普通砖、异形砖或印花砖组合而成的，用于墙面适宜部位的重点装饰。既可以由单独的一种砖拼砌，也可由两种或三种砖来组合并砌筑出装饰图案。其装饰砌筑方法是在建筑物墙体垒砌之前，即预先规划好对砖的排列组合样式，在建造过程中砌出各种不同类型的砖饰图案。

新疆的拼砖花装饰大约有四种做法。其一，直接用砖通过各种排列组合，形成高低起伏的各种砖花装饰；其二，先将花纹制成模子，然后翻制成各种装饰纹样的砖，然后烧制，根据建筑各部分装饰的需要，组成二方连续、四方连续拼接排列，有些翻制出的大方砖图案本身就具有单独的纹样和肌理，既可以单独使用，也可连续排列组合；其三，直接在砖上雕刻各类装饰纹样，如有些清真寺拼砖花作局部团花装饰；其四，将烧制好的细泥砖，按所需拼砖花的形状经过锯、磨后呈梯形、方形、菱形、圆形、鳞形等，再拼成不同形状的拼砖花，用水泥加墨勾缝，使得拼砖花的图案清晰可辨。

2. 异形砖

异形砖是拼砌砖花的主要构件之一，常见的异形砖在几何形状上有方形、长方形、半圆形、三角形、梯形、平行四边形、菱形和梭形等，复杂的异形砖还有枭混线、鹰嘴线、半圆线和其他曲线形，其种类多达数十种。如在墙体砌筑时进行组合，则所产生的形态更是千变万化，极大地丰富了建筑立面装饰效果。异形砖在制作方法上分为定型烧制和现场凿、磨成型两种。

3. 印、刻花砖

印、刻花砖的表面通过印、刻的方式产生出花纹，装饰砖的图案题材为浅浮雕植物花纹和几何图案，用以组合图案画面或花带。印刻花砖的几何尺寸通常不固定，而根据实际建设的需求专门烧制。在具体建造中，通常是将印、刻花砖的独立图案、花带、边框线脚与彩画、石膏花、釉面砖等装饰进行组合配套，构成了新疆建筑装饰艺术的重要元素。

4. 雕花砖、透空雕花砖

雕花砖、透空雕花砖是用泥土塑好造型之后烧制而成的装饰砖，颜色多为灰色，新疆地区的多个少数民族都喜欢将其用于建筑的装饰。雕花砖主要出现在檐柱廊端部、山墙头和屋脊等处；透雕砖"塔吉"花饰用作门头或屋墙顶端及屋脊处，除作为建筑装饰外，既减轻了屋脊自重，又降低了风压。

雕花砖装饰的部位常用于清真寺宣礼塔身，建筑物墙面的花带、线脚、礼拜殿台基座、屋檐口、寺院外部顶饰、门首、外墙以及墓、墓基等处。

三、石膏花饰纹样

新疆地区由于盛产石膏，许多传统建筑都大量使用石膏作为装饰材料，形成了富有特色的石膏雕花装饰。维吾尔族石膏花饰的艺术构图和雕刻手法是随着伊斯兰教的传入而逐渐形成的，在吸收了西亚、中亚伊斯兰教装饰艺术的基础上，在喀喇汗王朝时期得到长足的发展，形成了不同于西亚、中亚各伊斯兰国家，具有浓郁民族特色的石膏装饰风格。

新疆地区的石膏雕花装饰，无论是几何图形、经文图案或是花卉草藤，均为经过抽象提炼后的图案形态，并且通过各种装饰方式进行重叠交错，由此所形成的纹样繁密、用色对比强烈、装饰形式和表现技法具有浓郁的民族风格。加之在装饰图案纹样中融入了佛教文化中的莲花、宝相花和卷草纹，同时又吸收了中原地区装饰纹样的牡丹、梅花、菊花、云头如意纹、万字纹、剪纸图案等，从而形成独特的多元化装饰风格。常见做法有石膏组花、石膏花带和镂空石膏花等（图11-3-4）。

1. 石膏组花

石膏组花用于建筑内外墙壁的装饰，有拱券形、圆形、多边形、多角形等多种形态，凹进的龛空间被称为"米合拉甫"，平面的龛空间被称为"纳姆尼亚"。这两类石膏组花的图案多为尖拱形外加周边花带框，其边框多是几何图案、二方连续或各种线饰组合。在拱券中以明确的中轴线作为对称性花纹或以铭文美术字为主体构图，做成花卉、藤蔓、卷草等密集复杂的重叠交错的对称图案充满拱券内部。花卉纹样有牡丹、葵花、玫瑰、菊花、荷花、桃花、石榴等，用边框做陪衬。整幅图案由主题花饰图案或铭文图案和图案花饰边框构成，形成一幅完整的装饰图画；另一种组花有圆形、多边形、多角形等，或作吊灯底盘，或作角花装饰等，所形成的装饰结构纹样疏密均匀、组合图案与装饰部位相互配合，纹样线条自然流畅。

2. 石膏花带

石膏花带是以各种几何图案、植物花卉或两者并用构成，采用并列、重复、穿插、交错等装饰手法组合成二方连续的装饰纹样，其装饰结构主要表现藤蔓的缠绕与交叉。在装饰题材上通常为花卉纹样，有巴旦姆、石榴、波斯菊、大丽菊、麦穗、柳枝等；几何纹样有圆、方、三角、六角、八角、菱形、古钱、回纹、冰裂纹以及圆方斜线等组成的各种图案。也有用多个"米合拉甫"单排构成的二方连续石膏花带，其装饰构图形成疏密有序，花卉纹样的组织生动活泼，藤蔓、卷草在流动中蜿蜒起伏、刚劲而舒展。

3. 镂空石膏花饰

镂空石膏花装饰多用在"纳姆尼亚"和室外柱间的连接处以及"塞热甫"处（圈梁以下的图案花带），也用于室内的窗楣、壁龛、壁炉、墙面等处。有些镂空石膏花拱券装饰纹样通过穿插、重叠形成清晰的流动脉络，用鲜艳的大红色突出了洁白的花卉纹样，周围的边框与中心的纹样略高于墙面；有些拱券边框装饰着圆形的描金点状图案，"米合拉甫"和"纳姆尼亚"的四周还有层层套嵌略有起伏的装饰方框。镂空石膏雕花的装饰效果有玲珑剔透、轻盈洁白、图案突出等特点，不仅通过光影来突出图案的重点，也有通过底色来衬托洁白图案花饰的做法。在不同部位和环境里采用各种色彩搭配作石膏花底色，可以形成热烈、富丽、亲切、雅致等不同的气氛。

4. 石膏花制作

石膏雕刻的制作方式分为直接雕和模具翻制两种，前一种方式是在石膏上按照绘制的图案进行雕刻；后一种方式是将翻制的石膏部件进行连续拼

图11-3-4　石膏花式纹样

接。雕刻石膏花饰之前，是将花纹图案按照1∶1的比例绘制在桑皮纸上，再将做成粉本的纸粘贴在石膏之上，顺纹样扎出针眼后用墨粉扑打或拓绘，再用刀按照花纹图案进行雕刻，熟练的工匠则雕刻刀法细腻流畅，愈加增添了装饰纹样的艺术感染力。翻模预制石膏花则是先用刻好的纹样图案制作成木质、石膏模型，并在模板内壁涂抹肥皂水后，将石膏浇入模板之中，抹平待干后脱模取出，在实际建造中二方连续、四方连续石膏花带多选用预制的方式。石膏雕花使用的颜色较为单一，大都用石膏本色，或用天蓝色、粉红色、粉绿色作底，白花作面，或满涂金色。

四、琉璃花饰纹样

新疆地区的琉璃釉面装饰是一种古老且广泛流传的建造方式，这种工艺又被称为"波斯琉璃"，与中亚和西亚的文化传播和商品贸易有着密切的关联。新疆的琉璃釉面装饰材料多为舶来品，包括琉璃釉面装饰型砖、琉璃釉面透空花砖、琉璃单色釉面砖、彩色马赛克贴面等，主要用于清真寺和麻扎等建筑的檐部，大面积用于寺院、墓室建筑的外墙、寺院外部顶饰、墓体、墓基座等处。釉面花饰纹样中最常见的是卷草纹，以植物藤蔓、芽蕾、花果、叶等装饰纹样组成，先上釉描绘后再入窑烧制而成（图11-3-5、图11-3-6）。

1. 琉璃装饰型砖、琉璃透空花砖

琉璃装饰型砖、琉璃透空花砖（塔吉）是特殊形态的釉面花饰砖，其颜色以绿、蓝居多，间或有紫色，用于清真寺和麻扎建筑的檐部等处。琉璃装饰花砖有多种纹样，通过上下层多层的图案与纹样的对比变化，形成多样化的装饰方式，形成花草弯曲连续与纹样画面完整相互配合的装饰效果，加之色彩的疏密变化，豪华、典雅、美观。

图11-3-5 琉璃花饰（1）

图11-3-6 琉璃花饰（2）

2. 琉璃面砖

琉璃面砖是一种低温黏土胎琉璃釉面方砖，分单色、单色压花、多色绘花、多色压花、自由形三彩琉璃釉等几种，其釉色鲜艳，有绿、墨绿、蓝、紫、白、黄、土红等多种色彩，其常用的几何尺寸有24厘米见方或12厘米×24厘米两种。面砖之上的纹样题材多是植物花卉、藤蔓卷草，且每块砖上的纹样各不相同，为各种软花纹和几何图形花纹按十字、米字、田字、方、菱、圆、水涡纹、曲线等构图方式组成。在建造时琉璃面砖的排列，可以构成各种二方连续、四方连续图案。装饰手法通常为单色面砖满墙装饰，花色面砖满墙装饰，单色和花色面砖拼合组花，以构成经文饰面或单色花带等多种方式。

3. 琉璃花砖

琉璃花砖分为白底色花和色底白花两种，色彩通常一两种或两三种组合，颜色多为蓝、群青、白、绿。纹样题材为植物花卉、藤蔓卷草、几何图案和经文铭文。花砖的几何尺寸不固定，有大有小，形状多为方形、梯形和多边形等。在装饰建造的组合上，有单色满墙装饰、花色满墙装饰、单花色组合装饰、铭文装饰、单色花带等，也有在建筑的重点部位用琉璃面砖与砖雕花、石膏花、木雕花混合装饰的做法。

4. 马赛克饰面

用各种单色面砖（古马赛克型）拼嵌图案，形成小片釉面材料满壁装饰的效果，多用于建筑内部的墙面、地面、顶棚等部位的装饰；在建筑外部的墙面装饰上也有运用。新疆地区以蓝色、绿色面砖进行拼贴的装饰较为普遍，由于马赛克拼花的方式较为灵活，且纹样图案变化丰富，因而具有较强的装饰艺术表现力，尤其以马赛克镶嵌的壁画则是极富艺术表现力的重要装饰品。

五、彩画装饰纹样

新疆地区的建筑彩画其功用同样也是为了保护木结构构件和装饰美化，但因文化圈的缘故，与中原地区的建筑彩画有较大的区别，具有浓郁的民族特征和地域特征。彩画装饰多在重要的建筑如清真寺、陵墓以及等级较高的居住类建筑中使用，绘制于平檩天棚、穹顶、木柱梁枋及墙面等木质建筑材料出现的部位之上。在彩画装饰题材上因伊斯兰信仰的原因，多为花卉、藤蔓、卷草、几何图案、经文铭文及山水风景等，更多的是侧重发现和表达自然景物之中的装饰美与形式美，而非表现写实性的形式与色彩。在整体用色及纹样上，清真寺等的彩画色彩较为热烈且繁复，陵墓建筑则色调较为冷静。在彩画的装饰构图上，有单体图案、带型图案和组合图案三种类型绘制方式（图11-3-7、图11-3-8）。

1. 单体图案

单体图案的绘制方式，多用于在建筑木质梁枋的中部和端部，单体花纹的构图和具体图案随所绘制部位的形状而作相应的变化，由于单体图案的绘制面积不大且便于与木雕相互配合，所以在施画装饰的部位上的适应性极强。

2. 带型图案

带型图案多是以二方连续、四方连续的花卉和

图11-3-7 彩绘装饰纹样（1）

图11-3-8 彩绘装饰纹样（2）

植物蔓藤图案连续展开，形成纹样循环的横向带状彩画，普遍施画于木质梁枋、建筑檐部以及天棚中部的藻井四周侧壁，形成横向连贯的建筑装饰色带。

3. 组合图案

组合图案中的种类和构成方式则更多，多以图案、花纹以及色块等组合成整体性的构图，常施画于柱头、天棚和藻井中。组合图案根据所施画的部位，则有所不同，如以蓝、灰、白做退晕色块的彩绘，多用于前廊木梁柱的枋心、檐托和托梁等部位；以经文铭文的美术字体或植物花卉构成的彩色图案，主要绘于天棚、穹隆顶内壁、壁龛内和墙面等部位；长卷式的风景图案，多绘于梁枋等横向展开的建筑构件之上。

新疆的建筑彩画设色普遍以同色系作底色基调，其上以对比色或补色绘制图案纹样，以中间色勾勒蔓藤、卷草等纹样的边界，以达到既可清晰突出图案纹样又可协调色彩之间过渡的效果。维吾尔族的建筑彩画，在用色上较为大胆，色调鲜艳强烈且层次丰富，有色块大小、冷暖等方面的对比和相互衬托，配合以独特的装饰纹样，使得彩画具有浓郁的民族风格特征。

新疆古建筑地点及年代索引

名称	类型	地点	建成年代（变化情况）	材料结构	规模	文保等级
高昌故城	古城	吐鲁番市三堡乡	始建于汉代（约公元前1世纪）		占地约200万平方米	国保
交河故城	古城	吐鲁番市雅尔乡	始建于汉代至唐代（约公元前2世纪～5世纪）		占地约47万平方米	国保
北庭故城遗址	古城	昌吉回族自治州吉木萨尔县护堡子村	始建于唐代			国保
楼兰故城遗址	古城	巴音郭楞蒙古自治州若羌县	始建于汉代		占地约12万平方米	国保
安迪尔古城遗址	古城	和田地区民丰县安迪尔牧场塔库木村东南	始建于汉代至唐代			国保
龟兹故城遗址	古城	阿克苏地区库车县皮朗村	始建于西汉至宋代			国保
尼雅遗址	古城	和田地区民丰县以北塔克拉玛干沙漠南缘	始建于西汉		占地约60～80平方公里	国保
米兰遗址	古城	若羌县东的米兰地区	始建于汉代			国保
石头城遗址	古城	塔什库尔干塔吉克自治县城北	晋至清代		占地约10万平方米	国保
圆沙古城	古城	于田县大河沿乡	始建于汉代			国保
罗布泊南古城遗址	古城	若羌县	汉至晋代		分布范围约64平方公里	国保
大河古城	古城	巴里坤哈萨克自治县大河乡东头渠村东南	始建于唐景龙年间			国保
乌拉泊古城	古城	乌鲁木齐市西南郊乌拉泊湖畔	唐至元代			国保
营盘古城及古墓群	古城	巴音郭楞蒙古自治州尉犁县	汉至晋代			国保
乌什喀特古城遗址	古城	阿克苏地区新和县玉奇卡特乡玉奇卡特村	汉至唐代		占地约350000平方米	国保
石城子遗址	古城	奇台县半截沟镇麻沟梁村	始建于东汉		占地4.34万平方米	国保
唐王城遗址	古城	阿克苏地区库车县	始建于公元前206年			国保
阿萨古城遗址	古城	吐鲁番地区鄯善县	唐至宋代		占地10000平方米	国保
达勒特古城遗址	古城	博尔塔拉蒙古自治州博乐市破城子村	唐至元代		占地约19万平方米	国保
夏塔古城遗址	古城	伊犁哈萨克自治州昭苏县	唐至元代		占地12.6万平方米	国保
柳中古城遗址	古城	吐鲁番地区鄯善县鲁克沁镇	唐至清代			国保
道尔本厄鲁特森木古城遗址	古城	塔城地区和布克赛尔蒙古自治县	始建于1639年		占地16.81万平方米	国保
惠远新、老古城遗址	古城	伊犁哈萨克自治州霍城县	老城始建于清乾隆28年（1763年）新城始建于光绪8年（1882年）		新城占地约1.55平方公里	国保
阔纳齐兰遗址	古城	阿克苏地区柯坪县	始建于清代			国保
麻扎塔格戍堡址	军事戍堡	墨玉县驻地喀拉喀什镇北	始建于唐代		占地1.1平方公里	国保
通古斯巴西城址	军事戍堡	新和县排先拜巴扎乡	始建于唐代（约公元647～692年）	夯土	占地4.9万平方米	国保

续表

名称	类型	地点	建成年代（变化情况）	材料结构	规模	文保等级
唐朝墩古城遗址	军事戍堡	昌吉回族自治州奇台县	始建于唐贞观14年（公元640年）		占地约15万平方米	国保
伊犁清代卡伦遗址	军事戍堡	伊犁哈萨克自治州霍城县、察布查尔锡伯自治县	始建于清代			国保
喀什老城	老城	喀什市中心	始建于西汉		占地约4.25平方公里	国家历史文化名城
吐鲁番老城	老城	吐鲁番市老城区	建成于清乾隆44年（1779年）		占地约1.4平方公里	国家历史文化名城
鄯善县吐峪沟乡麻扎村	古村落	吐鲁番地区鄯善县吐峪沟乡	约始建于汉代	生土		中国历史文化名村
哈密市回城乡阿勒屯村	古村落	哈密地区哈密市回城乡	始建年代不详			国家级历史文化名村
哈密市五堡乡博斯坦村	古村落	哈密地区哈密市五堡乡	始建于汉代	生土		中国历史文化名村
特克斯县喀拉达拉乡琼库什台村	古村落	伊犁哈萨克自治州特克斯县喀拉达拉乡	始建年代不详	木构		中国历史文化名村
克孜尔千佛洞	石窟寺院	拜城县克孜尔镇	始凿于公元3世纪		现存洞窟236个	国保
库木吐喇千佛洞	石窟寺院	库车县库木吐尔村北	始凿于公元3世纪		现存洞窟112个	国保
柏孜克里克千佛洞	石窟寺院	吐鲁番市东北	始凿南北朝后期（公元499~640年）		现存洞窟57个	国保
克孜尔尕哈石窟	石窟寺院	库车县夏马勒巴格村内	始凿于公元5世纪		现存洞窟54个	国保
吐峪沟石窟	石窟寺院	新疆吐鲁番地区鄯善县吐峪沟乡	始凿于公元4世纪		现存洞窟46个	国保
森木塞姆千佛洞	石窟寺院	库车县城东北库鲁克达格山口	始凿于公元4世纪		现存洞窟57个	国保
伯西哈石窟	石窟寺院	吐鲁番市胜金乡木日吐克村	唐至宋代		现存洞窟10个	国保
平定准噶尔勒铭碑	石刻岩画	昭苏县城西南格登山	立于清代乾隆二十五年（1761年）	青砂石	高3.03米	国保
康家石门子岩雕刻画	石刻岩画	昌吉州呼图壁县城雀尔沟镇西沟康家石门子	完成于原始社会后期父系氏族社会阶段（周）		面积约120平方米	国保
小洪纳海石人墓	石刻岩画	昭苏县城东南	隋唐（公元6~7世纪）	花岗岩	总数在100尊以上	国保
阿敦乔鲁石栅古墓群及岩画群	石刻岩画	博尔塔拉蒙古自治州温泉县查干乌苏山口	春秋战国			国保
苏巴什佛寺遗址	寺院遗址	库车县城北偏东却勒塔格山南麓	始建于魏晋时期（公元4世纪）	土坯	占地约18万平方米	国保
莫尔寺遗址	寺院遗址	喀什地区疏附县伯什克然木乡莫尔村	始建于东汉时期（公元3世纪）			国保
托库孜萨来佛寺遗址	寺院遗址	巴楚县51团托库孜萨来村西	始建于公元3世纪左右			国保
七个星佛寺遗址	寺院遗址	巴音郭楞蒙古自治州焉耆回族自治县西南	始建于晋代		占地约40300平方米	国保

续表

名称	类型	地点	建成年代（变化情况）	材料结构	规模	文保等级
热瓦克佛寺遗址	寺院遗址	洛浦县吉亚乡	始建于东汉时期（公元2世纪）			国保
白杨沟佛寺遗址	寺院遗址	哈密市柳树泉农场白杨沟村	始建于唐代			国保
台藏塔遗址	寺院遗址	吐鲁番市	始建于唐代（公元6~7世纪）	夯土	高约20米	国保
丹丹乌里克佛寺遗址	寺院遗址	和田地区策勒县	南北朝至唐			国保
达玛沟佛寺遗址	寺院遗址	和田地区策勒县达玛沟南部	始建于魏晋时期（公元6~7世纪）			国保
克斯勒塔格佛寺遗址	寺院遗址	阿克苏地区柯坪县城西北	始建于唐代		占地14854平方米	国保
巴仑台黄庙古建筑群	佛教寺院	和静县巴仑台峡谷	始建于乾隆年间，重建于1903年		占地2.4万平方米	国保
靖远寺	佛教寺院	伊犁州察布查尔锡伯自治县金泉镇	原建于明代，现存建筑始建于清光绪十四年（1888年）		占地15000平方米	国保
昭苏圣佑庙	佛教寺院	昭苏县	始建于清代（1889年）		占地1.19万平方米	国保
纳达齐牛录关帝庙	佛教寺院	察布查尔县纳达齐牛录乡北街	始建于清光绪三十三年（1907年）	土木	占地约24000平方米	国保
惠远钟鼓楼	佛教寺院	伊犁哈萨克自治州霍城县惠远镇	始建于1893年	砖木	总高12.5米	国保
伊宁清真大寺	清真寺	伊犁哈萨克自治州伊宁市新华东路	始建于清乾隆十六年（1751年）		占地约6000平方米	省保
艾提尕尔清真寺	清真寺	喀什市	始建于明正统年间（1436~1449年）		占地1.68万平方米	国保
拜吐拉清真寺宣礼塔	清真寺	伊犁哈萨克自治州伊宁市	始建于清乾隆三十八年（1773年）		高18.3米	国保
哈纳喀及赛提喀玛勒清真寺宣礼塔	清真寺	塔城市	哈纳喀清真寺宣礼塔始建于清宣统二年（1910年）赛提喀玛勒清真寺宣礼塔始建于清光绪十一年（1885年）	砖	哈纳喀清真寺宣礼塔高25米 赛提喀玛勒清真寺宣礼塔高30米	省保
库车大寺	清真寺	阿克苏地区库车县	始建于明嘉靖四十年（1561年）		占地约10000平方米	国保
乌鲁木齐陕西大寺	清真寺	乌鲁木齐市天山区	始建于清乾隆年间（1736~1795年）重建于清光绪三十二年（1906年）	砖木	占地5186平方米	国保
哈密新麦德尔斯经文学堂	经文学堂	哈密市回城乡吾尔达黑村	始建于1905年的清代末年	土木	占地1353平方米	省保
古勒巴格麦得利斯教经堂	经文学堂	喀什地区泽普县依玛乡托万古勒巴格村	始建于清代（1785年）	砖木	占地约2700平方米	县保
苏公塔	府邸建筑	吐鲁番市	始建于公元1788年	砖	通高36.5米	国保

续表

名称	类型	地点	建成年代（变化情况）	材料结构	规模	文保等级
伊犁将军府	府邸建筑	伊犁地区霍城县惠远乡	始建于清光绪八年（1882年）	砖木	占地约16430平方米	国保
塔城红楼	独立建筑	塔城市	始建于1914年	砖木	建筑面积885平方米	国保
乌鲁木齐市公园鉴湖亭	独立建筑	乌鲁木齐市	始建于清光绪25年（1899年）	木	建筑面积149平方米	
胡都木拜迪伊相霍加故居	民居	和田地区洛浦县杭桂乡欧吐拉艾日克村	始建于17世纪	土木	占地约540平方米	
吐尔地阿吉庄院	民居	和田地区皮山县兵团农十四师农场	始建于20世纪初		占地2500平方米	省保
库尔班卡德尔民居	民居	阿克苏地区库车县	始建于19世纪末	土木	占地约392平方米	
尼牙孜·阿吉民居	民居	阿克苏地区库车县	始建于1890年	土木	占地300平方米	
王善桂家古民宅	民居	哈密地区哈萨克自治县巴里坤镇	始建于清乾隆年间			
张钧家古门楼	民居	哈密地区哈萨克自治县巴里坤镇	始建于清光绪年间			
刘学信家古门楼	民居	哈密地区哈萨克自治县巴里坤镇	始建于清光绪年间			
祭余干家古门楼	民居	哈密地区哈萨克自治县巴里坤镇	始建于清光绪年间	砖木		
赵松石家古门楼	民居	哈密地区哈萨克自治县巴里坤镇	始建于清道光年间			
阿皮孜·萨力曼古民宅	民居	哈密市二堡镇二堡乡四队	始建于1903年	土木	占地216平方米	
汗不都哈里里民居	民居	吐鲁番市鄯善县吐峪沟乡吐峪沟村	始建于清代	土木	占地约220平方米	
麦合木提买买民居	民居	吐鲁番市鄯善县吐峪沟乡吐峪沟村	始建于清代	土木	占地约200平方米	
斯迪克阿不都民居	民居	吐鲁番市鄯善县吐峪沟乡吐峪沟村	始建于清代	土木	占地约400平方米	
阿不力米提买买提民居	民居	吐鲁番市鄯善县吐峪沟乡吐峪沟村	始建于清代	土木	占地约380平方米	
阔孜其亚贝希老城区	民居	喀什市老城东北部	始建于汉代		占地约57000平方米	
布热比娅·买买提民居	民居	喀什市阔纳代尔瓦扎路	始建于1860年前后		占地约375平方米	
吾布力·买买提民居	民居	喀什市萨合亚社区艾格来克其巷	始建于清代	土木、砖木	占地约190平方米	
塔吉汗·麻木提民居	民居	喀什市艾维热希木喀巷	始建于19世纪80~90年代		占地约1200平方米	
帕夏·沙地克民居	民居	喀什市艾维热希木喀巷	始建于1870年前后	土木	占地约130平方米	
艾麦提·依明民居	民居	喀什市喀日克代尔瓦扎路阿扎提巷	始建于1890年前后	砖木	占地约120平方米	
阿克乃再尔旧居	民居	塔什库尔干塔吉克自治县提孜那甫乡	始建于1870年前后	土木	占地约400平方米	

续表

名称	类型	地点	建成年代（变化情况）	材料结构	规模	文保等级
阿斯塔那古墓群	古墓群	吐鲁番市东南	晋至唐代（公元3～8世纪）	土	占地10平方公里	国保
三海子墓葬及鹿石	古墓群	区青河县查干郭愣乡三海子夏牧场	青铜时代	石	占地约16.25平方公里	国保
焉不拉克古墓群	古墓群	哈密市柳树泉农场焉不拉克村	青铜时代	土	占地8000平方米	国保
察吾乎古墓群	古墓群	和静县天山南麓察吾乎沟口	青铜时代至春秋	石	占地约5平方公里	国保
切木尔切克石人及石棺墓群	古墓群	阿勒泰市切木尔切克乡	青铜时代至汉、魏代	石	占地约43.7平方公里	国保
扎滚鲁克古墓群	古墓群	且末县托格拉克勒克乡扎滚鲁克村	青铜时代至魏、晋代		占地约7.5万平方米	国保
山普拉古墓群	古墓群	和田地区洛浦县城	汉至晋代	土木	占地约6平方公里	国保
楼兰墓群	古墓群	巴音郭楞蒙古自治州的若羌县罗布泊西北	新石器时代至晋代		占地约250平方公里	国保
五堡墓群	古墓群	哈密市屋堡乡西北	青铜时代	土	占地约5000平方米	国保
洋海墓群	古墓群	吐鲁番地区鄯善县吐峪沟乡洋海夏买里村	青铜时代至唐代		占地约5.4万平方米	国保
阿日夏特石人墓	古墓群	博尔塔拉蒙古自治州温泉县	随至唐代（公元6～7世纪）	石	占地约0.32平方公里	国保
小河墓地	古墓群	罗布泊地区孔雀河下游	青铜时代	木	占地约2500平方米	
阔科克古墓群	古墓群	阿勒泰地区布尔津县冲呼尔乡	青铜时代	石	占地约32平方公里	国保
拜其尔墓地	古墓群	哈密地区伊吾县伊吾镇拜其尔村	青铜时代			国保
达喀纳斯景区墓葬群	古墓群	哈纳斯禾木乡图瓦新村	青铜时代至铁器时代		占地约246055平方米	国保
赛里木湖古墓群	古墓群	博尔塔拉蒙古自治州博乐市	青铜时代、汉至唐代	土、石		国保
库车友谊路墓群	古墓群	阿克苏地区库车县友谊路	晋、十六国	砖		国保
阿巴克霍加麻札	麻札	喀什市艾孜热特村	始建于清代	土木	占地约50100平方米	国保
吐虎鲁克·铁木尔汗麻札	麻札	霍城县阿力麻里故城	始建于元代（14世纪中叶）		占地14667平方米	
麻赫穆德·喀什噶里墓	麻札	喀什市疏附县乌帕尔乡	始建于11世纪，重建于1985年		占地约1200平方米	省保
速檀·歪思汗麻札	麻札	伊宁县麻扎乡麻扎村	始建于19世纪后叶	土砖木		国保
叶尔羌汗国王陵	麻札	喀什地区莎车县	始建于1533年	砖木	占地15000平方米	国保
艾比甫·艾洁木麻札	麻札	阿图什市上阿图什乡依克萨克村	始建于19世纪60年代	砖木	占地约227.5平方米	国保
哈密回王墓	麻札	哈密市	始建于清代至民国时期		占地约1.3公顷	国保
默拉纳额西丁麻札	麻札	阿克苏地区库车县	始建于明代		占地约1.4公顷	国保
克孜尔尕哈烽燧	烽火台	阿克苏地区库车县依西哈拉乡	始建于汉代	土木	残高13米	国保
孔雀河烽燧群	烽火台	巴音郭楞蒙古自治州尉犁县	汉至晋	土坯、夯土	11座烽火台绵延150公里	国保

续表

名称	类型	地点	建成年代（变化情况）	材料结构	规模	文保等级
昌吉州烽燧群	烽火台	昌吉回族自治州木垒哈萨克自治县、奇台县、吉木萨尔县、阜康市、昌吉市、呼图壁县、玛纳斯县	唐至清	夯土	22座烽火台绵延300余公里	国保
哈密烽燧遗址	烽火台	哈密地区哈密市、巴里坤哈萨克自治县、伊吾县	唐至清	夯土	63座烽火台	国保
古代吐鲁番盆地军事防御遗址	烽火台	吐鲁番地区吐鲁番市、托克逊县、鄯善县	唐至清	土坯、夯土	各类遗址62处	国保
奴拉赛铜矿遗址	其他构筑	尼勒克县	青铜时代		占地约6.6公顷	国保
坎尔井地下水利工程	其他构筑	吐鲁番及哈密地区	始建于清代			国保
骆驼石旧石器遗址	其他构筑	塔城地区和布克赛尔蒙古自治县	旧石器时代		占地约20余平方公里	国保
岳公台—西黑沟遗址群	其他构筑	哈密地区巴里坤县	春秋至战国	石	占地约10余平方公里	国保
石人子沟遗址群	其他构筑	哈密地区巴里坤哈萨克自治县	始建于汉代	石	占地约50余平方公里	国保

参考文献

[1] 张胜仪. 新疆传统建筑艺术. 乌鲁木齐：新疆科技卫生出版社，1999.

[2] 陈震东. 中国民居建筑丛书——新疆民居. 北京：中国建筑工业出版社，2009.

[3] 耿世民. 新疆历史与文化概论. 北京：中国民族大学出版社，2006：32.

[4] 侯德仁. 清代西北边疆史地学. 北京：群言出版社，2006：26.

[5] 木斋. 论初盛唐边塞诗的演进和类型. 新疆师范大学学报（哲学社会科学版），2005，(1)：92—97.

[6] 苏北海. 西域历史地理. 乌鲁木齐：新疆大学出版社，2000：78.

[7] 王森. 唐太宗时期中原文化与西域文化的交流与融合——以佛教、音乐舞蹈和社会习俗为例. 剑南文学(经典教苑)，2012，(7)：213—214.

[8] 李俐. 新疆民居浅析. 规划师，1996，(2)：20—26.

[9] 新疆维吾尔自治区文物局. 新疆维吾尔自治区第三次全国文物普查成果集成——吐鲁番地区卷. 北京：科技出版社，2011：13.

[10] 柳芳. 吐鲁番高昌故城保护研究——兼论新疆地区古城址保护研究思路. 中国社会科学院研究生院硕士研究生，2010：3.

[11] 陈爱峰，吾买尔·卡德尔. 高昌故城东南佛寺与藏传佛教. 中国藏学，2013，(4)：86—92.

[12] 孟凡人. 交河故城形制布局特点研究. 考古学报，2001，(4)：483—503.

[13] 孙满利，王旭东，李最雄，张明泉. 交河故城衰落的原因分析. 敦煌研究，2013，(4)：118—124.

[14] 薛宗正. 北庭故城与北庭大都护府. 新疆大学学报（哲学社会科学版），1979，(4)：56—66.

[15] 邵如林，邸明明. 北庭故城与唐代轮台. 丝绸之路，2008，(8)：49—53.

[16] 肖林. 安迪尔故城遗址. 新疆画报，2009，(9)：28—31.

[17] 刘文锁. 尼雅遗址形制布局初探. 中国社会科学院研究生院博士研究生，2000：13.

[18] 冉万里，张园，亚合甫江，习通源，沈晓文，赵占锐，李梦阳，郑旭东. 新疆巴里坤大河古城遗址调查简报. 西部考古，2011，(0)：126—138.

[19] 秦川. 从惠远城兴建的军事功能看清代新疆军府制的建立. 新疆师范大学学报，2003，(4)：79—83.

[20] 党志豪，吴勇，夏永诚，刘玉生. 新疆伊犁霍城县惠远古城考古调查报告. 西部考古，2013，(7).

[21] 陈志燕，吴幼平. 宁静的齐兰古城. 新疆人文地理，2015，(8)：24—27.

[22] 徐桂玲. 通古斯巴西古城的保存现状与保护对策. 兰州大学硕士研究生，2014：1.

[23] 陈震东. 新疆特克斯县八卦城城市风貌探索——关于历史文化古城新建的传统问题. 亚洲民族建筑保护与发展学术研讨会论文集：94—114.

[24] 刘明. 基于产业集聚的土地利用结构调整——以新疆伊宁市为例. 新疆农业大学硕士研究生，2013：47.

[25] 张雪坤. 鲁克沁镇三大文物保护遗址及四条街景立面改造方案探析. 中华民居，2015，(12)：57—58.

[26] 金友全. 吐鲁番老城的演变. 吐鲁番，2009，(2)：4—5.

[27] 李欣华，杨兆萍，刘旭玲. 历史文化名村的旅游保护与开发模式研究——以吐鲁番吐峪沟麻扎村为例. 干旱区地理，2006，(2)：301—306.

[28] 蒲茂林. 阿勒屯历史文化名村保护与发展规划研究. 西安建筑科技大学硕士研究生，2012：19.

[29] 徐路阳，赛尔江·哈力克. 传统民居中的生态建筑经验刍议——以哈密市五堡乡博斯坦村为例. 华中建筑，2010，(7)：67—69.

[30] 丁玉珍. 原生态"历史文化名村"发展状况探究——以伊犁琼库什台村为例. 民族论坛，2013，(10)：91—93.

[31] 奥雷尔·斯坦因著，中国社会科学院考古研究所译. 西域考古图记. 广西：广西师范大学出版社，1998：199.

[32] 朱英荣．论新疆克孜尔千佛洞形成的历史条件．新疆大学学报（哲学社会科学版），1983，(2)：72—85.

[33] 朱英荣．新疆克孜尔千佛洞分期问题浅探．新疆大学学报（哲学社会科学版），1984，(4)：30—46.

[34] 甘庭俭，杨凡，张婷婷．克孜尔千佛洞壁画的图像叙事与古龟兹文化传播——克孜尔千佛洞壁画造型中乐舞艺术形态研究之一．当代文坛，2012，(4)：143—145.

[35] 梁志祥，丁明夷．新疆库木吐喇石窟新发现的几处洞窟．文物，1985，(5)：1—6.

[36] 沈雁．库木吐喇第79窟世俗供养人服饰研究．龟兹学研究，2008，(6)：273—281.

[37] 李树辉．库木吐喇75—79窟壁画绘制年代和功德主身份研究．龟兹学研究，2012，(5)：234—251.

[38] 吐鲁番地区文物管理所．柏孜克里克千佛洞遗址清理简记．文物，1985，(8)：49—65.

[39] 佟文康，胡望林，吴勇，张树春，刘玉生，阿立甫，王云．新疆柏孜克里克千佛洞窟前遗址发掘简报．文物，2012，(5)：32—64.

[40] 匿名．吐峪沟石窟中原与西域佛教最早的汇合．中国文化遗产，2007，(1)：80—82.

[41] 陈凌．新疆鄯善县吐峪沟石窟寺遗址．考古，2011，(7)．

[42] 张芳．康家石门子岩画研究刍议．昌吉学院学报，2014，(1)：9—13.

[43] 孟凡人．库车的苏巴什佛寺遗址．中国边疆史研究，1993，(1)：4—5.

[44] 梁涛．新疆苏巴什佛寺遗址保护加固研究．兰州大学博士研究生，2010；10.

[45] 匿名．莫尔寺遗址中国最西部的佛塔．中国文化遗产，2007，(2)：83—84.

[46] 原典生．脱（托）库孜萨来佛寺伽蓝布置及分期研究．石窟寺研究，2010，(4)：197—206.

[47] 马长振．七个星佛寺遗址地面寺院保护研究．西安建筑科技大学硕士研究生，2010；2.

[48] 杜根成．焉耆古国的七个星——清点七个星佛教遗址1个世纪以来的发现．文物天地，2002，(9)：17—23.

[49] 王嵘．热瓦克佛寺艺术觅踪．丝绸之路，1999，(2)：12—16.

[50] 冉万里，习通源，朱超，陈新儒，赵占锐，亚合甫江．新疆哈密白杨河下游佛寺遗址群调查报告．西部考古，2011，(5)：67—85.

[51] 梁涛．吐鲁番台藏塔遗址保护研究．西部考古，2008，(3)：297—307.

[52] 肖小勇．寻访丹丹乌里克．丝绸之路，1998，(2)：20—21.

[53] 陈自仁．在神秘的丹丹乌里克遗址——斯坦因丝路探险揭秘之二．丝绸之路，2005，(7)：55—59.

[54] 刘国瑞，屈涛，张玉忠．新疆丹丹乌里克遗址新发现的佛寺壁画．西域研究，2005，(4)：52—60.

[55] 巫新华，郭物，雷然，钟健，艾力，艾则孜，买提哈斯木．新疆和田地区策勒县达玛沟佛寺遗址发掘报告．考古学报，2007，(4)：489—524.

[56] 任玉勇．新疆的"小布达拉宫"巴仑台黄庙．新疆人文地理，2014，(2)：46—49.

[57] 王万兴，张广泰，刘清．靖远寺现状及修缮方案，2008，(8)：18—21.

[58] 宋伯航．新疆最大的黄教寺院圣佑庙．丝绸之路，2008，(12)：34—35.

[59] 新疆维吾尔自治区文物局．新疆维吾尔自治区第三次全国文物普查成果集成——新疆古建筑卷．北京：科技出版社，2011.

[60] 阿布都艾尼·阿不都拉．新疆喀什艾提尕尔清真寺保护探讨．中国文物科学研究，2014，(1)：58—62.

[61] 塔城地区文物局．塔城地区：人口较少民族文化遗产修缮．中国文化遗产，2011，(4)：63—64.

[62] 王洪芳，艾斯卡尔．新疆维吾尔族伊斯兰建筑文化透析——库车加满大寺测绘实录．华中建筑，2003，(4)：106—109.

[63] 陈刚，马德礼．乌鲁木齐市陕西大寺历史考略．中国穆斯林，2013，(1)：50—52.

[64] 房若愚．维吾尔族伊斯兰教经堂教育的历史及其影响．新疆大学学报（哲学社会科学版），2005，

(2)：66—71.

[65] 任红．新疆哈萨克族中的伊斯兰经堂教育．中国穆斯林，2008，(3)：51—54.

[66] 阿合买提·热西提．苏公塔．新疆大学学报（哲学社会科学版），1983，(3)：140.

[67] 罗哲文．中国古塔．北京：中国青年出版社，1985：321.

[68] 王素芬．塔城红楼．新疆人文地理，2012，(8)：54—57.

[69] E·鲁伯-列斯尼契科著，李琪译．阿斯塔那古代墓地．西域研究，1995，(1)：104—110.

[70] 张平，艾尔肯·米提吉，田早新，冯霞，等．新疆哈密焉不拉克墓地．考古学报，1989，(3)：325—361.

[71] 郭物，吕恩国，郑颉，姚仁文，焦克敏等．新疆青河三海子墓葬及鹿石遗址群考古新收获．西域研究，2014，(1)：128—131.

[72] 周金玲．新疆考古发掘的新收获——和静县察吾乎沟古墓群发掘情况简介．新疆社会科学，1988，(3)：121—124.

[73] 邵会秋．新疆扎滚鲁克文化初论．边疆考古研究，2008，(3)：170—183.

[74] 王博，鲁礼鹏，徐辉鸿，艾尼瓦尔·艾山，玉素甫·买买提．新疆且末扎滚鲁克一号墓地发掘报告．考古学报，2003，(1)：89—135.

[75] 伊弟利斯，李文瑛，胡兴军．新疆罗布泊小河墓2003年发掘简报．文物，2007，(10)：4—42.

[76] 于志勇，吴勇，于英俊，刘玉生，付明方，等．新疆库车友谊路魏晋十六国时期墓葬2007年发掘简报．文物，2013，(12)：37—55.

[77] 李鹏飞．新疆伊斯兰麻扎建筑的价值评估体系研究．新疆大学硕士研究生，2013：52.

[78] 李群．重解麻扎文化的图形语意——读吐虎鲁克·铁木尔汗之墓．装饰，2009，(5)：88—89.

[79] 关东海，张胜江，吾甫尔·努尔丁．新疆坎儿井现状分析及保护利用对策．新疆水利，2005，(3)：1—4.

[80] 丁岩．岳公台——西黑沟遗址群及相关问题研究．西北大学硕士研究生，2003：14.

[81] 周瑞婷．红山口—石人子沟考古遗址公园建立的可行性研究．西北大学硕士研究生，2013：16.

[82] 玛依拜尔·艾拜都拉．喀什维吾尔建筑柱式装饰艺术研究．新疆大学硕士研究生，2014：22.

[83] 杨滨．新疆维吾尔族传统建筑藻井艺术研究．新疆师范大学硕士研究生，2011：12.

[84] 廖娅娜．新疆伊斯兰建筑的拼砖装饰文化特征．伊犁师范学院本科生，2010：1.

[85] 刘琳琳．论新疆维吾尔族清真寺建筑浮雕装饰艺术．新疆师范学院硕士研究生，2008：3.

后记

作为欧亚文明板块交会、悠久历史积淀、繁荣丝路贯联和众多民族聚居的地区，新疆拥有广阔的地域空间、丰富的物质与非物质文化遗产以及多姿多彩的民族文化，吸引了众多的学者从历史地理、社会经济、文化交流、民族宗教和考古学等领域开展多方位的研究。各领域的研究成果丰硕，如苏北海先生所著的《西域历史地理》、耿世民先生所著《新疆历史与文化概论》等，为认知新疆的发展源流建立了基础。对新疆地区传统建筑的研究也有着悠久的历史，除了20世纪初斯坦因的西域考古记中对古城和石窟的描述外，新疆的前辈学者长久以来做出了持续、广泛和深入的研究，如张胜仪先生所著的《新疆传统建筑艺术》、陈震东先生所著的《中国传统民居丛书——新疆民居》等，成为研究新疆传统建筑的基本资料。新疆在考古方面的研究成果丰硕，如新疆维吾尔自治区文物局组织编写的《新疆维吾尔自治区第三次全国文物普查成果集成》，汇集了很多难以抵达地区的建筑遗存的照片资料。以上多方面的研究成果和著作对与本书的成稿有着重要的基础价值，在此致以敬意。

本书的编著者虽曾自驾去新疆开展传统建筑和乡土聚落的调查，也于2010年后多次赴南疆开展援疆规划和调查工作，但所涉及的地区和在疆时间有限、所调查的建筑类型也有限。本书的编写成稿离不开编委会顾问和多方面专家的具体指导，也离不开整个编写团队所有成员的共同努力，在此一并表示感谢。

新疆地区历史悠久的古建筑遗存数量众多，有国家、自治区等各级各类重点文物保护单位、文物保护单位，也有传统城镇、村庄与民居建筑，但新疆地区因气候环境、兵燹战乱、商贸孔道和宗教纷争等的变迁，古城遗址、佛教石窟和寺院建筑等的遗存较多且等级较高。本书在编写时既侧重梳理古建筑的类型，也兼顾各种类型在数量和等级上的差别，因此适当压缩了古城遗址类、石窟岩画类和墓群麻扎类的古建筑案例数量，而加入了城镇、村庄和传统民居等非文保单位的古建筑案例。尽管如此，各古建筑类型在案例数量上的差异依然存在。

本书在约两年的编写过程中，不仅整个编写团队在文字资料的收集和图纸的绘制等方面投入了大量的精力与时间，团队中各级研究生之间相互支持、相互协作，同时也得到了北京建筑大学建筑遗产研究院的大力支持，汤羽扬教授提供了斯坦因的《西域考古图录》等资料，吉少雯老师回新疆收集照片资料等。

在编写过程中，张胜仪先生和陈震东先生以及编委会的各位先生提供了图片资料等大量无私的帮助。特别是中国建筑工业出版社的李东禧、唐旭两位主任以及杨晓和吴绫两位编辑，一直关注书稿的进展并提供了具体且详细的帮助，如联系新疆大学的多位老师和相关出版社，获得了图片和资料上的支持。中国建筑工业出版社特邀了长期在新疆从事文物保护规划工作的汤羽扬老师作为本书的审稿，并对书稿中分类的细化提出了很好的建议。藉此书稿提交之际，借得短短一行文字的空间对以上各位专家学者和编写团队成员表示衷心的感谢！

范霄鹏

2015年12月于北京

作者简介

范霄鹏，1993年东南大学建筑学院获硕士学位，2003年清华大学建筑学院获博士学位，2005年北京大学城市规划学系博士后出站。现为北京建筑大学建筑与城市规划学院教授，中国勘察设计协会传统建筑分会副会长，中国民族建筑研究会理事，中国民族建筑研究会民居建筑专业委员会副主任委员，《古建园林技术》杂志副主编，北京建筑大学建筑遗产研究院历史城市与村镇保护研究所所长，住房与城乡建设部传统民居专家委员会委员。

主要专业研究方向：传统民居与地区建筑学、城乡规划与设计、历史街区保护、风景旅游建筑。先后主持国家自然科学基金项目、国家支撑计划课题及省部级科研课题10余项；主持完成"北京市通州区宋庄镇产业规划研究"、"前门东侧路地区保护整治规划"、"浙江省淳安县狮城博物馆规划设计"、"涞源白石山景区规划设计"等规划设计及研究项目30余项；发表相关学术论文30余篇。长期从事覆盖全国范围的传统民居建筑与乡土聚落调查工作。